DOSSIERS DE CIVILISATION ALLEMANDE

DOSSIERS DE CIVILISATION ALLEMANDE

4e édition

Laurent Férec
Professeur en Classes préparatoires,
Lycée Henri IV, Paris

Florence Ferret
Professeur en Classes préparatoires,
Lycée Chaptal, Paris

ellipses

ISBN 978-2-7298-8482-6

32, rue Bargue 75740 Paris cedex 15

www.editions-ellipses.fr

AVANT-PROPOS

Le présent volume s'adresse en priorité aux germanistes des classes préparatoires et aux étudiants du premier cycle universitaire. Pour ce public de non-spécialistes, il rassemble sous forme de brèves synthèses bilingues un ensemble de données (et un lexique) qui pourront servir de base avant que soient abordés en cours les dimensions spécifiques ou les développements les plus actuels des questions considérées.

Le texte français qui fait face au texte allemand ne saurait être tenu pour un modèle de traduction. Il a pour fonction de faciliter la compréhension globale du sujet traité ou de permettre à des lecteurs encore peu sûrs de vérifier qu'ils ont bien compris le texte allemand.

Le choix du lexique pour chacun des chapitres ne se restreint pas au champ considéré. Ont été retenus également des termes et expressions servant à l'argumentation et au compte-rendu en général. Pour les verbes forts, ce sont dans l'ordre les changements de voyelle au prétérit, au participe 2 puis au présent (le cas échéant) qui ont été communiqués.

Les auteurs

PRINCIPAUX SIGLES

Les chiffres en caractères gras renvoient aux chapitres principaux dans lesquels apparaissent les sigles.

Principaux sigles	Signification	Chapitre(s)
ARD	Arbeitsgemeinschaft der öffentlichrechtlichen Rundfunkanstalten Deutschlands	13
BaföG / Bafög	Bundesausbildungsförderungsgesetz	11
BRD	Bundesrepublik Deutschland	tous
BVG	Bundesverfassungsgericht	6
CDU	Christlich-Demokratische Union	7, 10, 15
CSU	Christlich-Soziale Union	7
DDR	Deutsche Demokratische Republik	2, 4, 7, 9, 10, 12, 13, 16
DGB	Deutscher Gewerkschaftsbund	8
EU	Europäische Union	8, 9, 17, 18
EWG	Europäische Wirtschaftsgemeinschaft	17
EZB	Europäische Zentralbank	8, 17
FAZ	Frankfurter Allgemeine Zeitung	13
FDJ	Freie Deutsche Jugend (DDR)	4
FDP	Freie Demokratische Partei	7, 9
GG	Grundgesetz	5
KPD	Kommunistische Partei Deutschlands	2
NATO	North Atlantic Treaty Organization	3, 18
NPD	Nationaldemokratische Partei Deutschlands	7
NSDAP	Nationalsozialistische Deutsche Arbeiterpartei	2, 7
PDS	Partei des Demokratischen Sozialismus	7,12
RAF	Rote Armee Fraktion	3, 7
SBZ	Sowjetische Besatzungszone	2
SED	Sozialistische Einheitspartei Deutschlands	2, 3, 4, 7, 10, 13
SPD	Sozialdemokratische Partei Deutschlands	2, 7
Stasi	Staatssicherheitsdienst (DDR)	4, 7
VEB	Volkseigener Betrieb (DDR)	4
ZDF	Zweites Deutsches Fernsehen	13

ABRÉVIATIONS

bzw.	beziehungsweise	d. h.	das heißt
ca.	circa	Mio.	Million(en)
Mrd.	Milliarde(n)	z.B.	zum Beispiel

DOSSIER 1

Grundlinien deutscher Geschichte bis 1933

Anfänge

Der Legende zufolge beginnt die deutsche Geschichte im Jahre neun nach Christi Geburt, als Arminius (Hermann) die römischen Legionen bei einer Schlacht im Teutoburger Wald besiegt. Heute sind sich die Historiker darüber einig, dass sie ihren Ausgangspunkt vielmehr im Mittelalter hat, in einer Zeit also, da das Wort „deutsch", das lange nur eine Sprachbezeichnung blieb, nun auch auf die Gebiete hinweist, in denen die verschiedenen deutschen Dialekte gesprochen werden. Was das Wort „Deutschland" betrifft, so erscheint es erst im 15. Jahrhundert.

Mittelalter

Als erster vereinigt Karl der Große die germanischen Völkerschaften unter einer gemeinsamen Herrschaft. Sind die Grenzen des von Deutschsprachigen bewohnten Bereiches im Westen deutlich festgelegt, so gilt dies nicht für den Osten, wo man mit der Ansiedlung in slawischen Gebieten jenseits der Elbe beginnt. Im Gegensatz zum französischen König wird der deutsche Kaiser – der eigentlich den Titel des „römischen Kaisers" trägt – vom Adel der im Reich zusammengeschlossenen Fürstentümer gewählt. Bis zur Goldenen Bulle vom Jahre 1356 muss er außerdem vom Papst in Rom gekrönt werden. Mit dem Papst, der die hohen geistlichen Würdenträger in Deutschland ernennt, kommt es ständigzu Konflikten. Der Kaiser ist von seinen

L'Histoire allemande dans ses grandes lignes jusqu'en 1933

Origines

D'après la légende, l'histoire de l'Allemagne commence en l'an 9 après Jésus Christ, quand Arminius (Hermann) défait les légions romaines lors d'une bataille au Teutoburger Wald. Les historiens s'accordent aujourd'hui pour situer son point d'origine plutôt au Moyen Âge, où le terme « deutsch », qui est longtemps resté un simple concept linguistique, renvoie aussi aux territoires où les différents dialectes allemands sont parlés. Quant au mot « Deutschland », il n'apparaît qu'au XVe siècle.

Moyen Âge

Charlemagne est le premier à rassembler sous une même autorité les peuplades germaniques. Si les frontières du territoire habité par les germanophones sont plutôt clairement établies à l'ouest, il n'en va pas de même à l'est où l'on commence à coloniser les terres slaves au-delà de l'Elbe. À la différence du roi de France, l'empereur allemand (qui porte en réalité le titre d'empereur romain) est élu par la noblesse des principautés composant l'Empire. Jusqu'à la Bulle d'or de 1356, il doit de surcroît être sacré à Rome par le pape. Il ne cessera donc d'avoir des rapports conflictuels avec le pape, qui nomme le haut clergé allemand. Dépendant de ses vassaux, l'empereur n'exerce qu'une autorité relative sur un territoire ignorant le principe de centralisation étatique et où le latin reste la lingua franca (langue véhiculaire).

Lehnsleuten abhängig und übt nur eine relative Macht aus auf ein Gebiet, in dem das Prinzip eines zentralistisch geführten Staates keine Gültigkeit besitzt, und wo die lateinische Sprache lingua franca (Verkehrssprache) bleibt. Allein der zunehmende Einfluss der in Österreich ansässigen Habsburger kann zu gewissen Zeiten die kaiserliche Macht festigen, sodass die kaiserliche Würde fast dynastisch übertragen wird.

Seule l'influence croissante des Habsbourg, établis en Autriche, assiéra parfois l'autorité impériale de sorte que la dignité impériale se transmet de façon quasi dynastique

Kennzeichnend für das mittelalterliche Deutschland ist die Dynamik der freien Städte, welche als Handelsstadt oder Sitz der geistlichen Obrigkeit florieren. So ist Köln als Bischofssitz und Handelsmetropole mit 40.000 Einwohnern die bevölkerungsreichste Stadt in Deutschland. Diese freien Städte schließen sich zu Ligen zusammen. Das Paradebeispiel dafür ist die Hansa, deren Macht auf der Stärke ihrer Handelsflotte beruht. Dies hat im heutigen Deutschland Spuren hinterlassen: Die Hansastädte Hamburg und Bremen sind Stadt und Staat (Bundesland) zugleich.

L'Allemagne médiévale se caractérise par le dynamisme de ses villes libres, qui doivent leur fortune à leur fonction de places commerciales ou de sièges de l'autorité religieuse. Cologne, siège d'un évêché et grande ville de négoce, est avec ses 40 000 habitants la plus grande ville allemande du Moyen Âge. Ces villes libres se fédèrent en ligues. L'exemple le plus célèbre est celui de la Hanse, qui tire sa force de la puissance de sa flotte marchande. De cette époque, l'Allemagne d'aujourd'hui conserve les traces : Hambourg et Brême, villes hanséatiques, sont à la fois cité et État (Land).

Die Reformation

1517 schlägt Martin Luther, ein Mönch des Augustinerordens, seine 95 Thesen an die Tore der Wittenberger Schlosskirche an. Er antwortet auf die Frage „Wie bekomme ich einen gnädigen Gott?", indem er sich gegen den Ablasshandel und die päpstliche Macht auflehnt und drei Prinzipien behauptet, die als Grundlage des Protestantismus anerkannt werden: das Heil allein durch Gnade, allein durch den Glauben und allein durch die Heilige Schrift. Dies hat die konfessionelle Spaltung Deutschlands zur Folge: Im Norden bekennen sich die Landesfürsten zum evangelischen Glauben, während man im Süden dem Katholizismus und Rom treu bleibt.

La Réforme

En 1517, un moine augustin, Martin Luther, affiche ses 95 thèses aux portes de la chapelle du château de Wittenberg. Il répond à la question « comment obtenir la grâce de Dieu ? » en s'élevant contre le négoce des indulgences et l'autorité du pape pour affirmer les trois principes sur lesquels se fonde le protestantisme : le salut par la seule grâce de Dieu, par la foi seule et par les seules Saintes Écritures. C'est le début de la partition confessionnelle de l'Allemagne : les princes régnants du nord adhèrent à la religion réformée, tandis qu'au sud on reste fidèle au catholicisme et à Rome. La paix d'Augsbourg (1555) consacre cette partition. Elle statue que, dans chacune des principautés allemandes, c'est le souverain

Der Augsburger Religionsfrieden (1555) bestätigt diese Spaltung. Er sieht vor, dass in den jeweiligen Fürstentümern der Landesherr über den Glauben seiner Untertanen entscheidet und dass diese auswandern können, falls es ihrer eigenen Überzeugung nicht entspricht.

qui décide de la religion de ses sujets, lesquels peuvent émigrer si elle ne correspond pas à leur conviction.

Dreißigjähriger Krieg und Absolutismus

Glaubensfragen (Anspruch auf freie Religionsausübung für die Protestanten in Böhmen) sind örtlich die Ursache des Dreißigjährigen Krieges (1618-1648). In Wirklichkeit ist der Kampf um den Vorrang in Europa zwischen den damaligen Großmächten – in erster Linie Frankreich und Österreich – der eigentliche Auslöser eines Konfliktes, der Mitteleuropa durch Massenmorde, Plünderungen und Seuchen verwüstet. Die Erfolge, die der schwedische König Gustav Adolph an der Spitze des protestantischen Heeres bis 1632 verbucht, führen beinahe zu einer tatsächlichen Spaltung des Reiches. Als der Westfälische Friede 1648 in Kraft tritt, ist die deutsche Bevölkerung um die Hälfte auf 10 Millionen zurückgegangen.

Am Ende des Dreißigjährigen Krieges hat sich die Macht der Landesfürsten auf Kosten der zentralen Gewalt des Kaisers noch verstärkt. Das Reichsgebiet zerfällt in eine Vielzahl von über 300 manchmal winzigkleinen Fürstentümern. Der Handel leidet unter den unzähligen Zollschranken. Jeder Landesherr regiert als absolutistischer Fürst und versucht am eigenen Hofe den Prunk von Versailles nachzuahmen.

Ab Anfang des 18. Jahrhunderts wird Österreichs Vormacht durch den Aufstieg Preußens in Frage gestellt. Friedrich II. (Friedrich der Große, 1712-1786) herrscht über ein militärisch durchorganisiertes Königreich.

Guerre de Trente Ans et absolutisme

Des différends confessionnels (revendication de la liberté de culte chez les protestants de Bohème) sont localement à l'origine de la guerre de Trente Ans (1618-1648). En réalité, ce conflit qui, à force de tueries, de pillages et d'épidémies, va ravager l'Europe centrale, a pour origine la rivalité entre les grandes puissances de l'époque, essentiellement la France et l'Autriche. Les succès remportés jusqu'en 1632 par le roi de Suède Gustave Adolphe, à la tête des armées protestantes, conduisent presque à une partition de fait de l'Empire. Quand le traité de Westphalie entre en vigueur (1648), l'Allemagne a perdu presque la moitié de sa population, réduite à 10 millions d'habitants.

À l'issue de la guerre de Trente Ans, le pouvoir des princes est encore accru, au détriment de l'autorité centralisatrice de l'empereur. Le territoire de l'Empire est morcelé en une mosaïque de plus de 300 principautés parfois minuscules. Le commerce est entravé par la multiplication des barrières douanières. Chaque souverain règne en monarque absolu, et tente d'imiter à sa cour les fastes de Versailles.

La domination autrichienne est contestée à partir du début du XVIIIe siècle par la montée de la puissance prussienne. À la tête d'un royaume organisé comme une armée, Frédéric II le Grand (1712-1786) sort vainqueur de la guerre de Sept ans (1756-1763) et enlève la Silésie aux Habsbourg.

Als Sieger im Siebenjährigen Kriege entreißt er Schlesien den Habsburgern. 1806 wird Deutschland durch das napoleonische Heer besetzt und das Heilige Römische Reich deutscher Nation aufgelöst.

En 1806, l'Allemagne est occupée par l'armée napoléonienne et le Saint Empire Romain Germanique dissous.

Entstehung eines Nationalstaates und deutsche Einheit

Der Kampf gegen die Besatzung durch Napoleons Armee bringt ein Aufleben des Vaterlandsgefühls mit sich. Bis zu diesem Zeitpunkt ließ sich Deutschland zwar durch eine gemeinsame Kultur und Sprache definieren, aber die deutsche Nation fiel nicht mit einem einheitlichen Staat zusammen. Aus der Auflösung des Reiches und dann auch aus dem Wiener Kongress (1815) geht der Deutsche Bund hervor, zu dem sich die nun auf eine Gesamtzahl von 39 beschränkten deutschen Fürstentümer zusammenschließen, ohne dabei ihre Souveränität einzubüßen. Auf dem Weg zur Erfüllung des deutschen Traumes vom Nationalstaat sind folgende Stufen zu verzeichnen: das Wartburger Fest (1817, zum dreihundertsten Jubiläum von Luthers Thesenanschlag), als Kundgebung der national gesinnten Studentenkörperschaften; der Zollverein (1834); die Entwicklung des Eisenbahnnetzes ab 1835. Nachdem die liberale Revolution von 1848 und die erste Nationalversammlung in der Frankfurter Paulskirche gescheitert sind, kommt die deutsche Einheit erst nach einer Reihe von Kriegen zustande. In der Schlacht bei Königgrätz 1866 besiegt Preußen Österreich und Sachsen. Unmittelbar nach der Niederlage Frankreichs im Krieg von 1870/71 wird am 18.1.1871 der preußische König Wilhelm I. zum deutschen Kaiser proklamiert. Geburtsort des deutschen Reiches ist der wegen seiner symbolischen Bedeutung ausgesuchte Spiegelsaal zu Versailles.

Émergence d'un État-nation et unification de l'Allemagne

La lutte contre l'occupation napoléonienne est l'occasion d'un sursaut du sentiment patriotique. Jusqu'à cette date, l'Allemagne se définissait en termes de communauté de culture et de langue, mais la nation allemande ne se confondait pas avec le cadre d'un État unitaire. À l'issue de la dissolution de l'Empire puis du congrès de Vienne (1815), les principautés allemandes, réduites au nombre de 39, se regroupent au sein de la Confédération germanique sans rien perdre de leur souveraineté. La réalisation du rêve d'un État-nation allemand sont marquées par les étapes suivantes : rassemblement des étudiants nationalistes constitués en associations lors de la fête de la Wartburg en 1817 (tricentenaire de l'affichage des thèses de Luther) ; l'union douanière de 1834 ; le développement du réseau ferré à partir de 1835. Après l'échec de la révolution libérale et de la première assemblée nationale siégeant dans l'église saint Paul à Francfort en 1848, il faut attendre une série de guerres pour qu'advienne l'unité allemande. À la bataille de Sadowa en 1866, la Prusse vainc l'Autriche et la Saxe. Immédiatement après la défaite de la France lors de la guerre de 1870, le 18 janvier 1871, le roi Guillaume 1er de Prusse est proclamé empereur d'Allemagne. L'Empire allemand naît dans la galerie des glaces de Versailles, lieu choisi pour sa valeur symbolique. L'unité allemande se fait sous la forme de ce qu'il est convenu d'appeler la « solution petite allemande », autour de la Prusse. L'Autriche, dont les intérêts se portent désormais vers les Balkans, en est

Die deutsche Einheit wird in Form der sogenannten „kleindeutschen Lösung" um Preußen verwirklicht. Österreich, dessen Interessen nun dem Balkan gelten, bleibt davon ausgeschlossen. Schmied der deutschen Einheit ist hauptsächlich Fürst Bismarck, der 1862 zum preußischen Kanzler ernannt worden war.

exclue. L'artisan de l'unité allemande est essentiellement le prince Bismarck, qui avait été nommé chancelier de Prusse en 1862.

Die Weimarer Republik, die erste deutsche Demokratie

Das vereinigte Deutschland ist bereits ab 1870 sowohl im militärischen als auch im wirtschaftlichen Bereich eine Großmacht. Es bleibt aber im Grunde ein Obrigkeitsstaat, in dem das Heer nach preußischem Muster für Ordnung bürgt. Wie Frankreich zieht Deutschland 1914 mit Begeisterung in den gegen den „Erbfeind" geführten Krieg. Im ersten Weltkrieg muss Deutschland gleichzeitig an mehreren Fronten kämpfen. Dazu kommen Wirtschaftsnot und eine sehr ungünstige Ernährungslage. Die Bevölkerung entzieht der Staatsführung ihr Vertrauen. Wilhelm II., der 1888 den Thron bestiegen hatte, dankt ab und übergibt die Macht dem Reichstag. So entsteht mitten im Krieg die erste deutsche Demokratie, und zwar in einer Atmosphäre, die vom Gefühl der Niederlage geprägt ist. Nachdem einige Versuche, „Räterepubliken" nach sowjetischem Vorbild ins Leben zu rufen, unterdrückt wurden, wird 1919 eine Nationalversammlung demokratisch gewählt und in Weimar eine neue Verfassung verabschiedet. Nie aber werden die Deutschen das Gefühl des Verrates los. Der Friedensschluss wird als „Versailler Diktat" empfunden, weil er Gebietsabtretungen und hohe Reparationen vorsieht. Dies gefährdet die Republik in ihren Grundlagen. Daher wird sie weitgehend politisch unstabil bleiben. Zur Unstabilität tragen auch die Auswirkungen der Wirtschaftskrise (Inflation, Arbeitslosigkeit) bei. Am 30.1.1933 wird Hitler von Reichspräsident von Hindenburg zum Reichskanzler ernannt.

La République de Weimar, première démocratie allemande

L'Allemagne unifiée, devenue une grande puissance économique et militaire dès 1870, reste un État autoritaire où, sur le modèle prussien, l'armée est garante de l'ordre. Comme la France, c'est avec enthousiasme qu'en 1914 elle entre en guerre contre « l'ennemi héréditaire ». Durant la Première Guerre mondiale, elle doit se battre sur plusieurs fronts. Elle doit de plus faire face à une situation économique désastreuse et à des pénuries alimentaires. Le soutien de la population à l'effort de guerre s'effrite. L'empereur Guillaume II, monté sur le trône en 1888, abdique et remet ses pouvoirs au Parlement. C'est donc en pleine guerre et dans un climat de défaite que naît la première démocratie allemande. Après la répression des tentatives de « Républiques des Conseils », qui, localement, visaient à instaurer un régime de type soviétique, une Assemblée nationale est démocratiquement élue en 1919 et une nouvelle constitution promulguée à Weimar. Mais les Allemands ne se déferont jamais d'un sentiment de trahison face à ce qui est ressenti comme le « diktat de Versailles », qui prévoit la cession de territoires ainsi que de lourdes réparations. Ceci fait peser une menace sur les fondements de la République. C'est ainsi l'instabilité politique qui va dominer. Les effets de la crise économique (inflation, chômage) sont un autre facteur d'instabilité. Le 30 janvier 1933, le président Hindenburg nomme Hitler chancelier du Reich.

Vocabulaire

Adel (der, -)	*la noblesse (classe sociale)*
Aufstieg (der, e)	*l'ascension, la montée*
Auslöser (der, -)	*le détonateur*
Einfluss (der, ¨e)	*l'influence*
Entstehung (die)	*la naissance, l'apparition*
Erbfeind (der, e)	*l'ennemi héréditaire*
Fürstentum(das, ¨er)	*la principauté*
Handel (der)	*le commerce*
Heer (das, e)	*l'armée (de terre)*
Heil (das)	*le salut (de l'âme)*
Herrschaft (die, en)	*la domination, le règne*
Macht (die) (die ~ aus/üben)	*le pouvoir (exercer le ~)*
Mittelalter (das)	*le Moyen Âge*
Mönch (der, e)	*le moine*
Niederlage (die, n)	*la défaite*
Not (die, ¨e)	*la détresse*
Papst (der, ¨e)	*le pape*
Schlacht (die, en)	*la bataille*
Seuche (die, n)	*l'épidémie*
Überzeugung (die, en)	*la conviction*
Untertan (der, en, en)	*le sujet (d'un souverain)*
Ursache (die, n)	*la cause*
Vorrang (der)	*la prédominance*
Würde (die, n)	*la dignité*
abhängig (von+D)	*dépendant de*
geistlich	*spirituel, clérical*
auf/lösen	*dissoudre*
auf/lehnen (sich) (gegen+A)	*se rebeller*
bekennen (sich) (annte, annt) (zu+D)	*adhérer à (une idée)*
beruhen (auf+D)	*reposer sur*
besiegen	*vaincre*
bürgen (für+A)	*être garant de*
ein/büßen	*perdre (son pouvoir, son influence)*
hin/weisen (ie, ie) (auf +A)	*renvoyer à, faire allusion à*
los/werden (u, o, i) (ist)	*se débarrasser de*
nach/ahmen	*imiter*
prägen	*marquer*
unterdrücken	*opprimer*
zerfallen (iel, allen, ä) (in+A)	*être morcelé en, se composer de*
zusammen/schließen (oss, ossen) (sich)	*se fédérer, se rassembler*

Lexique en situation 1

Die Herrschaft der Reichen nennt man Plutokratie.

On appelle ploutocratie la domination/ le règne des riches.

Als Belohnung hat man ihn zum Botschafter in Bukarest ernannt.

En récompense, on l'a nommé ambassadeur à Bucarest.

Ein Despot übt absolute Macht über seine Untertanen aus.

Un despote exerce un pouvoir absolu sur ses sujets.

An der normannischen Küste hat der 2. Weltkrieg dauerhafte Spuren hinterlassen.

Sur la côte normande, la Seconde Guerre mondiale a laissé des traces durables.

Die Armut in den Elendsvierteln gilt als Grundlage für die grassierende Kriminalität.

La pauvreté des quartiers déshérités passe pour être le terreau sur lequel prolifère la criminalité.

Der Trend hat sich bestätigt.

La tendance s'est confirmée.

Im demokratischen Rechtsstaat gibt es das Recht auf freie Religionsausübung.

Dans un état démocratique, il existe un droit à la liberté de culte.

Der weltweite Kampf um das Mineralöl hat begonnen.

Le combat mondial pour les hydrocarbures a commencé.

Die Belebung der Wirtschaft hat Vorrang vor dem Abbau des Haushaltsdefizits.

La relance de l'économie a priorité sur la réduction du déficit budgetaire.

Die gute alte Zeit lebt nur in der Literatur auf.

Les bons vieux temps ne revivent que dans la littérature.

Luther verlangt vom Christen, dass er sich der Obrigkeit fügt.

Luther exige du chrétien qu'il se soumette à l'autorité.

Kapitalismus nach angelsächsischem Muster.

Le capitalisme à l'anglo-saxonne.

Der Markt entzieht sich jeder [D] Kontrolle.

Le marché se soustrait à tout contrôle.

Es ist unmöglich, seine Vorurteile loszuwerden.

Il est impossible de se défaire de ses préjugés.

Harvard gilt als Paradebeispiel für die Eliteuniversität.

Harvard passe pour l'exemple type de l'université d'élite.

DOSSIER 2

Das dritte Reich

Die Machtergreifung durch Hitler, die Ursachen der Machtergreifung

1933 gelangen die Nazis über gesetzliche Wege an die Macht. Bereits 1930 verbucht die NSDAP (Nationalsozialistische Deutsche Arbeiterpartei) ausschlaggebende Wahlerfolge. 1932 avanciert sie zur führenden deutschen Volkspartei. Zum Kanzler ernennt also Reichspräsident Hindenburg den Vorsitzenden der aus dem demokratischen Wahlprozess als Sieger hervorgetretenen größten Volkspartei Deutschlands, nämlich Hitler. Wie konnte es dazu kommen? Die 1918, also unmittelbar nach der Niederlage, entstandenen Verfassungsorgane der Weimarer Republik verfügen kaum über Glaubwürdigkeit bei breiten Schichten der Bevölkerung. Anfang der 30er Jahre geben die Wähler überwiegend den links- oder rechtsextremistischen Parteien, d. h. den Kommunisten oder den Nationalsozialisten, ihre Stimme. Deutschland steckt zudem in einer tiefen Wirtschaftskrise, die verheerende Auswirkungen auf den Arbeitsmarkt hat. Anfang 1932 zählt Deutschland 6 Millionen Arbeitslose bei insgesamt 12 Millionen Erwerbstätigen. Das macht die deutsche Bevölkerung geradezu empfänglich für Thesen, welche die Idee der Volksgemeinschaft, der Verwirklichung eines Gemeinschaftsideals besonders hervorheben.

Le Troisième Reich

La prise du pouvoir par Hitler, ses causes

En 1933, c'est de façon légale que les Nazis parviennent au pouvoir. Dès 1930, le Parti national-socialiste (NSDAP) enregistre des succès électoraux décisifs. En 1932, il devient le principal parti politique allemand. Hitler est donc nommé chancelier par le président Hindenburg, en tant que chef du parti que le processus démocratique a désigné comme la principale force politique de la nation. Comment en est-on arrivé là ? Les institutions républicaines nées en 1918, c'est-à-dire au lendemain de la défaite, ne sont que peu crédibles aux yeux d'une grande partie de la population, tous milieux confondus. Au début des années 1930, les suffrages des électeurs se reportent majoritairement sur les partis extrémistes de gauche comme de droite, les national-socialistes, mais aussi les communistes. De plus, l'Allemagne est plongée dans une grave crise économique, dont les conséquences sont dramatiques pour l'emploi. Au début de l'année 1932, elle compte 6 millions de chômeurs pour un total de 12 millions d'actifs. Cela rend la population allemande particulièrement réceptive aux discours mettant en avant l'idée de communauté et de partage, de réalisation d'un idéal collectif.

Die Gleichschaltung

Ziel der Nazis ist es, alle Staatsorgane der Kontrolle der Partei so zu unterwerfen, dass dadurch auch die ganze Gesellschaft

La mise au pas

L'objectif des nazis est d'assujettir toutes les instances de l'État au contrôle du parti de telle sorte que la société allemande tout

unter dem Einfluss der Partei stehen kann. Um dieses Ziel zu erreichen, gilt es zunächst, alle demokratischen Parteien sowie alle unabhängigen regionalen Machtzentren zu beseitigen. Nach dem Reichstagsbrand am 27.2.1933, dessen Ursache nie geklärt wurde, wird der Ausnahmezustand verhängt und die KPD verboten. Das Parlament wird aller seiner Befugnisse beraubt. Anschließend werden alle Gewerkschaften und die SPD verboten. Diesen Prozess hat man die „Gleichschaltung" der Parteien genannt.

entière puisse être soumise à son influence. Pour réaliser cet objectif, la première étape est l'élimination des partis démocratiques et de l'autonomie des pouvoirs locaux. À la suite de l'incendie du Reichstag (27.02.1933), dont l'origine ne sera jamais élucidée, l'état d'urgence est décrété et le parti communiste interdit. Le Parlement est privé de ses pouvoirs. Dans la foulée, tous les syndicats ainsi que le parti social-démocrate sont interdits. C'est ce que l'on a appelé la « mise au pas » des partis.

Die Inhaber eines öffentlichen Amtes, die Beamten also und die Offiziere der Reichswehr, welche der zunehmenden Bedeutung der hitlerschen Sturmabteilungen (SA) missgünstig gegenüberstehen, bilden eine weitere Zielscheibe für den wachsenden Machtanspruch der NSDAP. Juden und Demokraten werden gnadenlos aus allen Verwaltungsämtern entfernt. Selbst im Bereich der Kunst unterliegt man der Kontrolle der Partei. Auf Befehl des Propagandaministers, Joseph Goebbels, finden Bücherverbrennungen statt, bei denen die Werke zeitgenössischer aber auch klassischer Autoren, deren Ideen den Vorstellungen der Nazis nicht entsprechen, vernichtet werden. Die Nazis prangern die deutsche Kunst des Jahrhundertanfangs an, insbesondere die Werke der Expressionisten. Im Rahmen einer Wanderausstellung von Kunstwerken, die von den Nazis als „entartet" bezeichnet werden, sollen die Bürger durch die Vorführung negativer ästhetischer Beispiele aufgeklärt werden. 1933 zählt die NSDAP bereits 900.000 Mitglieder. Im Jahre 1945 ist diese Zahl auf 8 Millionen gestiegen. Diese sehr hohe Mitgliederzahl ermöglicht es, alle Lebensbereiche, ja auch das Privatleben der Bürger zu überwachen.

Tous les détenteurs d'une fonction officielle, les fonctionnaires donc et les officiers de la Reichswehr, lesquels voient d'un mauvais œil l'importance croissante que prennent les milices hitlériennes (SA), constituent une autre cible pour le NSDAP dans son appétit de pouvoir. Les juifs et les démocrates sont impitoyablement écartés de tous les emplois administratifs. Même dans le domaine de l'art, le parti exerce sa tutelle. Sur ordre du ministre de la propagande, Joseph Goebbels, on procède à des autodafés où sont brûlés les livres d'auteurs, contemporains ou classiques, dont les idées ne correspondent pas aux idéaux nazis. Les nazis dénoncent l'art allemand du début du siècle, et en particulier les œuvres des expressionnistes. Dans le cadre d'une exposition itinérante d'œuvres estampillées par les nazis comme « dégénérées », la population est censée être éduquée en se voyant proposer des exemples négatifs. En 1933, le parti compte déjà 900 000 membres. En 1945, ce chiffre atteindra les 8 millions. Grâce au nombre très important de ses membres, le parti est à même d'exercer une surveillance à tous les niveaux de la vie sociale, mais aussi de la vie privée.

Rassengesetze und Judenverfolgung

Liberale, Demokraten und Sozialisten flüchten ins Ausland. Sie gehen ins Exil, um der Verhaftung im Konzentrationslager zu entgehen. Die deutschen Juden aber fallen dem NS-Regime fast ausnahmslos zum Opfer. Hitlers rassistische Anschauungen, sein Streben nach Vorherrschaft der arischen Rasse kommen schon in „Mein Kampf", in jener Kampfschrift, die er nach dem Scheitern eines Putschversuches 1923 in Haft verfasst hatte, deutlich zum Ausdruck. Die institutionalisierte Verfolgung einer ganzen, allen anderen Mitbürgern als Sündenbock preisgegebenen Bevölkerungsgruppe wird stufenweise verwirklicht. Am 1.4.1933 ruft die NSDAP zum Boykott aller jüdischen Geschäfte auf. Am 15.9.1935 treten die so genannten „Nürnberger Gesetze" in Kraft. Diese Gesetze sehen vor, dass der Zugang zu jeglichem öffentlichen Amt (sei es in der Verwaltung, an den Universitäten oder im juristischen Bereich) den Juden nunmehr gesperrt ist. Die Juden werden ihrer deutschen Staatsbürgerschaft enthoben, die Ehen mit Nichtjuden sind verboten. In der Nacht vom 9.11.1938, die heute „Reichspogromnacht" genannt wird, werden die Schaufenster der jüdischen Geschäfte zerschlagen und die Synagogen in Brand gesteckt. Die Juden sind verpflichtet, den gelben „Judenstern" vorzuweisen. Verhaftungen und Deportationen beginnen 1939. Im Sommer 1941 schreitet das NS-Regime zur „Endlösung", das heißt zur Vernichtung aller Juden nicht nur in Deutschland, sondern in ganz Europa. Auf der Wannseekonferenz (20.1.1942) werden die letzten Maßnahmen zur Ausführung der Endlösung getroffen. Ab Januar 1942 beginnt in Auschwitz die systematische Vernichtung der Juden durch Vergasung. Heute herrscht unter den

Lois raciales et persécution des juifs

Libéraux, démocrates et socialistes fuient à l'étranger. Ils prennent le chemin de l'exil pour échapper à l'emprisonnement en camp de concentration. Mais les juifs allemands sont presque sans exception victimes du régime national-socialiste. Les théories racistes d'Hitler et son combat pour l'établissement de la suprématie aryenne sont clairement exprimés dès Mein Kampf, *pamphlet rédigé par Hitler lorsque, à la suite d'un putsch avorté, il s'était retrouvé en captivité (1923). La persécution institutionnalisée de toute une partie de la population désignée comme bouc émissaire à tous ses concitoyens se met en place progressivement. Le 1.04.33, le parti nazi appelle au boycott de tous les commerces tenus par des juifs. Le 15.09.1935, les lois dites de Nuremberg sont promulguées. Elles interdisent désormais aux juifs l'accès à un emploi dans la fonction publique, quel qu'il soit (administration, barreau, université). Elle déchoit les juifs de leur nationalité allemande et leur interdit tout mariage avec des non juifs. Dans la nuit du 9.11.1938, au cours de ce qu'on nomme aujourd'hui la « Reichspogromnacht », les vitrines des magasins juifs sont brisées et les synagogues incendiées. Les juifs sont contraints au port de l'étoile jaune. Les arrestations et les déportations commencent en 1939. À l'été de 1941, le régime nazi passe à la « solution finale », c'est-à-dire à l'élimination de tous les juifs non seulement d'Allemagne, mais de toute l'Europe. La conférence de Wannsee (20.01.1942) règle les derniers aspects techniques pour la mise en œuvre de cette solution finale. L'élimination systématique par intoxication au gaz mortel commence à Auschwitz en janvier 1942. Peu d'historiens s'aventurent aujourd'hui à contester que ces arrestations et ces déportations, qui avaient lieu au grand jour, ont abouti à la mise à mort de millions de juifs allemands et européens (3 millions pour la seule Pologne).*

Historikern ein breiter Konsens darüber, dass infolge dieser Verhaftungen und Deportationen, die in aller Öffentlichkeit stattfanden, Millionen von deutschen und europäischen Juden (3 Millionen allein in Polen) ums Leben kamen.

Errungenschaften des Regimes

Die zwölfjährige Machtausübung durch die Nazis lässt sich nicht allein durch Unterdrückung und Schreckensherrschaft erklären. Auf wirtschaftlichem Gebiet gelingt es Hitler, Arbeitslosigkeit und Armut mit Hilfe von Arbeitsbeschaffungsprogrammen und staatlich unterstützten Bauprogrammen abzubauen. Dazu verhelfen auch die Aufrüstung und der damit verbundene Aufschwung in der Rüstungsindustrie, den die Vorbereitungen auf den Krieg mit sich bringen. Durch außenpolitische Erfolge erhält Hitler-Deutschland etwas von seinem früheren Glanz zurück. Zuerst erreicht es Hitler, dass Deutschland diplomatisch wieder als gleichrangige Großmacht anerkannt wird. Rasch weicht aber die Politik der Bündnisse einer expansionistischen Politik, die zum zweiten Weltkrieg führen soll. Auf den 12.3.1938 fällt der Anschluss Österreichs an Deutschland. Im September werden die Teile der Tschechoslowakei, in denen die Deutschen die Mehrheit der Bevölkerung ausmachen, dem Reich eingegliedert. Am 1.9.1939 marschiert die Wehrmacht in Polen ein. Der zweite Weltkrieg bricht aus.

Les succès du régime

La répression et la terreur ne sont pas les seules explications au maintien en place du régime nazi pendant douze ans. Dans le domaine économique, Hitler parvient à résorber chômage et pauvreté grâce à des programmes de création d'emplois et une politique de grands travaux, ce à quoi contribuent le réarmement et l'essor de l'industrie de l'armement qui y est lié et qu'entraînent les préparatifs de la guerre. L'Allemagne hitlérienne retrouve une partie de son prestige ancien en remportant des succès de politique étrangère. Hitler réussit d'abord à faire reconnaître l'Allemagne diplomatiquement comme une grande puissance égale aux autres. Mais rapidement, la politique d'alliances cède la place à une politique expansionniste qui mène droit à la Seconde Guerre mondiale. Le 12.03.1938, c'est l'annexion de l'Autriche par l'Allemagne. En septembre, les territoires tchécoslovaques où les Allemands sont majoritaires sont intégrés au Reich. Le 1.09.39, l'armée allemande entre en Pologne. La Seconde Guerre mondiale éclate.

Der zweite Weltkrieg

Die deutschen Truppen müssen an mehreren Fronten kämpfen, zumal im Juni 1941 der deutsch-sowjetische Nichtangriffspakt verworfen wird. Im Jahre 1942 steht ganz Kontinental europa unter deutscher Herrschaft. Die Niederlage gegen die Rote Armee bei Stalingrad am 2.2.1943 bildet den

La Seconde Guerre mondiale

Les armées allemandes sont contraintes de combattre sur plusieurs fronts, surtout depuis juin 1941 et la rupture du pacte de non-agression germano-soviétique. En 1942, l'Europe continentale est entièrement sous domination allemande. La défaite allemande face à l'armée rouge à Stalingrad (2.02.43) marque le véritable tournant de la guerre.

eigentlichen Wendepunkt im Krieg. Von diesem Tag an führt Deutschland keinen Angriffskrieg mehr, sondern einen Abwehrkrieg. 1942 beginnen die Bombardierungen deutscher Städte durch die britische Luftwaffe. Die deutsche Stadtbevölkerung muss ganze Nächte in Luftschutzkellern verbringen. Da Deutschland sich in den besetzten Gebieten versorgen kann, ist die Hungersnot allerdings erst ab 1944 zu spüren. Die Landung der Alliierten in der Normandie am 6.6.1945 beschleunigt die Kapitulation Deutschlands. In seinem unter dem Potsdamer Platz in Berlin begrabenen Bunker begeht Hitler Selbstmord. Zwischen 1933 und 1945 ist seine Macht nie richtig in Frage gestellt worden. Abgesehen von einem gescheiterten Putschversuch durch Wehrmachtoffiziere – der allerdings auch den stetigen Wettkampf zwischen Armee und Partei dokumentiert – sind die wenigen Widerstandskämpfer unter überzeugten Kommunisten, Sozialisten oder Christen zu finden, die ihr Leben für die Befreiung Deutschlands einsetzen und aufopfern. Am 8. Mai 1945 kapituliert Deutschland bedingungslos.

À partir de cette date, l'Allemagne ne mène plus une guerre offensive, mais une guerre défensive. En 1942 commencent les bombardements des villes allemandes par l'aviation britannique. La population allemande doit passer des nuits entières dans les abris antiaériens. L'Allemagne ne connaît cependant pas de pénurie alimentaire avant 1944, puisqu'elle puise dans les ressources des territoires occupés. Le débarquement allié en Normandie (6.06.45) précipite la capitulation allemande. Hitler se suicide dans son bunker, enfoui sous la Potsdamer Platz à Berlin. De 1933 à 1945, son pouvoir n'a jamais été réellement inquiété à l'intérieur des frontières. Hormis une tentative de putsch avortée effectuée par des officiers de la Wehrmacht (qui traduit en fait également la rivalité entre armée régulière et parti), les rares résistants sont à chercher parmi les militants communistes, socialistes ou chrétiens qui veulent libérer l'Allemagne au péril et au prix de leur vie. Le 8 mai 1945, l'Allemagne capitule sans conditions.

Die Nachkriegsjahre

Die Konferenz von Jalta (Februar 1945) sieht die Zerstückelung des Reiches in vier Besatzungszonen vor. Die in vier Sektoren geteilte Reichshauptstadt Berlin unterliegt einem Sonderstatut. Für alle Fragen, die ganz Deutschland betreffen, ist ein Alliierter Kontrollrat zuständig. Sonst verfügt jede Besatzungsmacht (die USA, Großbritannien, Frankreich und die Sowjet-Union) über die Vollmacht in der jeweiligen Besatzungszone. Die Gebiete östlich der Oder-Neiße-Linie werden an Polen abgetreten. Die deutschstämmigen Bewohner dieser Gebiete werden vom neuen Machthaber vertrieben und flüchten nach Deutschland.

L'immédiat après-guerre

En application des accords de Yalta (février 1945), le Reich est partagé en quatre zones d'occupation. Berlin, la capitale du Reich partagée en quatre secteurs, est soumise à un statut particulier. Un conseil de contrôle allié est en charge des questions communes à toute l'Allemagne. Les puissances occupantes (États-Unis, Grande-Bretagne, France, Union soviétique) disposent sinon de tous les pouvoirs dans leur zone respective. Les territoires situés à l'est de la ligne Oder-Neisse sont cédés à la Pologne. Les populations de souche allemande de ces territoires sont expulsées par les nouveaux maîtres du pays et se réfugient en Allemagne.

Mit dem Nürnberger Prozess beginnt am 20.11.1945 die Entnazifizierung. Einige hochgestellte Parteifunktionäre werden wegen Verbrechen gegen die Menschlichkeit verurteilt. In den Besatzungszonen werden demokratische Parteien ins Leben gerufen. In der sowjetischen Besatzungszone (SBZ) zwingt die Besatzungsmacht die Kommunistische Partei und die Sozialdemokratische Partei dazu, eine Einheitspartei, die Sozialistische Einheitspartei Deutschlands (SED) zu bilden. Im ganzen Lande liegen alle Großstädte in Trümmern. Alle Verkehrswege wurden im Krieg zerstört, und es herrscht ein vollkommenes wirtschaftliches Chaos. Lebensmittel und Heizmaterial verschafft man sich auf dem schwarzen Markt zu Wucherpreisen. Dem setzen in den drei Westzonen der Marshallplan und die Währungsreform vom 20.6.1948 ein Ende. Als Protest gegen die Einführung einer Einheitswährung in der Trizone verhängt die Sowjetunion die Berlin-Blockade. Darauf antworten die Westmächte mit einer Luftbrücke, wodurch die Berliner elf Monate lang versorgt werden können. Im Kontext des Kalten Krieges und des Konfliktes zwischen den zwei Blöcken entstehen also zwei einzelne deutsche Staaten. Am 23.5.1949 wird auf dem Gebiet der westlichen Trizone ein Grundgesetz verkündet und mithin die Bundesrepublik Deutschland gegründet. Auf dem Gebiet der SBZ entsteht am 7.10.1949 die DDR.

Le procès de Nuremberg, qui commence le 20.11.45, marque le début de la dénazification. Un certain nombre de dignitaires du régime sont condamnés pour crime contre l'humanité. Dans les zones d'occupation, on institue des partis démocratiques. Dans la zone soviétique (SBZ), la puissance d'occupation contraint le parti communiste et le parti social-démocrate à fusionner pour former un parti unique, le parti socialiste unifié allemand (SED). Toutes les grandes villes d'Allemagne sont en ruine. Toutes les infrastructures de transport ont été détruites pendant la guerre, le pays est en proie au chaos économique. On se procure denrées alimentaires et combustibles sur le marché noir, à des prix d'usuriers. Le plan Marshall et la réforme monétaire du 20.06.48 mettent un terme à ces pratiques dans les trois zones occidentales. Pour protester contre l'introduction d'une monnaie unique dans cette « trizone », l'URSS impose le blocus de Berlin. Les puissances occidentales réagissent en mettant sur pied un pont aérien qui ravitaillera les Berlinois 11 mois durant. C'est donc dans un contexte de guerre froide et de conflit entre les deux blocs que naissent deux États allemands distincts. Le 23.05.49, une « Loi fondamentale » (constitution) est proclamée sur le territoire de la « trizone » occidentale, donnant ainsi naissance à la RFA. La RDA voit le jour le 7.10.49 sur le territoire de la zone d'occupation soviétique.

Vocabulaire

Armut (die)	*la pauvreté*
Aufrüstung (die)	*le réarmement*
Aufschwung (der, ¨e)	*l'essor*
Auswirkung (die) (auf +A)	*l'effet, la conséquence*
Besatzungszone (die, n)	*la zone d'occupation*
Brand (der, ¨e) (in ~ stecken)	*l'incendie, incendier*
Ehe (die, n)	*le mariage (comme institution)*
Errungenschaft (die, en)	*l'acquis, le succès*
Glaubwürdigkeit (die)	*la crédibilité*
Gleichschaltung (die)	*la mise au pas*
Leben (das) (ums ~ kommen) (ins ~ rufen)	*la vie (perdre la vie) (instituer, mettre sur pied)*
Machtergreifung (die)	*la prise du pouvoir*
Maßnahme (die, n) (eine ~ treffen)	*la mesure, prendre une mesure*
Opfer (das, -)	*la victime*
Sündenbock (der, ¨e)	*le bouc émissaire*
Trümmer (pl.)	*les ruines*
Verhaftung (die) (verhaften)	*l'arrestation (arrêter, emprisonner)*
Wendepunkt (der, e)	*le tournant, le cap*
Widerstand (der)	*la résistance*
abgesehen (von+D)	*hormis*
zeitgenössisch	*contemporain*
zuständig (für+A)	*être responsable, en charge de*
an/prangern	*critiquer durement*
entgehen (ing, angen) (ist) (+D)	*échapper à*
flüchten (ist)	*fuir*
gelingen (a, u) (ist) (es gelingt mir)	*réussir*
spüren	*sentir*
stecken (in einer Krise ~)	*traverser une crise*
streben (nach+D)	*aspirer à*
unterwerfen (a, o, i)	*soumettre*
verfügen (über+A)	*disposer de*
vernichten	*anéantir*
versorgen (mit+D)	*approvisionner*
vertreiben (ie, ie)	*expulser*
verurteilen (zu+D)	*condamner (à)*
verwerfen (a, o, i)	*rejeter*
weichen (i, i) (+D)	*céder à, devant*
zwingen (a, u)	*contraindre*

Lexique en situation 2

Für die Wahl des Wohnorts sind die öffentlichen Verkehrsmittel ausschlaggebend.

Les transports en commun sont déterminants pour le choix du domicile.

Mit seinen billigen Produkten ist dieses Unternehmen weltmarktführend.

Avec ses produits bon marché, cette entreprise est leader sur le marché.

Mit dieser Maßnahme hat die Brüsseler Kommission an Glaubwürdigkeit verloren.

En prenant cette mesure, la Commission de Bruxelles a perdu en crédibilité.

Die Jugendlichen sind empfänglich für die Botschaft von Sektenanwerbern.

Les jeunes sont une proie facile pour le message des démarcheurs de sectes.

Zahlreiche Hindernisse konnten rasch beseitigt werden.

De nombreux obstacles ont pu être rapidement surmontés / levés.

Nach blutigen Straßenschlachten wurde über die Stadt der Ausnahmezustand verhängt.

Après de sanglants combats de rue, on a déclaré l'état d'exception dans la ville.

Er steht unserem Projekt skeptisch gegenüber.

Il est sceptique quant à notre projet.

Man kann unmöglich dem Schicksal entgehen.

Il est impossible d'échapper au destin.

Nie darf eine Bevölkerungsgruppe zum Sündenbock werden.

Il ne faut jamais qu'une catégorie de la population devienne un bouc émissaire.

All meine Hoffnungen auf Glück sind vernichtet!

Tous mes espoirs de bonheur sont anéantis !

Das Chaos brach im ganzen Lande aus.

Le chaos a fait irruption dans tout le pays.

Saudiarabien versorgt Deutschland mit Mineralöl.

L'Arabie saoudite approvisionne l'Allemagne en pétrole.

Er hat einen schlimmen Fehler begangen.

Il a commis une grave erreur.

Der Gallier Asterix leistet Widerstand gegen die bösen Römer.

Asterix le Gaulois résiste contre les méchants Romains.

Sie hat die besten Jugendjahre für ihre Kinder aufgeopfert.

Elle a sacrifié les plus belles années de sa jeunesse à ses enfants.

Die Folter ist ein Verbrechen gegen die Würde des Menschen.

La torture est un crime contre la dignité de l'être humain.

DOSSIER 3

Die BRD vom Gründungsjahr bis zur Wiedervereinigung

Nach der Verkündung des Grundgesetzes beginnt für Westdeutschland eine Periode der Normalisierung. Darunter ist der Aufbau eines demokratischen Staates zu verstehen, aber auch die Rückkehr zum Wohlstand und die Entstehung neuer Verbindungen sowohl mit dem Westen (Integration) als auch mit den Nachbarstaaten im Ostblock (Entspannungspolitik). Zwei markante Kanzlerpersönlichkeiten leiten Deutschland auf diese Wege: Konrad Adenauer und Willy Brandt.

La RFA de sa fondation à la réunification

Après la proclamation de la Loi fondamentale commence pour l'Allemagne de l'Ouest une période de normalisation. Il faut entendre par là la mise en place d'un État démocratique, mais aussi le retour de la prospérité et l'avènement de relations nouvelles aussi bien avec l'Ouest (intégration) qu'avec les pays du bloc soviétique voisins de l'Allemagne à l'Est (politique de détente). Cette évolution s'effectue sous l'égide de deux chanceliers à la personnalité marquante : Konrad Adenauer et Willy Brandt.

Die deutsche Wirtschaft vom Wiederaufbau zum neuen Wohlstand

Nach der Währungsreform im Jahre 1948 und nach der Einstellung der als Reparationen durchgeführten Demontagen erholt sich die deutsche Volkswirtschaft. Voraussetzungen für die Belebung der Wirtschaft sind hauptsächlich die Einführung einer stabilen Währung – die DM – und der Zustrom von Kapital und billigem Rohstoff im Rahmen des Marshall-Plans. Dazu trägt selbstverständlich auch der Vorrat an qualifizierten Arbeitskräften bei, die zum Teil aus den ehemaligen Ostgebieten und aus der DDR nach Westdeutschland übergesiedelt sind. Im wirtschaftlichen Bereich richtet sich die Bundesregierung nach den Grundsätzen der „sozialen Markwirtschaft". Verfechter dieser Wirtschaftstheorie ist Ludwig Erhard, der heute nicht selten als „Vater" des deutschen Wirtschaftswunders angesehen

L'économie allemande de la reconstruction au retour à la prospérité

À partir de la réforme monétaire de 1948 et de l'arrêt des démontages d'entreprises au titre des dommages de guerre, l'économie de l'Ouest se rétablit. Ce rétablissement économique a pour préalables l'introduction d'une monnaie stable (le deutschemark) et l'apport en capital et en matières premières dans le cadre du plan Marshall. Il faut ajouter à ces conditions le réservoir de main-d'œuvre qualifiée et abondante que constituent les réfugiés des territoires perdus par l'Allemagne et les transfuges de l'Est. Dans le domaine économique, le gouvernement fédéral se réfère aux principes de « l'économie sociale de marché ». Le principal défenseur de cette théorie économique est Ludwig Erhard, qui passe aujourd'hui fréquemment pour être le « père » du miracle économique allemand. Dans une « économie sociale de marché », le rôle de l'État se limite à réglementer le cadre juridique à l'intérieur duquel jouent

wird. In einer „sozialen Marktwirtschaft" beschränkt sich die Rolle des Staates darauf, den juristischen Rahmen für das freie Spiel der Marktkräfte zu schaffen. Es gibt also keine staatliche Planung der wirtschaftlichen Produktion als solche. Der Staat greift dennoch ein, um den Bürger durch Umverteilung der Steuergelder Anteil am Wohlstand haben zu lassen. Der Staat garantiert allen Bürgern Sozialleistungen (Krankenversicherung, Rentenversicherung, usw.), ohne in die Rolle des Wohlfahrtsstaats zu schlüpfen.

les lois du libre marché. Il n'y a donc pas de planification économique centralisée en tant que telle. L'État intervient cependant pour associer les citoyens à la prospérité par le biais d'une redistribution des contributions fiscales. L'État garantit à tous les citoyens des prestations sociales (assurance-maladie, retraites, etc.) sans endosser le rôle de l'État-providence.

In den 50er Jahren ist der Außenhandel der eigentliche Motor der deutschen Wirtschaft. Er macht es möglich, die Arbeitslosigkeit der Nachkriegsjahre abzubauen. Schon 1950 gibt es in Westdeutschland keine Rationalisierung der Lebensmittel mehr. Der Staat muss sich aber weiterhin mit der Wohnungsnot auseinandersetzen. Überall in den zerbombten Städten mangelt es an Wohnungen, zumal die Bundesrepublik Hunderttausende von Vertriebenen und Flüchtlingen unterbringen muss. Im März 1950 verabschiedet der Bundestag das Wohnungsbaugesetz: Gemäß moderner Stadtplanung erhalten die deutschen Städte ein neues Gesicht. Als weiteres Beispiel für die Sozialleistungen des Staates gilt der 1952 beschlossene Lastenausgleich. Jeder Steuerzahler hilft also bei der Entschädigung der Vertriebenen, die ihr ganzes Gut in den abgetretenen Gebieten haben verlassen müssen.

Pendant les années 1950, les exportations sont le véritable moteur de l'économie allemande. Grâce à elles, il est possible de résorber le chômage de l'immédiat après-guerre. Dès 1950, le rationnement des denrées alimentaires est aboli en Allemagne de l'Ouest. Mais l'État doit toujours faire face à la crise du logement. Dans les villes détruites par les bombardements, il y a partout une pénurie de logements d'autant plus aiguë que la RFA doit loger des centaines de milliers d'Allemands expulsés et de réfugiés. En mars 1950, le Parlement (Bundestag) adopte la loi sur la construction de logements : les villes allemandes offrent un nouveau visage, inspiré par l'urbanisme moderne. La loi sur la répartition des dédommagements adoptée en 1952 est un autre exemple de prestation sociale garantie par l'État. Chaque contribuable participe au dédommagement des Allemands de souche expulsés des territoires perdus, où ils ont dû abandonner tous leurs biens.

Rasch steigt die Kaufkraft der Deutschen. Die Zeitspanne zwischen 1950 und 1990 kennzeichnet sich pauschal durch ständiges Wachstum. Innerhalb von 30 Jahren ist in Deutschland das Bruttoinlandsprodukt um das Vierfache gestiegen.

Le pouvoir d'achat des Allemands progresse rapidement. On peut dire que de 1950 à 1990 la RFA connaît globalement une période de croissance ininterrompue. Elle quadruple son PIB en trente ans.

Integration in die westliche Welt und Entspannungspolitik mit dem Ostblock

Beide Aspekte der deutschen Außenpolitik sind in Zusammenhang mit der „deutschen Frage", also mit der Teilung Deutschlands und der Hoffnung auf Wiedervereinigung zu denken. Der Christdemokrat Konrad Adenauer (1876-1967), der 1949 zum ersten Bundeskanzler der Bundesrepublik gewählt wird, ist der Meinung, dass die Integration der Bundesrepublik in die westliche Welt eine Voraussetzung für die Wiedervereinigung ist.

Noch 1949 ist die westdeutsche Souveränität durch ein Besatzungsstatut eingeschränkt. Dieses Besatzungsstatut sieht die Stationierung alliierter Truppen auf westdeutschem Boden vor und hat Vorrang vor dem Grundgesetz. Bundeskanzler Adenauer versteht es, aus der Furcht des Westens vor der Verbreitung des Kommunismus Nutzen zu ziehen. Mitten im Korea-Krieg (1950-1953) wird die Wiederbewaffnung Deutschlands beschlossen. Im Februar 1955 verabschiedet der Bundestag die Pariser Verträge, die den Beitritt der BRD zur NATO und die Entstehung der Bundeswehr vorsehen. Die Gründung der Bundeswehr erfolgt im Mai desselben Jahres, nach Überwindung der pazifistischen Bestrebungen der Sozialdemokraten. 1957 wird die allgemeine Wehrpflicht wieder eingeführt. Dies bedeutet eine grundsätzliche Veränderung des Besatzungsstatutes und ist somit ein weiterer Schritt zur Wiederherstellung der deutschen Souveränität. 1973 tritt die BRD der UNO bei. Als Zeichen der vollkommenen Normalisierung gilt aber erst der Einsatz deutscher Truppen 1999 im Kosovo-Krieg. Zum ersten Mal seit dem zweiten Weltkrieg beteiligen sich deutsche Soldaten an Kampfaktionen außerhalb Deutschlands.

L'intégration à l'Ouest et a détente à l'Est

Ces deux dimensions de la politique étrangère de l'Allemagne sont à penser en rapport avec la « question allemande », c'est-à-dire avec la partition de l'Allemagne et l'espoir en la réunification. Pour le premier chancelier de la république de Bonn, Konrad Adenauer (1876-1967, chancelier chrétien-démocrate de 1949 à 1963), il faut ancrer la RFA à l'Ouest avant de songer à réunifier l'Allemagne.

En 1949 encore, la souveraineté de la RFA est limitée par un statut d'occupation. Ce statut d'occupation prévoit le stationnement de troupes alliées sur son sol et prévaut sur la Loi fondamentale. Le chancelier Adenauer tire habilement profit de la peur de l'Occident face à l'expansion du communisme. Le réarmement de l'Allemagne est ainsi décidé en plein milieu de la guerre de Corée (1950-1953). Les accords de Paris, qui prévoient l'adhésion de l'Allemagne à l'OTAN et la mise sur pied d'une armée nationale (Bundeswehr), sont ratifiés par le Bundestag en février 1955. La création de la Bundeswehr s'accomplit en mai de la même année, après qu'ont été écartées les aspirations pacifistes des sociaux-démocrates. En 1957, on réintroduit le service militaire obligatoire. C'est là une modification fondamentale du statut d'occupation, et un pas de plus vers le rétablissement de la souveraineté de l'Allemagne. En 1973, la RFA est admise à l'ONU. Mais la normalisation totale n'est symboliquement acquise qu'en 1999, avec l'intervention de troupes allemandes dans le conflit du Kosovo. Pour la première fois depuis la Seconde Guerre mondiale, des soldats allemands participent à des combats hors d'Allemagne.

Im Bereich der Wirtschaft setzt die Integration mit der Teilnahme Deutschlands am Gemeinsamen Markt für Kohle und Stahl ein. Mit dem Inkrafttreten der Römischen Verträge im Jahre 1957 wird die BRD zum Gründermitglied des Europäischen Gemeinsamen Marktes.

Dans le domaine économique, l'intégration débute par la participation de l'Allemagne à la Communauté européenne du charbon et de l'acier. Avec l'entrée en vigueur des traités de Rome en 1957, la RFA devient membre fondateur du Marché Commun.

Im Osten erschwert die Existenz des anderen deutschen Staates die Normalisierung. Bis Ende der 60er Jahre verschreibt sich die Bundesrepublik der „Hallstein-Doktrin": Sie bricht die diplomatischen Beziehungen ab mit den Staaten, die die DDR als unabhängigen Staat anerkennen. Nachdem die Bundesrepublik das Scheitern der Hallstein-Doktrin hat feststellen müssen und nachdem sie auch hingenommen hat, dass der Eiserne Vorhang als Faktum einfach nicht wegzudenken ist, bekehrt sie sich zu einer neuen Ostpolitik, deren Verdienst auf den 1969 zum Bundeskanzler gewählten Sozialdemokraten Willy Brandt (1913-1992) entfällt. Als er 1970 vor dem Mahnmal für die Opfer des Warschauer Ghettos auf die Knie fällt, bezeugt er Sühne und Versöhnungswillen. Diesem Verfechter der Entspannungspolitik mit den Nachbarstaaten im Osten, und in erster Linie mit der DDR, wird 1971 der Friedensnobelpreis verliehen.

À l'Est, la normalisation est plus délicate du fait de l'existence de l'autre État allemand. Jusqu'à la fin des années 1960 prévaut la « doctrine Hallstein » : la RFA rompt ses relations diplomatiques avec les États qui reconnaissent la RDA en tant qu'État indépendant. Contrainte de reconnaître l'échec de cette doctrine et d'accepter la réalité de l'existence du « rideau de fer », la RFA se convertit à une nouvelle politique à l'Est, dont le mérite revient au social-démocrate Willy Brandt (1913-1992, chancelier de 1969 à 1974). S'agenouillant spontanément devant le mémorial des victimes de l'insurrection du ghetto de Varsovie, il accomplit en 1970 un geste de repentir et de réconciliation. Partisan d'une politique de détente et de relations de bon voisinage avec le bloc de l'Est et la RDA au premier chef, il se voit décerner le prix Nobel de la paix en 1971.

Eine stabile Demokratie

Une démocratie stable

In den 70er Jahren wird die junge westdeutsche Demokratie mehrmals auf die Probe gestellt. Sowohl die Nazi-Vergangenheit als auch die gescheiterte Demokratie der Weimarer Republik wirken belastend. Vor aller Welt und vor sich selbst muss sich die Bundesrepublik als stabiler demokratischer Staat bewähren. Die Nachkriegsgeneration gibt sich mit der oft schonenden Entnazifizierung nicht zufrieden. Es ist manchen zum Beispiel unbegreiflich, wie Kurt Georg Kiesinger, dem seine zeitweilige Zugehörigkeit zur NSDAP nachgewiesen werden konnte,

Les années 1970 ne sont pas exemptes d'épreuves pour la jeune démocratie allemande. Le poids de son passé national-socialiste, mais aussi celui de l'expérience malheureuse de Weimar sont une réelle entrave. La RFA doit faire la preuve aux yeux du monde qu'elle est un État démocratique stable. La génération de l'après-guerre ne se satisfait pas d'une dénazification souvent trop complaisante. Pour beaucoup de gens, il est par exemple incompréhensible que Kurt Georg Kiesinger ait pu prendre la succession de Ludwig Erhardt en tant que chancelier (de 1966 à

zum Nachfolger von Ludwig Erhardt als deutscher Bundeskanzler 1966-1969 werden kann. Die Generation der Eltern sieht sich also vor die Aufgabe gestellt, über ihre Einstellung zum Nazi-Regime und über ihre mögliche Mitwirkung Rechenschaft zu geben. Die Jugendlichen werfen den Eltern vor, die Vergangenheit allzu schnell bewältigen zu wollen und Zuflucht im Erringen des Wohlstandes gesucht zu haben.

Am Rande der Gesellschaft kommt es zur Bildung von terroristischen Gruppierungen nach dem Vorbild der südamerikanischen Guerillas. Neben den „Revolutionären Zellen" und der Frauengruppe „Rote Zora" ist die 1970 gegründete linksextremistische Rote Armee Fraktion (RAF) aktiv. Die Terroristen verüben Anschläge auf öffentliche Einrichtungen wie die deutsche Botschaft in Stockholm und entführen Politiker und Wirtschaftsführer. Es scheitert aber der Versuch, die verhafteten Gründer der RAF Andreas Baader und Gudrun Ensslin durch die Entführung des Vorsitzendes des Arbeitgeberverbandes Hanns-Martin Schleyer freizupressen. Hanns-Martin Schleyer wird ermordet. In ihrer Zelle im Gefängnis Stammheim bei Stuttgart begehen Baader und Ensslin vermeintlich Selbstmord. Sie werden zum Mythos für die rebellierende Jugend.

Grundsätzlich fühlen sich die Jugendlichen in den 70er Jahren durch zwei Hauptanliegen zum Protestieren bewogen. Zum einen gilt es, sich für den Frieden in der Welt einzusetzen. Zum anderen scheint es dringlich, die Umwelt zu schützen. Die Friedensbewegung gewinnt ab 1979 an Bedeutung. In diesem Jahre beschließt die NATO, Mittelstreckenraketen auf deutschem Boden aufzustellen, um der Stationierung von sowjetischen SS 20 in der DDR entgegenzutreten. Für die Anhänger der Friedensbewegung ist die Aufstellung nuklearer Waffen in Deutschland ein Signal des Wettrüstens.

1969) alors que son appartenance un temps au parti nazi avait été établie. Elle somme la génération des parents de rendre des comptes quant à un éventuel soutien (idéologique ou actif) au régime nazi. Le génération des parents se voit ainsi contrainte de rendre des comptes sur sa position face au régime nazi et sur une éventuelle collaboration avec lui. Les jeunes reprochent à leurs parents d'avoir cherché à faire trop vite table rase du passé en se réfugiant dans la quête du bien-être matériel.

Aux marges de la société, il se constitue des groupuscules terroristes sur le modèle des guérillas sud-américaines. À part les « Cellules Révolutionnaires » et le groupe féministe « Rote Zora », l'activité terroriste est le fait de la Fraction Armée Rouge (RAF), d'extrême gauche, fondée en 1970. Les terroristes commettent des attentats contre des institutions publiques comme l'ambassade d'Allemagne à Stockholm et enlèvent des hommes politiques et des responsables économiques. Pour obtenir la libération des fondateurs incarcérés de la RAF, Andreas Baader et Gudrun Ensslin, ils enlèvent le président du patronat, Hanns-Martin Schleyer. Cette tentative échoue, Hanns-Martin Schleyer est assassiné. Dans leur cellule de la prison de Stammheim près de Stuttgart, Baader et Ensslin se suicident (du moins le présume-t-on). La jeunesse rebelle s'identifie à eux comme à un nouveau mythe.

De manière fondamentale, deux grandes causes poussent les jeunes des années 1970 à la contestation. D'un côté, ils se sentent tenus de s'engager au profit de la paix dans le monde. De l'autre, il leur semble urgent de protéger l'environnement. Le mouvement pacifiste gagne en importance à partir de 1979, date à laquelle l'OTAN réagit au projet soviétique de stationner des missiles nucléaires SS-20 sur le territoire de la RDA par le déploiement sur le sol de RFA de missiles nucléaires de moyenne portée. Pour les militants pacifistes, le déploiement d'armements nucléaires en Allemagne témoigne d'une course aux armements. On assiste en Allemagne à de

Es kommt in Deutschland zu heftigen Demonstrationen, welche die Aufstellung der Raketen dennoch nicht verhindern können.

violentes manifestations, qui ne parviennent cependant pas à empêcher l'installation des missiles.

Zielscheibe der Umweltschützer bleiben vor allem die deutschen Atomkraftwerke. Die Umweltschützer fordern seit Mitte der 70er Jahre den Ausstieg aus der Atomkraft. Aus der alternativen Protestbewegung entwickelt sich 1980 die Partei der Grünen. Zum Durchbruch gelangen sie durch Regierungskoalitionen mit den Sozialdemokraten.

Le mouvement écologique prend pour cible principale les centrales nucléaires allemandes. Depuis le milieu des années 1970, les militants écologistes demandent l'arrêt de l'exploitation des centrales. Ce qui a commencé comme un mouvement protestataire alternatif devient en 1980 un parti politique, le parti des Verts. Il perce en s'alliant aux sociaux-démocrates.

Vocabulaire

Anschlag (der, ¨e) (einen ~ auf + A verüben)	*l'attentat (commettre un attentat)*
Ausstieg (der, e) (der ~ aus der Atomkraft)	*l'abandon (l'abandon du nucléaire)*
Beziehung (die)	*la relation*
Einsatz (der, ¨e)	*l'intervention, l'emploi de*
Eiserne Vorhang (der)	*le Rideau de Fer*
Entschädigung (die)	*le dédommagement, l'indemnité*
Entspannung (die)	*la détente*
Friedensbewegung (die)	*le mouvement pacifiste*
Kaufkraft (die)	*le pouvoir d'achat*
Lebensmittel (pluriel)	*les vivres, les produits alimentaires*
Nutzen (der, -) (~ ziehen aus+D)	*le profit, le bénéfice (tirer profit de)*
Planung (die)	*la planification*
Probe (die, n) (auf die ~ stellen)	*l'épreuve (mettre à l'épreuve)*
Rechenschaft geben (über+A)	*rendre des comptes sur, à propos de*
Rohstoff (der, e)	*la matière première*
Sozialleistungen (die)	*les prestations sociales*
Sühne (die)	*le repentir*
Verbreitung (die)	*l'expansion, la diffusion*
Verdienst (1. das, e) (2. der, e)	*1. le mérite ; 2. le revenu*
Verfechter (der, -)	*le défenseur*
Verkündung (die)	*la proclamation*
Versöhnung (die)	*la réconciliation*
Voraussetzung (die) (für+A)	*le présupposé, la condition préalable*
Währung (die, en)	*la monnaie (unité monétaire)*
Wehrpflicht (die) (die allgemeine ~)	*le service militaire obligatoire (par conscription)*
Wiederbewaffnung (die)	*le réarmement*
Wiederherstellung (die)	*le rétablissement (d'une chose perdue ou abrogée)*
Wiedervereinigung (die)	*la réunification*
Wirtschaftswunder (das)	*le miracle économique*
Wohlfahrtsstaat (der)	*l'État-providence*
Wohlstand (der)	*le bien-être matériel, l'aisance*
vermeintlich	*supposé, supposément*
ab/brechen (a, o, i)	*rompre, interrompre*
bei/treten (a, e, i) (ist) (+D) (der Beitritt zu)	*adhérer (l'adhésion à)*
beschließen (oss, ossen)	*décider, résoudre de*
beteiligen (sich) (an +D)	*prendre part à*
bewältigen	*venir à bout de, maîtriser*
ein/greifen (iff, iffen) (in+A)	*intervenir*
mangeln (an+D)	*manquer de*
über/siedeln (ist)	*se transférer, déménager*

Lexique en situation 3

Der Schüleraustausch leistet einen erheblichen Beitrag zum Aufbau Europas.
Les échanges scolaires apportent une contribution importante à la construction européenne.

Kaum einer fordert eine Rückkehr zur Weltordnung vor 1989.
Peu de gens réclament un retour à l'état du monde d'avant 1989.

Die Beherrschung der deutschen Sprache ist eine Voraussetzung für die Einbürgerung.
La maîtrise de la langue allemande est une condition nécessaire à l'obtention de la nationalité allemande.

Ich werde mich ganz nach Ihren Anweisungen richten.
Je m'en tiendrai strictement à vos instructions.

Die Reform hat kein Wunder gewirkt.
La réforme n'a pas fait de miracles.

Deutschland möchte nur im Rahmen der UNO Truppen ins Ausland entsenden.
L'Allemagne ne veut envoyer de troupes à l'étranger que dans le cadre de l'ONU.

Diesem Politiker mangelt es angeblich an [D] Realitätssinn.
Cet homme politique est apparemment dépourvu de sens des réalités.

In dieser Gegend leben nur Familien mit hoher Kaufkraft.
Dans cette région, il n'y a que des familles à fort pouvoir d'achat.

Der Umsatz dieser Firma ist um das fünffache gestiegen.
Le chiffre d'affaire de cette entreprise a été multiplié par 5.

In der Volksrepublik China gelten nur eingeschränkte Bürgerrechte.
En Chine Populaire, les droits civiques n'ont qu'une reconnaissance limitée.

Er hat seine Meinung grundsätzlich geändert.
Il a complètement changé d'avis.

Die Ideen der Umweltschützer sind aus der Debatte nicht mehr wegzudenken.
On ne peut plus évacuer du débat les idées des écologistes.

Seine Toleranz wurde auf die Probe gestellt.
Sa tolérance a été mise à l'épreuve.

Was hat dich zu diesem Schritt bewogen?
Qu'est-ce qui t'a amené à faire cette démarche ?

Der Ethikrat setzt sich für aktive Sterbehilfe ein.
Le conseil d'éthique milite pour une aide à la fin de vie.

In Deutschland fanden die Ideen der französischen Revolution nicht wenig Anhänger.
En Allemagne, les adeptes des idées de la Révolution française ont été assez nombreux.

Die Steuerpolitik der Regierung ist die Zielscheibe der Kritik.
La politique fiscale du gouvernement est la cible de critiques.

DOSSIER 4

Geschichte der DDR und Wiedervereinigung

Histoire de la RDA et réunification

Warum verschwand die DDR?

Zum 20. Jubiläum des Mauersfalls am 9.11.09 beteuerte Bundeskanzlerin Angela Merkel, man solle noch keinen Schlussstrich unter die DDR-Geschichte ziehen. Die Aufarbeitung der DDR-Geschichte ist noch nicht abgeschlossen. Für die überwiegende Mehrheit der heutigen Geschichtsschreiber war allerdings das in der DDR regierende SED-Regime ein Unterdrückungsapparat, welcher die DDR-Bürger ihrer Rechte beraubt hat. Vor dem Mauerfall aber galt die DDR trotz Einschränkung der Freizügigkeit für die DDR-Bürger gewissermaßen als Musterschüler unter den Volksdemokratien. Die DDR konnte sich die Achtung der westlichen Öffentlichkeit für angesehene Industrieprodukte oder die Leistungen ihrer Spitzensportler erwerben. Sie war „der andere deutsche Staat".

Im kleineren deutschen Staat – die DDR war halb so groß wie die BRD und zählte ein Viertel so viel Einwohner – kam es zu einem Machtregime nach sowjetischem Muster, bei dessen Entstehung die Kommunisten Walter Ulbricht (1893-1973) und Wilhelm Pieck (1876-1960) und der Sozialdemokrat Otto Grotewohl (1864-1964) entscheidend mitwirkten. In jeder Hinsicht wurde die DDR in den Ostblock integriert: Die DDR war Mitglied des Warschauer Paktes, und ihre Armee, die 1956 gegründete Nationale Volksarmee (NVA), stand gänzlich unter dem Befehl des von der Sowjetunion geführten Generalstabesdes Warschauer Paktes. Die DDR war auch Mitglied des Rates für gegenseitige Wirtschaftshilfe (RWG).

Pourquoi la RDA a-t-elle disparu ?

À l'occasion du 20e anniversaire de la chute du Mur, le 9.11.09, la chancilière Angela Merkel a affirmé qu'il n'était pas encore question de tirer un trait définitif sur l'histoire de la RDA. Le travail sur l'histoire de la RDA n'est pas encore achevé. Même si pour la grande majorité des historiens actuels, le régime imposé par le parti au pouvoir en RDA, le SED, était un appareil répressif privant les citoyens de leurs droits. Mais avant la chute du mur, la RDA était considérée comme l'élève modèle parmi les démocraties populaires, et ce malgré la restriction de la liberté de mouvement imposée aux Allemands de l'Est. La RDA put s'acquérir la considération de l'opinion publique occidentale pour le prestige de ses productions industrielles ou les performances de ses sportifs de haut niveau. Elle était « l'autre État allemand ».

Dans le plus petit des deux États allemands (la RDA était deux fois moins vaste que l'Allemagne de l'Ouest et comptait quatre fois moins d'habitants), fut mis en place d'un régime calqué sur le modèle soviétique, sous l'égide des responsables communistes Walter Ulbricht (1893-1973) et Wilhelm Pieck(1876-1960) et du social-démocrate Otto Grotewohl (1864-1964). À tous points de vue, la RDA est intégrée au bloc de l'Est : elle est membre du pacte de Varsovie, et son armée, l'Armée nationale populaire fondée en 1956, est tout entière sous l'autorité de l'état-major du pacte de Varsovie, lequel est sous les ordres de l'Union soviétique. La RDA est également membre du COMECON (Conseil d'assistance économique mutuelle).

Die Grenzen der Planwirtschaft ließen sich im Wettbewerb mit der im Westen wirksamen Marktwirtschaft daran ermessen, dass der Lebensstandard in der DDR nach 40 Jahren Planwirtschaft nicht einmal annähernd dem westdeutschen Niveau gleichkam. Das vom Fernsehen vermittelte Bild des im Westen herrschenden Wohlstands, das Verlangen der DDR-Bürger nach mehr Freiheit, und schließlich die mangelnde Identität der DDR als Nation führten nach dem Fall der Berliner Mauer 1989 zum Beitritt der DDR zur Bundesrepublik.

L'économie planifiée a révélé ses limites par le fait que, placée en concurrence avec l'économie de marché en vigueur à l'Ouest, et au bout de quarante ans, le niveau de vie en RDA était fort loin d'approcher celui de l'Allemagne de l'Ouest. L'image de la prospérité de l'Ouest transmise par la télévision, l'aspiration des citoyens est-allemands à plus de liberté, enfin une identité nationale mal définie ont fait qu'après la chute du mur de Berlin, la RDA a adhéré à la RFA.

1949-1961: Sowjetisierung der ostdeutschen Politik und Wirtschaft

Offiziell heißen die Jahre 1949-1961 „Jahre des Aufbaus des Sozialismus". Das DDR-Regime bekennt sich zum Prinzip des demokratischen Zentralismus: Nach dem erzwungenen Zusammenschluss aller Linksparteien im Jahre 1946 bleibt die Sozialistische Einheitspartei Deutschlands (SED) de facto die einzige Regierungspartei. Alle Staatsorgane, vor allem die Volkskammer (das Parlament) sind ihr unterlegen. Dem Anschein nach ist das Regime parlamentarisch. Neben der SED bestehen beispielsweise eine CDU und eine Demokratische Bauernpartei Deutschlands (DBD). Doch im Grunde gibt es keine freien Wahlen: Alle Parteien sind in der Nationalen Front vereint und die Bürger können nur für eine Einheitsliste stimmen.

Im Wirtschaftsbereich wird in der SED-regierten DDR und unter der Aufsicht der UdSSR die Planung der Wirtschaft eingeführt. Ein Fünfjahresplan bestimmt für jede Branche Produktionsziele und Produktionsquoten. Alle Firmen werden verstaatlicht und in „VEB" (Volkseigene Betriebe) umbenannt. Nach sowjetischem Muster beschließt die DDR-Regierung, der Schwerindustrie auf Kosten der Konsumgüterindustrie den Vorrang

1949-1961 : soviétisation de la vie politique et de l'économie est-allemandes

Officiellement, la période 1949-1961 s'appelle « période d'édification du socialisme ». Le régime est-allemand se convertit au principe du centralisme démocratique : après la fusion contrainte de tous les partis politiques de gauche en 1946, le SED (parti socialiste unifié allemand) est de fait le seul parti au pouvoir. Tous les organes directeurs de l'État, en particulier la Chambre du peuple (Parlement) lui sont soumis. En apparence, le régime est parlementaire. En plus du SED, il subsiste une CDU et un Parti paysan démocratique allemand (DBD). Mais en réalité, les élections ne sont pas libres : tous les partis sont rassemblés en un Front National, et les citoyens n'ont pas d'autre choix qu'une liste unique.

Dans le domaine économique et sous le contrôle de l'URSS, la RDA gouvernée par le SED met en œuvre la planification de l'économie. Un plan quinquennal fixe les objectifs et les quotas de production à atteindre pour chacun des secteurs. Toutes les entreprises sont nationalisées et rebaptisées « entreprises du peuple » (VEB). En s'inspirant du modèle soviétique, le gouvernement est-allemand décide de donner la priorité à l'industrie lourde au dépens de

zu geben: So hat der DDR-Bürger lange Jahre auf einen Personalkraftwagen der Marke Trabant oder Wartburg zu warten. In allen Wirtschaftsbranchen werden die Einzelunternehmen zu Kombinaten verschmolzen, damit alle Phasen der Produktion integriert werden können. Im Juli 1952 beschließt die Regierung, auch die Landwirtschaft zu verstaatlichen. Die Bauernhöfe werden zu LPGs (Landwirtschaftliche Produktionsgenossenschaften).

l'industrie de biens de consommation : il faut ainsi aux Allemands de l'Est de nombreuses années d'attente avant d'obtenir une voiture de la marque Trabant ou Wartburg. Dans tous les secteurs de l'économie, les entreprises individuelles sont regroupées au sein de combinats pour permettre l'intégration de toutes les phases de la production. En juillet 1952, le gouvernement décide de collectiviser également l'agriculture. Les fermes sont transformées en coopératives agricoles (LPG).

Die Gestaltung der Lebensformen durch Staat und Partei

Un mode de vie façonné par l'État et le parti

Der kommunistische DDR-Staat sorgt für alle Bedürfnisse der Bürger und ist „Sozialstaat" im wahrsten Sinne des Wortes. Die DDR-Bürger haben Anspruch auf eine beinahe kostenlose Wohnung. Kranken- und Altersversicherung sind selbstverständlich gewährleistet. Aber auch in die Gestaltung der Freizeit greift der Staat ein. Der Alltag verläuft sowohl im Beruf als auch in der Privatsphäre unter Aufsicht der Partei. In der Arbeitswelt ist die Zugehörigkeit zu einer der unter der Dachorganisation des Freien Deutschen Gewerkschaftsbundes versammelten Gewerkschaften unerlässlich.

Im Schulwesen sind die Lehrinhalte streng überwacht. So muss jeder Schüler außer der marxistisch-leninistischen Doktrin obligatorisch Russisch lernen. Durch Verbände wie die Pioniere und die Freie Deutsche Jugend (FDJ) sind Freizeitaktivitäten der Jugendlichen zwangsläufig ins sozialistische Gesellschaftsbild integriert. Feierlichkeiten wie die 1955 eingeführte „Jugendweihe" sind die sozialistische Entsprechung für die traditionellen christlichen Weiheakte. Jeder soll seinen Beitrag zur Schaffung einer sozialistischen Gesellschaft leisten. Auch den Künstlern bleibt diese kollektive Aufgabe nicht erspart. Die Schriftsteller sollen der Leserschaft positive

L'État est-allemand subvient à l'intégralité des besoins des citoyens, c'est un « État-providence » dans le sens plein du terme. Tout Allemand de l'Est a droit à un logement presque gratuit. L'assurance-maladie et l'assurance-vieillesse sont bien évidemment garanties. Mais l'État intervient aussi dans la façon d'organiser les loisirs. Que ce soit dans le monde du travail ou dans le domaine privé, la vie quotidienne se déroule sous le contrôle du parti. Dans le monde du travail, il est indispensable d'appartenir à l'un des syndicats regroupés au sein de l'Association libre des syndicats allemands (FDGB).

Dans le domaine des études, les programmes d'enseignement sont sous stricte surveillance. En plus de la doctrine marxiste-léniniste, tous les élèves doivent apprendre le russe. Par le biais d'organismes tels que les Pionniers et la Jeunesse allemande libre (FDJ), les activités de loisir de la jeunesse s'inscrivent nécessairement dans le cadre de la société socialiste. Des cérémonies comme la cérémonie « d'intronisation de la jeunesse », introduite en 1955, sont l'équivalent socialiste de la tradition chrétienne de réception des sacrements. Il est fait appel à la participation de tous pour édifier la société socialiste. Les artistes ne sont pas dispensés de cette tâche collective. Les écrivains doivent présenter à leurs lecteurs des modèles de comportement et de

sozialistische Verhaltens- undDenkmuster anbieten und die Annäherung der Arbeiterschaft und der Intelligenz anstreben. Unter dem Motto „Greif zur Feder Kumpel!" werden auf den zwei Konferenzen, die 1959 und 1964 in Bitterfeld, der Chemiehochburg der DDR, abgehalten werden, die Arbeiter selbst dazu aufgerufen, ihren Beitrag zur Entstehung einer „sozialistischen Nationalkultur" zu leisten.

pensée positifs du point de vue socialiste et œuvrer au rapprochement du monde ouvrier et des intellectuels. Sous le slogan « prends la plume compagnon ! » les ouvriers eux-mêmes sont exhortés, lors des deux conférences tenues à Bitterfeld, le haut-lieu de la chimie est-allemande, à apporter leur contribution à l'avènement d'une « culture nationale socialiste ».

Die von der Partei verordnete Ästhetik verwirft den „Formalismus" zugunsten des „sozialistischen Realismus". In einem ständigen Versteckspiel mit der Zensur wird diese Ästhetik unterwandert, wie zum Beispiel im Werk der Schriftstellerin Christa Wolf oder des Schriftstellers Volker Braun.

L'esthétique imposée par le parti rejette le « formalisme » et prône le « réalisme socialiste ». Elle est détournée dans un constant jeu de cache-cache avec la censure, comme par exemple dans l'œuvre des écrivains Christa Wolf ou Volker Braun.

Protestbewegung und Polizeistaat

Mouvement contestataire et État-policier

1971 wird Erich Honecker (1912-1994) Generalsekretär der SED, und somit der führende Politiker im DDR-Staatsapparat. Diesen Posten hat er bis 1989 inne. Unter seiner Führung und in Folge der Entspannungspolitik zwischen den zwei Weltblöcken kann die DDR als international anerkannter Staat zusammen mit der BRD der UNO und der UNESCO beitreten. Im innenpolitischen Bereich aber folgt das Regime weiterhin einem harten Kurs und unterdrückt jegliche Form von Protest. Schon 1953, als die SED-Regierung die Erhöhung der Produktionsnormen ohne Lohnerhöhung verordnet, kommt es zu einer Protestwelle in allen Großstädten, und am 17. Juni zu einem regelrechten Aufstand, der unter Mitwirkung der Roten Armee niedergeschlagen wird. Insgesamt errechnet man, dass zwischen 1949 und 1961 2.600.000 Ostdeutsche den Weg in den Westen gehen. Am häufigsten siedeln junge Menschen mit akademischem Abschluss nach Westdeutschland über. Da dieser Auswanderungsstrom das Bestehen

En 1971, Erich Honecker (1912-1994) devient premier secrétaire du SED, ce qui fait de lui le premier personnage de l'État. Il occupera ce poste jusqu'en 1989. Sous son gouvernement, et grâce à la politique de détente entre les deux blocs, la RDA, en tant qu'État internationalement reconnu, peut faire son entrée à l'ONU et l'UNESCO, en même temps que la RFA. Mais dans le domaine de la politique intérieure, le régime maintient une ligne dure en réprimant toute forme de protestation. En 1953 déjà, lorsque le gouvernement décrète l'augmentation des normes de production sans hausse de salaire, on assiste à une vague de protestation dans toutes les grandes villes, et pour finir à un véritable soulèvement, écrasé en juin avec la participation de l'Armée rouge. Entre 1949 et 1961, on estime que 2 600 000 d'Allemands de l'Est ont émigré vers l'Ouest. Cette émigration vers l'Allemagne de l'Ouest touche en particulier les jeunes diplômés. Comme cette hémorragie met en danger l'existence du plus petit des deux États allemands, la RDA ferme dans la nuit du

des kleineren deutschen Staates bedroht, versperrt die DDR in der Nacht vom 13.8.1961 das einzige Schlupfloch in den Westen und baut die Berliner Mauer, die auf DDR-Seite offiziell „antifaschistischer Schutzwall" heißt.

13 août 1961 le dernier point de passage vers l'Ouest en construisant le mur de Berlin, officiellement dénommé « rempart de protection anti-fasciste ».

Werkzeug der SED zur Aufrechterhaltung der inneren Ordnung ist der Staatssicherheitsdienst (gekürzt Stasi). Über ein weites Netz von Spitzeln und „Inoffiziellen Mitarbeitern" (IM) kann die Stasi bis ins Privatleben der Bürger eindringen. Nachdem die Gauck-Behörde nach der Wiedervereinigung die Stasi-Akten zugänglich gemacht hatte, entdeckten die DDR-Bürger, dass selbst die Intimsphäre vor der Bewachung durch geheime Stasi-Informanten nicht geschützt werden konnte. Wer Anspruch auf freie Meinungsäußerung erhebt, wird unter anderem durch Berufsverbot oder Studienverbot für die Kinder bestraft. Die heftigsten Opponenten werden „ausgebürgert", d. h. der DDR-Staatsbürgerschaft enthoben und in den Westen geschickt. Der Liedermacher Wolf Biermann, der nach einem Konzert in Köln 1976 nicht zurück in die DDR durfte, ist das berühmteste Beispiel dafür.

Le bras du SED pour le maintien de l'ordre intérieur est la Sûreté nationale (connue sous le sigle de Stasi). Par le biais d'un vaste réseau d'espions et de « collaborateurs inofficiels », la Stasi peut se frayer un chemin jusque dans la vie privée des Allemands de l'Est. Quand, après la réunification, l'administration chargée de la gestion des archives de la Stasi (qui porte alors le nom de son directeur, J. Gauck) a permis l'accès aux dossiers de la Sûreté nationale, les Allemands de l'Est ont découvert que même leur vie intime n'était pas à l'abri de la surveillance exercée par les informateurs secrets de la Stasi. On réprime toute velléité d'exprimer librement ses opinions en interdisant aux opposants d'exercer leur métier ou en empêchant leurs enfants de faire des études. Les opposants les plus virulents sont privés de leur nationalité est-allemande et expulsés à l'Ouest. L'exemple le plus célèbre est celui du chansonnier Wolf Biermann, qui, après un concert donné à Cologne en 1976, n'a pas eu l'autorisation de rentrer en RDA.

Auf dem Weg zur Wiedervereinigung

Das Ost-Berliner Regime empfindet Gorbatschows „Perestroika" als Bedrohung. Die Reden des sowjetischen Parteichefs werden der Zensur unterzogen, bevor sie in der DDR-Presse, und besonders in „Neues Deutschland", dem offiziellen Sprachrohr der SED, erscheinen dürfen. In der Bevölkerung wächst die Unzufriedenheit wegen eines im Vergleich zum Westen noch niedrigen Lebensstandards. Die starke Verschuldung des DDR-Staates belastet auch das Wirtschaftswachstum. Vor allem aber macht sich der Frust der Bürger wegen mangelnder persönlicher Freiheit breit.

Sur le chemin de la réunification

La « perestroïka » de Gorbatchev est perçue comme une menace par le régime est-allemand. Les discours du leader soviétique sont censurés avant de pouvoir être publiés dans la presse est-allemande, et surtout dans l'organe officiel du parti, Neues Deutschland. *L'insatisfaction de la population face à un niveau de vie qui reste largement inférieur à celui de l'Ouest va croissant. Le poids de la dette de l'État est-allemand agit comme une entrave sur la croissance économique. Mais on assiste surtout à une montée du sentiment de frustration des Allemands de l'Est face à la restriction des libertés individuelles.*

Es entstehen Bürgerrechtbewegungen wie „Neues Forum". Die evangelische Kirche unterstützt nicht selten den friedlichen Protest gegen das SED-Regime.

On voit alors apparaître des mouvements de défense des droits civiques, tel Neues Forum. *L'Église protestante soutient fréquemment la contestation pacifique du régime dominé par le SED.*

Nach der Öffnung des Eisernen Vorhanges in Ungarn am 2. Mai 1989 dringen DDR-Flüchtlinge nach Budapest und Prag, mit der Hoffnung, von dort aus über Österreich in die Bundesrepublik gelangen zu können. Inzwischen überlässt es Moskau den Bruderparteien, die eigenen Probleme zu lösen. Ein Eingriff der in der DDR stationierten Roten Armee wie 1953 ist also ausgeschlossen. Im Oktober 1989 tritt Erich Honecker zurück. Gegen alle Erwartungen beschließt Egon Krenz, sein Nachfolger, die Berliner Mauer am 9. November 1989 zu öffnen. Kaum ein Jahr später hört die DDR auf zu sein. Am 1. Juli 1990 tritt die Währungsunion mit der BRD in Kraft: Die Löhne und die Mieten werden zu einem Kurs von eins-zu-eins in Deutsche Mark umgestellt. Zu diesem Kurs dürfen auch die Ersparnisse bis zu einer gewissen vom alter abhängigen Grenze umgestauscht werden. Ansonsten gilt ein Kurs von eins-zu-zwei (eine DM gegen 2 DDR-Mark). Am 3. Oktober 1990 tritt die DDR offiziell der BRD bei. Der Tag der Wiedervereinigung, der 3. Oktober, wird zum Nationalfeiertag der Deutschen. Anfang Dezember 1990 findet die erste gesamtdeutsche Bundestagswahl statt, aus der „der Kanzler der Einheit" Helmut Kohl (CDU) als Sieger hervorgeht. Durch einen Beschluss des Bundestages wird Berlin mit einer knappen Mehrheit gegenüber Bonn zur Hauptstadt des vereinigten Deutschlands gewählt.

Après l'ouverture du rideau de fer en Hongrie le 2 mai 1989, les réfugiés d'Allemagne de l'Est affluent à Prague et à Budapest, dans l'espoir de gagner la République Fédérale via l'Autriche. Les temps ayant changé, Moscou laisse aux partis des « pays frères » le soin de régler leurs propres problèmes. Il est donc exclu que l'Armée rouge stationnée en RDA intervienne comme en 1953. En octobre 1989, Erich Honecker démissionne. Son successeur, Egon Krenz, décide contre toute attente d'ouvrir le mur de Berlin le 9 novembre 1989. Moins d'un an plus tard, la RDA n'est plus. Le 1er juillet 1990, l'union monétaire avec la RFA entre en vigueur : les salaires et les loyers sont convertis en Deutsche Mark au taux de un pour un. L'épargne bénéficie de ce même taux jusqu'à une certaine somme, qui dépend de l'âge. Sinon, le taux officiel est d'un pour deux (un deutsche mark pour deux marks-est). Le 3 octobre 1990, la RDA adhère officiellement à la RFA. Ce jour anniversaire de la réunification devient fête nationale allemande. Début décembre 1990, les premières élections sont organisées dans l'ensemble de l'Allemagne réunifiée, qui confirment au pouvoir un Helmut Kohl devenu le chancelier de la réunification. Le Parlement vote de justesse une résolution en faveur du transfert de la capitale de l'Allemagne réunifiée de Bonn à Berlin.

Vocabulaire

Anspruch (der, ¨e) (~ erheben auf+A)	*la prétention, le droit (faire valoir son droit à)*
Aufbau (der)	*l'édification*
Aufrechterhaltung (die)	*le maintien*
Aufsicht (die) (unter ~+G)	*la surveillance (sous le contrôle de*
Aufstand (der, ¨e)	*le soulèvement*
Bauernhof (der, ¨e)	*la ferme*
Bedürfnis (das, e)	*le besoin*
Befehl (der, e) (einen ~ erteilen)	*l'ordre (donner un ordre)*
Berufsverbot (das, e)	*l'interdiction d'exercer son métier*
Freizeit (die)	*le loisir*
Freizügigkeit (die)	*la liberté de mouvement, la libre circulation*
Lebensstandard (der)	*le niveau de vie*
Marktwirtschaft (die)	*l'économie de marché*
Mauerfall (der)	*la chute du mur*
Meinungsäußerung (die freie ~)	*la liberté d'expression*
Muster (das, -)	*le modèle*
Nachfolger (der, -)	*le successeur*
Nationalfeiertag (der, e)	*la fête nationale*
Planwirtschaft (die)	*l'économie planifiée*
Protestwelle (die, n) (eine ~ aus/lösen)	*une vague de protestation (déclencher ~)*
Spitzel (der, n)	*l'espion*
Unzufriedenheit (die)	*l'insatisfaction, le mécontentement*
Volksdemokratie (die, n)	*la démocratie populaire*
zugunsten (+G) (die Gunst)	*en faveur de (la faveur)*
bedrohen	*menacer*
berauben (jn einer Sache [G] ~)	*priver de, dépouiller de*
sich breit machen	*se répandre*
gewährleisten	*assurer, garantir*
inne/haben (ein Amt ~)	*occuper une fonction*
lösen	*résoudre*
schützen	*protéger*
überwachen	*surveille*
überwiegen (o, o)	*dominer, être majoritaire*
unterstützen	*soutenir*
unterziehen (og, ogen) (jn einer Sache [D] ~)	*soumettre, assujettir à*
verschmelzen (o, o, i)	*fondre, fusionner*
verstaatlichen	*nationaliser*
zusammen/fassen	*résumer*

Lexique en situation 4

Er langweilte sich und konnte ein Gähnen kaum unterdrücken.
Il s'ennuyait et eut du mal à réprimer un bâillement.
Marx spricht von der Unterdrückung der Arbeiterklasse durch das Bürgertum.
Marx parle de l'oppression des travailleurs par la bourgeoisie.
Durch seine Tapferkeit erwarb er sich allgemeine Achtung.
Par son courage, il s'est acquis la considération de tous.
Die Billigflieger sind halb so teuer wie die traditionellen Fluggesellschaften.
Les compagnies low-cost sont deux fois moins chères que les compagnies aériennes traditionnelles.
Die Gastarbeiter haben entscheidend zum deutschen Wirtschaftswunder beigetragen.
La main-d'œuvre immigrée a apporté une contribution décisive au miracle économique allemand.
Sie hat mich nicht einmal eines Blickes gewürdigt.
Elle n'a même pas daigné m'accorder un regard.
Dies war keine freie, sondern eine erzwungene Entscheidung.
Cela n'a pas été une décision libre, mais contrainte.
Die britische Königin will allem Anschein nach nicht abtreten.
Tout indique que la reine d'Angleterre n'a pas l'intention d'abdiquer.
Russland hat die Gasproduktion so gut wie wieder verstaatlicht.
La Russie a pour ainsi dire renationalisé la production de gaz.
Jedermann hat ein Bedürfnis nach Schutz.
Tout le monde ressent le besoin d'être protégé.
Die Zugehörigkeit zu einer Gewerkschaft mag sich positiv auf die Karriere auswirken.
L'appartenance à un syndicat peut être bénéfique pour la carrière.
Manche sind der Meinung, dass die Schule ausschließlich die Anpassung an vorgegebene Denkmuster fördert.
Certaines personnes pensent que l'école ne fait qu'encourager l'adaptation à des schémas de pensée pré-établis.
Auch zur Zeit der Perestroika hielt die DDR-Regierung am Härtekurs fest.
Même à l'époque de la perestroïka, le gouvernement est-allemand a maintenu une ligne dure.
Im Aufstand der schlesischen Weber 1844 ergriff Heinrich Heine Partei für die Aufständischen.
Dans le soulèvement des tisserands de Silésie en 1844, Heine a pris le parti des insurgés.
An der Grenze werden alle Fahrzeuge einer strengen Kontrolle unterzogen.
Tous les véhicules sont soumis à un contrôle sévère à la frontière.
Die „Beatles" wurden zum Sprachrohr einer ganzen Generation.
Les « Beatles » sont devenus le porte-parole de toute une génération.

DOSSIER 5

Die Bundesinstitutionen

Es gibt in der Bundesrepublik fünf Verfassungsorgane: Bundesverfassungsgericht, Bundestag, Bundesrat, Bundesregierung, und Bundespräsident haben Befugnisse, die in der deutschen Verfassung, dem Grundgesetz, verankert sind. Das Volk übt die Staatsgewalt nicht direkt aus, sondern überträgt sie auf gewählte Körperschaften, die Parlamente. Die Parlamente sind allerdings die einzigen Verfassungsorgane, die vom Volk direkt gewählt werden. Das verleiht ihnen eine besondere Legitimation.

Les institutions fédérales

Il y a en République fédérale d'Allemagne cinq organes constitutionnels : la Cour constitutionnelle fédérale, le Bundestag, le Bundesrat, le gouvernement fédéral et le président fédéral ont des attributions ancrées dans la Constitution allemande, la Loi fondamentale. Le peuple n'exerce pas directement le pouvoir mais le délègue à des organismes élus, les Parlements. Les Parlements sont en fait les seuls organes constitutionnels élus directement par le peuple. Cela leur confère une légitimité particulière.

Das Grundgesetz

Das Grundgesetz (GG) trat am 23. Mai 1949 in Kraft. Keine deutsche Verfassung hat sich so lange bewährt. Durch das GG wird die Bundesrepublik als Bundesstaat (auf föderativer Basis), Rechtsstaat (als genaues Gegenteil der NS-Willkürherrschaft) und Sozialstaat (d. h. als sozial ausgestaltete Demokratie) definiert. Das Grundgesetz gewährleistet die Gewaltenteilung.

Die 183 Artikel des Grundgesetzes folgen einer sinnreichen Systematik. Die Präambel, in der sich die Deutschen für „verantwortlich vor Gott und der Welt" erklären, gliedert das Grundgesetz einem christlichen und humanitären Wertesystem unter. Sie stellt also das Grundgesetz in einen Zusammenhang, der über die Grenzen Deutschlands hinausreicht. Das Deutsche Volk will zu einem vereinten Europa und einer friedlichen Welt beitragen. Die Fassung der heutigen Präambel (wie die des Schlussartikels) ist nach der Wiedervereinigung Deutschlands neu formuliert worden. Ursprünglich betonte

La Loi fondamentale

La Loi fondamentale est entrée en vigueur le 23 mai 1949. Aucune autre constitution allemande n'a fait ses preuves pendant autant de temps. La Loi fondamentale définit la République Fédérale comme une confédération (un État sur une base fédérale), un État de droit (à l'extrême opposé de la tyrannie national-socialiste) et un État social (une démocratie organisée autour de mesures sociales). La Loi fondamentale garantit la séparation des pouvoirs.

Les 183 articles de la Loi fondamentale suivent une logique judicieuse. Le préambule dans lequel les Allemands se déclarent « responsables devant Dieu et le monde » soumet la Loi fondamentale à un système de valeurs chrétiennes et humanitaires. Il situe donc la Loi fondamentale dans un contexte dépassant les frontières de l'Allemagne. Le peuple allemand veut contribuer à une Europe unie et à un monde vivant dans la paix. La version de l'actuel préambule (comme celle de l'article final) a été reformulée après la Réunification. À l'origine, le préambule insistait sur le caractère provisoire de la Loi fondamentale jusqu'à l'entrée en vigueur d'une constitution valable pour l'Allemagne

sie den provisorischen Charakter des Grundgesetzes bis zum Inkrafttreten einer gesamtdeutschen Verfassung. Nun erklärt sie ausdrücklich seine uneingeschränkte Gültigkeit für das gesamte Deutsche Volk.

entière. Désormais, il en affirme expressément la validité absolue pour l'ensemble du peuple allemand.

Die Grundrechte bilden den unveränderbaren Kern des Grundgesetzes. Sie sollen im Alltag direkt und konkret erfahrbar sein. Bei den Grundrechten muss aber unterschieden werden zwischen denen, auf die nur die Staatsangehörigen einen Anspruch haben, und den Menschenrechten, die für alle Menschen, die in Deutschland leben, gelten. Zu den Rechten, die nur für Staatsangehörige Geltung haben, gehören zum Beispiel die Versammlungs- und Vereinigungsfreiheit und das Wahlrecht. Das Recht auf Meinungs- und Informationsfreiheit haben dagegen alle, die sich in Deutschland aufhalten.

Les droits fondamentaux constituent le noyau inaltérable de la Loi fondamentale. Chacun doit pouvoir les vivre au quotidien de façon directe et concrète. Mais en ce qui concerne les droits fondamentaux, il faut opérer une distinction entre ceux que seuls les ressortissants allemands peuvent revendiquer et ceux qui valent pour tous les gens vivant sur le territoire allemand. Parmi les droits qui sont réservés aux Allemands de nationalité, on peut citer par exemple la liberté de réunion et d'association ainsi que le droit de vote. En revanche, le droit à la liberté d'opinion et d'information concerne tous ceux qui séjournent en Allemagne.

Mit dem Grundgesetz, das die deutsche Demokratie geprägt hat, verband sich frühzeitig die Debatte um einen Verfassungspatriotismus. Seit dem 11. September 2001 behaupten immer mehr Politiker und Intellektuelle, dass integrationswillige Zuwanderer künftig nicht nur die deutsche Sprache beherrschen, sondern auch Verfassungspatriotismus akzeptieren müssten. Es gehe um den Zusammenhalt und die Verbindlichkeit der Werte, was zum Ziel habe, das Verhältnis zwischen Deutschen und Ausländern auf eine zukunftssichere Basis zu stellen.

Avec la Loi fondamentale qui a laissé son empreinte sur la démocratie allemande s'est instauré très tôt un débat sur le patriotisme constitutionnel. Depuis le 11 septembre 2001, de plus en plus d'hommes politiques et d'intellectuels affirment que les immigrés désireux de s'intégrer doivent non seulement maîtriser la langue allemande mais aussi accepter ce patriotisme constitutionnel. Il s'agit selon eux de maintenir la cohésion des valeurs et de préserver leur caractère obligatoire, dans le but de donner aux relations entre Allemands et étrangers une base solide pour l'avenir.

Das Bundesverfassungsgericht (BVG)

La Cour constitutionnelle fédérale

Das Grundgesetz hat Standfestigkeit und Respekt erlangt. Großen Anteil daran hat das Bundesverfassungsgericht, dessen Mitarbeiter auf die Einhaltung des Grundgesetzes und der föderativen Grundsätze achten. Sie schützen den Staat vor Verfassungs-

La Loi fondamentale s'est acquis stabilité et respect. Cela est dû en grande partie à la Cour constitutionnelle dont les membres veillent au respect de la Loi fondamentale et des principes fédéraux. Ils protègent l'État des ennemis de la Constitution et prennent garde à ce que la répartition des domaines de

feinden und wachen über eine der Verfassung entsprechende Kompetenzverteilung zwischen den Staatsorganen der Bundesrepublik. Eine Entscheidung des Bundesverfassungsgerichts ist unanfechtbar.

compétences entre les différents organes de l'État soit conforme à la Constitution. Une décision de la Cour constitutionnelle fédérale est souveraine.

Im September 2011 feierte das Bundesverfassungsgericht mit Sitz in Karlsruhe sein 60jähriges Bestehen. Die 16 Karlsruher Richter und Richterinnen werden jeweils zur Hälfte vom Bundestag und Bundesrat für eine einmalige Amtszeit von zwölf Jahren gewählt. Sie sind politisch unabhängig und sie sorgen dafür, dass Grundrechte durchgesetzt werden. Das Bundesverfassungsgericht, das in 2 Senate aufgeteilt ist, wird nur auf Antrag hin tätig. Eine Verfassungsbeschwerde kann jeder Bürger einreichen, der sich in seinen Grundrechten verletzt fühlt. Pro Jahr gehen fast 5.000 Verfassungsbeschwerden beim Gericht ein.

En septembre 2011, la Cour constitutionnelle, dont le siège se situe à Karlsruhe, a fêté sa soixantième année d'existence. Les juges de Karlsruhe sont élus pour moitié par le Bundestag, pour moitié par le Bundesrat, pour un mandat unique de 12 ans. Ils sont indépendants du pouvoir politique et font en sorte que soient respectés les droits fondamentaux. La Cour constitutionnelle, divisée en deux Sénats, n'agit que si l'on requiert son intervention. Chaque citoyen se sentant lésé dans ses droits fondamentaux a le droit de faire un recours constitutionnel. Chaque année, jusqu'à 5 000 plaintes parviennent à la Cour constitutionnelle.

Mit dem so genannten „Kopftuchurteil" hat das Bundesverfassungsgericht Ende 2003 die Grenzen seiner Kompetenzen gezeigt. Es folgte der Klage einer muslimischen Lehrerin, die in Baden-Württemberg wegen ihres Beharrens auf einem islamischen Kopftuch nicht unterrichten durfte. Es sei zwar zulässig, mit einem Kopftuchverbot die Religionsfreiheit von Lehrern einzuschränken; doch wegen der Tragweite solch einer Regelung könne das nur auf der Grundlage eines Gesetzes geschehen. Ohne gesetzliche Grundlage dürfe muslimischen Lehrerinnen das Tragen von Kopftüchern im Unterricht nicht generell verboten werden. Laut BVG stehe Baden-Württemberg und anderen Ländern frei zu bestimmen, in welchem Ausmaß sie religiöse Bezüge in der Schule mit Blick auf die wachsende religiöse Vielfalt zulassen wollen. In welchem Umfang religiöse Bezüge in der Schule ihren Platz haben sollen, unterliege also der Gestaltungsfreiheit der Länder. Dies schließt ein, dass Länder zu verschiedenen Regelungen kommen können.

Fin 2003, la Cour constitutionnelle a montré les limites de ses compétences par ce que l'on appelle « le jugement du voile ». Ainsi, il a suivi la plainte d'une institutrice musulmane à qui le Bade-Wurtemberg avait interdit d'enseigner en raison de sa persévérance à porter le voile islamique. Selon la Cour constitutionnelle, il est légitime de restreindre la liberté religieuse des enseignants en interdisant le port du voile ; cependant, en raison de la portée d'une telle réglementation, cela n'est possible que sur la base d'une loi. Sans base juridique, il n'est pas légal d'interdire le port du voile aux enseignantes de façon générale. Selon la Cour constitutionnelle, le Bade-Wurtemberg et les autres Länder sont libres de légiférer pour déterminer ce qu'ils acceptent comme signes religieux à l'école, eu égard à l'augmentation de la diversité religieuse. Dans quelle mesure les attributs religieux ont-ils leur place à l'école ? Voilà selon la Cour constitutionnelle une question relevant de la juridiction des Länder. Ceci suppose que les Länder puissent adopter différentes réglementations.

Obwohl die Bundesregierung nach Berlin umgezogen ist, bleibt das Bundesverfassungsgericht in Karlsruhe. Die Verfassungsrichter sprachen sich nämlich Ende 2000 gegen einen Umzug nach Berlin aus. Zur Begründung sagte die damalige Gerichtspräsidentin Jutta Limbach, es sei deutsche Rechtstradition, dass das oberste Gericht des Landes nicht am Regierungssitz angesiedelt sei.

Bien que le gouvernement se soit installé à Berlin, la Cour constitutionnelle est restée à Karlsruhe. Les juges se sont en effet prononcés fin 2000 contre un déménagement pour Berlin. À l'époque, la présidente de la Cour constitutionnelle, Jutta Limbach, a justifié ce choix, disant par la tradition dans le droit allemand de ne pas faire siéger la Cour suprême allemande au même endroit que le gouvernement.

Der Bundestag

Le Bundestag

Der Bundestag ist das zentrale Organ der politischen Willensbildung und das oberste Bundesorgan der Gesetzgebung in Deutschland, und somit ein bedeutender Pfeiler der Demokratie. Er ist die Gesamtheit der gewählten Abgeordneten (im 18. Bundestag, der 2013 gewählt wurde, sind es insgesamt 630 Mitglieder, darunter 28 Ausgleichsmandate). Die Union kam auf 311 Sitze im Parlament, die SPD auf 192 Sitze, die Linkspartei auf 64 und Bündnis 90/die Grünen kamen auf 63 Sitze.

Le Bundestag est l'organe central de la volonté politique et l'organe suprême de la législation en Allemagne. Il est ainsi un pilier important de la démocratie. Il est formé de l'ensemble des députés élus (630 membres dans le 18e Bundestag élu en 2013, dont 28 mandats compensatoires). L'Union a obtenu 311 sièges au Parlement, le SPD 192, le Parti de la gauche radicale 64 et les Verts sont représentés par 63 députés.

Er wird vom Volk auf 4 Jahre gewählt, in allgemeiner, unmittelbarer und geheimer Wahl. Der Bundestag setzt sich zum einen aus direkt gewählten Abgeordneten und zum anderen aus Abgeordneten, die über Landeslisten gewählt werden, zusammen. Mit der Parlamentsreform vom Jahre 1995 hat der Deutsche Bundestag beschlossen, die Zahl seiner Mitglieder zu reduzieren. Es wurde von einer „Schlankheitskur fürs Hohe Haus" gesprochen.

Il est élu par le peuple pour 4 ans, au suffrage universel, direct et secret. Le Bundestag se compose, d'une part, de députés élus directement, et, d'autre part, de députés élus sur des listes présentées par les partis politiques dans chaque Land. Par la réforme de 1995, le Bundestag a décidé de réduire le nombre de ses membres. On a parlé d'une « cure d'amaigrissement de la Chambre Haute ».

Die wichtigsten Aufgaben der Abgeordneten sind die Gesetzgebung, die Wahl des Bundeskanzlers, der Beschluss des Bundeshaushaltes und die Kontrolle der Absichten und Handlungen der Bundesregierung (besonders in den Fragestunden). Das konstruktive Misstrauensvotum ermöglicht dem Bundestag, in der laufenden Legislaturperiode eine Regierung zu stürzen. Nach Artikel 68 kann der Bundeskanzler im Parlament die Vertrauensfrage stellen.

Les tâches les plus importantes des députés sont la législation, l'élection du chancelier, le vote du budget et le contrôle des intentions et des actes du gouvernement (en particulier pendant les séances de questions posées au gouvernement). Le vote de défiance constructif permet au Bundestag de renverser un gouvernement pendant la législature en cours. D'après l'article 68, le chancelier peut poser la question de confiance au Parlement. S'il n'obtient pas la majorité des voix, pas plus qu'un candidat adverse, le président de la

Bekommt er dabei nicht die Mehrheit und ein Gegenkandidat ebenso wenig, so kann der Bundespräsident auf Vorschlag des Bundeskanzlers den Bundestag auflösen. Der Bundestag kann dadurch dem Kanzler sein Misstrauen aussprechen, muss aber zugleich seinen Nachfolger wählen. Fünf Mal wurde dieses politische Instrument bisher eingesetzt. Zweimal in der deutschen Geschichte war es erfolgreich, und es wurden auf diese Weise zwei verschiedene Kanzler gestürzt: der Sozialdemokrat Helmut Schmidt, der 1982 vom Christdemokraten Helmut Kohl abgelöst wurde, und der Sozialdemokrat Gerhard Schröder, dessen Nachfolgerin 2005 die Christdemokratin Angela Merkel war.

République peut dissoudre le Bundestag, sur proposition du chancelier. Le Bundestag peut par ce moyen exprimer sa défiance à l'égard du chancelier, mais il doit en même temps lui élire un successeur.

Cet instrument politique a été jusqu'ici utilisé cinq fois. Il a fonctionné à deux reprises dans l'Histoire allemande. C'est ainsi que deux chanceliers ont dû quitter leurs fonctions : le social-démocrate Helmut Schmidt, remplacé en 1982 par le chrétien-démocrate Helmut Kohl, et le social-démocrate Gerhard Schröder, dont la chrétienne-démocrate Angela Merkel a pris la succession en 2005.

Mit dem bitteren Wahlergebnis der SPD bei den Landtagswahlen (37% der Stimmen) im größten Bundesland, Nordrhein-Westfalen, am 22. Mai 2005, fiel die letzte Bastion der SPD. Hiermit wurde die politische Grundlage für die Fortsetzung der Arbeit der rot-grünen Koalition in Frage gestellt. Die SPD wollte deshalb über ein konstruktives Misstrauensvotum den Weg für die Neuwahl freimachen. Seit dem Beschluss der Agenda 2010, so Schröder, hatte die SPD bei allen Landtagswahlen Stimmen verloren, in vielen Fällen sogar die Regierungsbeteiligung. Er brauchte für seine Reformpolitik eine neue Legitimation durch die Wähler. Die Opposition unterstützte das Vorhaben des Kanzlers, die eigentlich für 2006 geplante Bundestagswahl um ein Jahr vorzuziehen. Um die Neuwahl im September 2005 zu erzwingen, stellte Bundeskanzler Schröder am 1. Juli im Bundestag, bei seiner letzten Sitzung vor der Sommerpause, die Vertrauensfrage. Da er die Abstimmung verlor (151 Abgeordnete stimmten mit Ja, 296 mit Nein, die anderen enthielten sich), löste Bundespräsident Horst Köhler das Parlament auf (was maximal 60 Tage nach der Abstimmung geschehen darf).

Avec l'amère défaite du SPD (37 % des suffrages) lors des élections du Landtag du plus grand Bundesland, la Rhénanie du Nord-Westphalie, le 22 mai 2005, le dernier bastion du SPD est tombé. Ainsi la base permettant à la coalition entre le SPD et les Verts de poursuivre son travail a-t-elle été remise en question. C'est pourquoi le SPD a souhaité ouvrir la voie à de nouvelles élections législatives par le biais d'un vote de défiance constructif. Depuis que l'agenda 2010 avait été adopté, le SPD avait, selon Schröder, perdu des voix lors de toutes les élections aux Landtage et même la participation gouvernementale dans bien des cas. Il avait besoin d'une nouvelle légitimation de sa politique de réformes par les électeurs. L'opposition a soutenu le projet du chancelier visant à anticiper les élections législatives prévues pour 2006. Pour parvenir à de nouvelles élections en septembre, Schröder a posé la question de confiance au Parlement le 1er juillet 2005, lors de sa dernière séance avant l'été. Le chancelier ayant perdu le vote (151 Oui, 296 Non, et abstention des autres députés), le président de la République Horst Köhler a dissous le Bundestag (ce qui est possible au plus tard 60 jours après le vote). Il a ainsi

Er eröffnete so einen verfassungskonformen Weg zu Neuwahlen. Nach einer schwierigen Wahlkampagne, einem richtigen Zweikampf der Spitzenkandidaten Schröder und Merkel kam es zu folgenden Ergebnissen: die SPD bekam 34,2% der Stimmen, die CDU 27,8, die CSU 7,4, die FDP 9,8, die Linke 8,7 und die Grünen erhielten 8% der Stimmen. Da keine politische Partei die absolute Mehrheit bekam und auch nicht mit dem traditionellen Koalitionspartner 50% der Stimmen erhalten konnte, mündeten die Koalitionsverhandlungen im Oktober 2005 auf die zweite Große Koalition (zwischen CDU/CSU und SPD) der deutschen Geschichte. Es stellte sich die Frage, ob die Regierungsgeschäfte künftig mit einer Doppelspitze im Kanzleramt zu führen wären. Aber Union und SPD einigten sich schließlich in der heftig umstrittenen Kanzlerfrage auf eine Regierung unter Führung der CDU-Vorsitzenden und auf die Verteilung der Kabinettsposten (1 Ministerium für die CSU, 6 Ministerien für die CDU und 8 für die SPD). Am 18. Oktober 2005 kam der Bundestag zu seiner konstituierenden Sitzung zusammen. Die SPD stellte den Vize-Kanzler (Franz Müntefering) und erhielt also acht Ministerien in der neuen Regierung, während Angela Merkel zur ersten Bundeskanzlerin der deutschen Geschichte wurde.

ouvert la voie constitutionnelle menant à de nouvelles élections. Au terme d'une campagne électorale difficile et d'un véritable duel entre les deux candidats Schröder et Merkel, les partis ont obtenu les scores suivants : 34,2 % des voix pour le SPD, 27,8 pour la CDU, 7,4 pour la CSU, 9,8 pour le FDP, 8,7 pour le Parti de gauche et 8 pour les Verts. Aucun parti politique ne disposant de la majorité absolue et les coalitions traditionnelles s'avérant insuffisantes pour atteindre 50 %, les négociations ont abouti en octobre 2005 à la seconde Grande Coalition (entre l'Union et le SPD) de l'Histoire allemande. S'est posée la question de savoir si les affaires gouvernementales n'allaient pas être réglées à la Chancellerie par deux dirigeants. Mais l'Union et le SPD ont fini par s'entendre sur cette question très controversée du choix du chancelier : les deux partis ont opté pour un gouvernement dirigé par la présidente de la CDU et se sont mis d'accord sur la répartition des postes ministériels (1 ministère pour la CSU, 6 pour la CDU et 8 pour le SPD). Le 18 octobre 2005, le Bundestag s'est réuni en séance constituante. Le vice-chancelier (Franz Müntefering) étant issu du SPD, les sociaux-démocrates ont donc obtenu huit postes ministériels au sein du nouveau gouvernement, et Angela Merkel est devenue la première chancelière de l'Histoire allemande.

Die Konstituierung des 17. Bundestags beendete die Große Koalition. Die Union erreichte 33,8% der Stimmen, die SPD 23 (ein Rekordtief in ihrer Geschichte), die FDP 14,6, die Linke 11,9 und die Grünen erhielten 10,7%. Hiermit entstand eine schwarz-gelbe Regierungskoalition (ironisch „Tigerente-Koalition" genannt, nach dem Namen einer von Kindern beliebten schwarz-gelben Bilderbuchfigur).

La constitution du 17e Bundestag a mis fin à la Grande Coalition. L'Union a obtenu 33,8 % des suffrages, le SP 23 (le plus mauvais score de son histoire), le FDP 14,6, le Parti de gauche 11,9 et les Verts ont rassemblé 10,7 % des voix. Ainsi est née une coalition noire-jaune (appelée ironiquement « coalition Tigerente », du nom d'un personnage de bande dessinée noir et jaune que les enfants apprécient).

Mit der Wahlschlappe der FDP bei den Bundestagswahlen 2013 sieht aber der 18.

Mais la cuisante défaite du FDP aux élections législatives de 2013 donne un tout autre aspect au 18e Bundestag. 41,5 % pour l'Union, 25,7 % pour le SPD, 8,6 % pour le Parti de gauche et 8,4 % pour les Verts :

Bundestag anders aus. 41,5% für die Union, 25,7% für die SPD, 8,6% für die Linke und 8,4% für die Grünen: es ist das Ende der schwarz-gelben Koalition. Die Union richtete sich auf eine Große Koalition ein, obwohl eine schwarz-grüne Koalition nicht auszuschließen war.

ceci marque la fin de la coalition CDU/CSU/ FDP. L'Union s'est orientée vers une Grande Coalition, même si une coalition avec les Verts ne semblait pas exclue.

Die Parlamentarier schließen sich nach Fraktionen zusammen (Gruppierungen, von denen die parlamentarische Arbeit entscheidend bestimmt wird) und arbeiten in Ausschüssen, die es versuchen, je nach Aufgabenbereich die Vielfalt der Sachfragen zu bewältigen. Die Ausschüsse beraten unter anderem die Gesetze eingehend, bevor sie verabschiedet werden. In der Regel steht je einem Bundesministerium ein ständiger Fachausschuss gegenüber. Es sind ständige Ausschüsse, aber auch Sonder- oder Untersuchungsausschüsse, die bei Bedarf einberufen werden (z. B. für bestimmte Gesetzesentwürfe oder bei außergewöhnlichen Vorkommnissen). Ausschüsse haben eine beratende Funktion für die Ministerien und können zudem Konsenslösungen zwischen den Fraktionen hervorbringen.

Les députés se rassemblent en groupes parlementaires (petits groupes qui orientent le travail parlementaire) et se réunissent en commissions qui tentent, en fonction de leurs compétences, de résoudre la multitude de problèmes relevant de divers domaines. Les commissions examinent notamment les lois avant qu'elles ne soient adoptées. En règle générale, chaque ministère est associé à une commission permanente spécialisée. Il existe des commissions permanentes, mais aussi des commissions spéciales ou des commissions d'enquête qui interviennent en cas de besoin (par exemple pour certains projets de loi ou pour des événements exceptionnels). Les commissions jouent un rôle consultatif auprès des ministères et peuvent en outre mener à des consensus entre les différentes fractions parlementaires.

Der Bundesrat

Der Bundesrat ist als „Vertretung der Länder" das föderative Bundesorgan schlechthin. Durch ihn wirken die Länder bei der Gesetzgebung und der Verwaltung des Bundes, wie auch in Angelegenheiten der Europäischen Union mit. Da tritt das Landesinteresse immer wieder vor Parteiinteressen.

Die Mitglieder des Bundesrates werden nicht vom Volk gewählt, sondern von den Regierungen der Länder. Sie sind an ein imperatives Mandat gebunden, unterliegen der Weisung ihrer jeweiligen Regierung. Jedes Bundesland verfügt je nach Einwohnerzahl über 3 bis 6 Sitze.

Le Bundesrat

Le Bundesrat est, en tant que « Représentation des Länder fédérés » l'organe fédéral allemand par excellence. Par son intermédiaire, les Länder collaborent à la législation et à la gestion de l'État ainsi qu'aux affaires concernant l'Union européenne. Les intérêts des Länder y priment toujours sur les intérêts des partis politiques.

Les membres du Bundesrat ne sont pas élus par le peuple mais par les gouvernements des Länder. Ils sont liés à un mandat impératif, soumis aux consignes de leurs gouvernements respectifs. Chaque Bundesland dispose, en fonction de sa population, de 3 à 6 sièges.

Der Präsident des Bundesrates wechselt jährlich. Jedes Jahr zum ersten November wird ein anderer Ministerpräsident zum höchsten Repräsentanten des Bundesrates gewählt. Die Länder haben sich auf die Reihenfolge geeinigt: Der Turnus wird grundsätzlich durch die Einwohnerzahl der Länder bestimmt. Der Präsident des Bundesrates ist außerdem der Stellvertreter des Bundespräsidenten.

Le président du Bundesrat change tous les ans. Tous les 1er novembre, un nouveau ministre président est élu au poste de plus haut représentant du Bundesrat. Les Länder ont adopté un système d'alternance : la succession se fait essentiellement en fonction du nombre d'habitants dans chaque Land. C'est en outre le président du Bundesrat qui remplace le président fédéral en cas de nécessité.

Für Gesetze, die Kompetenzen der Länder berühren, und für Verfassungsänderungen, ist die Zustimmung des Bundesrates erforderlich, zum Beispiel wenn sie in die Finanzen der Länder eingreifen.

Pour les lois qui touchent aux compétences des Länder, ainsi que pour les amendements constitutionnels, l'approbation du Bundesrat est obligatoire, par exemple lorsqu'il s'agit d'intervenir dans les finances des Länder.

Ein Vermittlungsausschuss vermittelt zwischen Bundestag und Bundesrat, wenn vom Bundestag beschlossene Gesetze im Bundesrat keine Mehrheit finden. Er besteht aus 16 Mitgliedern aus dem Bundesrat und ebenso vielen Mitgliedern aus dem Bundestag, die eine Einigung möglich machen sollen. Zweck des Vermittlungsverfahrens ist es, das betreffende Gesetz so umzuarbeiten, dass Bundestag und Bundesrat der geänderten Fassung gleichermaßen zustimmen können. Das Ergebnis der Beratungen ist der „Einigungsvorschlag" des Vermittlungsausschusses an Bundestag und Bundesrat. Manchmal, wenn die Oppositionsparteien im Bundestag eine Mehrheit im Bundesrat haben, wird der Bundesrat für parteitaktische Manöver genutzt und es kann eine Blockademacht entstehen, wobei die Mitglieder des Bundesrats ihre Positionen nicht nur nach Länderinteressen, sondern auch nach Parteiinteressen abstimmen.

Une commission de conciliation joue un rôle de médiation entre le Bundestag et le Bundesrat lorsque des lois votées par le Bundestag n'obtiennent pas la majorité au Bundesrat. Elle se compose de 16 membres du Bundesrat et du même nombre de membres du Bundestag chargés de trouver un accord. Le but de cette commission est de remanier la loi en question jusqu'à ce que le Bundestag et le Bundesrat approuvent tous deux la version amendée. Le résultat des consultations est une « proposition d'accord » faite par la commission de conciliation au Bundestag et au Bundesrat. Il arrive parfois que le Bundesrat, lorsque sa majorité est détenue par les partis d'opposition du Bundestag, soit utilisé selon une stratégie de calcul politique, ce qui peut engendrer des blocages, les membres du Bundesrat déterminant leurs positions non seulement en fonction des intérêts des Länder, mais aussi de ceux des partis.

Eines der schnellsten Gesetzgebungsverfahren ist Ende 2000 das Verbot von Tiermehl in Deutschland gewesen, zur Bekämpfung der BSE-Krise (in 2 Tagen von Bundestag und Bundesrat verabschiedet).

L'une des procédures législatives les plus rapides a été, fin 2000, l'interdiction de farines animales en Allemagne pour lutter contre la crise de l'ESB (loi votée par Bundestag et Bundesrat en 2 jours).

Bundesregierung und Bundeskanzler

Die Bundesregierung ist das exekutive Verfassungsorgan, die „ausführende Gewalt", in der Bundesrepublik Deutschland. Sie besteht aus dem Bvundeskanzler und aus den Bundesministern. Zusammen bilden sie „das Kabinett".

Der Bundeskanzler bestimmt die Richtlinien der Politik und trägt dafür die Verantwortung. Jeder Minister muss darauf achten, seine Entscheidungen nur innerhalb des vom Kanzler vorgegebenen Rahmens zu treffen. Bei Meinungsverschiedenheiten mit den Bundesministern ist der Kanzler allerdings Erster unter Gleichen. Kommt es zu Streit zwischen den Ministern, schlichtet der Bundeskanzler. Das Kabinett muss schließlich mit Mehrheit entscheiden. Als einziges vom Bundestag gewähltes Regierungsmitglied ist der Bundeskanzler dem Parlament verantwortlich. Seine selbständige Stellung erklärt, warum das deutsche Regierungssystem auch „Kanzlerdemokratie" genannt wird.

Die Ergebnisse der Bundestagswahlen vom 27. September 2009 führten zum Kabinett Merkel II, eine, Koalition zwischen der Union (die Bundeskanzlerin und 7 Minister für die CDU, 3 für die CSU) und der FDP (5 Minister, unter denen Guido Westerwelle, der FDP-Vorsitzende, den Posten des Außenministers stellt).

Aber der Koalitionsvertrag, der am 24. Oktober 2009 unterzeichnet wurde, hat wichtige Kontroversen zwischen den Koalitionspartnern nicht beiseitegelegt: Gesundheitsfonds, Datenschutz oder auch Bundeswehr sind Eckpunkte geblieben, an denen sich erwies, dass die Koalition wirklich regierungsfähig war.

Gouvernement fédéral et chancelier

Le gouvernement est l'organe exécutif en Allemagne. Il se compose du chancelier fédéral et des ministres fédéraux. Tous forment ce que l'on nomme le « cabinet ».

Le chancelier fixe les lignes directrices de la politique et en porte la responsabilité. Chaque ministre doit veiller à ne prendre de décisions qu'à l'intérieur du cadre défini par le chancelier. Lors de divergences d'opinion avec les ministres, le Chancelier est toutefois primus inter pares. En cas de conflit entre les ministres, le Chancelier joue le rôle d'arbitre. Le « cabinet », enfin, doit prendre ses décisions à la majorité. Seul membre du gouvernement élu par le Bundestag, le chancelier est responsable devant le Parlement. Sa position indépendante explique que le système gouvernemental allemand soit également appelé « démocratie cancellariale ».

Les résultats des élections législatives du 27 septembre 2009 ont mené au gouvernement Merkel II, une coalition entre l'Union (la chancelière et 7 ministres pour la CDU, 3 pour la CSU) et le FDP (5 ministres parmi lesquels Guido Westerwelle, le chef du parti, prend en charge les affaires étrangères).

Mais le contrat de coalition signé le 24 octobre 2009 n'a pas écarté d'importants points de divergence entre les partenaires : le fonds de santé, la protection des données électroniques ou l'armée sont restés des points essentiels qui ont révélé que la coalition n'était plus en mesure de gouverner.

Nach zähen Sondierungsgesprächen und Koalitionsverhandlungen steht seit Dezember 2013 die neue schwarz-rote Regierung: Es war die längste Regierungsbildung in der Geschichte der Bundesrepublik. Die CDU stellt neben Kanzlerin Merkel den Kanzleramtsminister und besetzt 5 Ministerien (unter denen das Finanzministerium mit Wolfgang Schäuble). Während die CSU Einschnitte in ihren Ressorts hinnehmen muss (sie besetzt nur noch 3 Ministerien), bekommt die SPD dagegen 6 Ministerien - nach einer 76-Prozent-Zustimmung ihrer Mitglieder zu dem Bündnis. Sigmar Gabriel, der SPD-Vorsitzende, übernimmt ein neues Wirtschafts- und Energieministerium und ist außerdem Vizekanzler in der Großen Koalition.

Après d'âpres entretiens exploratoires et négociations, le nouveau gouvernement CDU/CSU/SPD est en place depuis décembre 2013. Il se sera agi de la formation de gouvernement la plus longue de l'histoire de la République Fédérale. En-dehors de la Chancelière Merkel et du chef de la Chancellerie fédérale, la CDU conserve 5 ministères (dont celui des finances, avec Wolfgang Schäuble). Tandis que la CSU, avec seulement 3 ministères, doit accepter une diminution du nombre de ses postes, le SPD en occupe 6 – après que 76 % de ses membres ont approuvé la coalition. Sigmar Gabriel, le président du SPD, dirige un nouveau ministère de l'économie et de l'énergie, en plus de sa charge de vice-chancelier de la Grande Coalition.

Der Bundespräsident

Le président fédéral

Das Staatsoberhaupt der Bundesrepublik wird von der Bundesversammlung auf 5 Jahre gewählt; eine 2. Amtszeit ist möglich. Die Bundesversammlung besteht aus allen Mitgliedern des Bundestags und einer gleichen Anzahl von Mitgliedern, die von den Volksvertretungen der Länder nach den Grundsätzen der Verhältniswahl gewählt werden. Die Ländervertreter sind meistens Landtagsabgeordnete, es können aber auch Kommunalpolitiker und Persönlichkeiten aus anderen Bereichen des öffentlichen Lebens sein.

Le chef de l'État allemand est élu pour 5 ans par l'Assemblée fédérale ; un second mandat est possible. L'Assemblée fédérale se compose de tous les membres du Bundestag et d'un nombre égal de membres élus par les représentations des Länder selon le principe du scrutin proportionnel. Il s'agit le plus souvent de députés des Landtage, mais aussi d'hommes politiques à l'échelle des communes, voire de personnalités issues d'autres domaines de la vie publique.

Die klassische Funktion, die der Bundespräsident als Staatsoberhaupt hat, ist die Repräsentation der Bundesrepublik Deutschland nach innen und außen (durch sein öffentliches Auftreten bei staatlichen, gesellschaftlichen und kulturellen Veranstaltungen, durch Reden, durch Besuche in Bundesländern und Gemeinden, durch Staatsbesuche im Ausland und den Empfang ausländischer Staatsgäste). Zu den wichtigsten weiteren Aufgaben zählen der Vorschlag für die Wahl des Bundeskanzlers, die

La fonction traditionnelle du président, en sa qualité de chef de l'État, est la représentation de la République Fédérale à l'intérieur et à l'extérieur (par des apparitions publiques lors de manifestations politiques, sociales ou culturelles, par des discours, des visites dans les Länder et les communes, par des visites officielles à l'étranger et la réception d'invités officiels étrangers). Parmi ses autres tâches les plus importantes figurent la proposition d'un candidat à la fonction de chancelier, la nomination et la révocation du chancelier et des officiers. Le président peut aussi dissoudre le Bundestag et dispose du droit de grâce.

Ernennung und Entlassung des Bundeskanzlers und der Offiziere. Er darf auch den Bundestag auflösen und verfügt über das Begnadigungsrecht. Er ist eine moralische Instanz, die für den Staat über alle Parteigrenzen hinweg steht. So äußerte Bundespräsident Horst Köhler, CDU, am 23. Mai 2004 zum ersten Mal gewählt, in seiner Dankesrede den Willen, in seinem neuen Amt nicht nur Präsident aller Deutschen zu sein, sondern aller in der Bundesrepublik lebenden Menschen. Deutschland solle „ein Land der Ideen" werden, die auch „Ideen für Europa" sein sollten. Horst Köhler wurde am 23. Mai 2009 im ersten Wahlgang mit der absoluten Mehrheit von 613 Stimmen (1224 Mitglieder in der Bundesversammlung) für weitere 5 Jahre im Amt bestätigt. Der Sohn einer Aussiedlerfamilie (seine Eltern waren deutschstämmige Bauern aus dem rumänischen Bessarabien, die zwangsweise nach Polen umsiedelten und sich 1944 bei Leipzig niederließen) machte sich außenpolitisch für eine menschliche Globalisierung mit verlässlichen Regeln stark. Deshalb setzte er sich besonders für die Armutsbekämpfung und den afrikanischen Kontinent ein. Am 30. Mai 2010 erklärte aber Horst Köhler unerwartet seinen Rücktritt. Er begründete seine Entscheidung mit der massiven Kritik an seinen Äußerungen in Zusammenhang mit den Auslandseinsätzen der Bundeswehr. Als Staatsoberhaupt des zweitgrößten Exportlandes der Welt hatte Köhler in einem Interview erklärt, er könne sich militärische Einsätze der Bundeswehr zum Zweck der Verteidigung deutscher Wirtschaftsinteressen vorstellen. Die Unterstellung, er befürworte damit verfassungswidrige Einsätze der Bundeswehr, lasse in seinen Augen den notwendigen Respekt vor dem höchsten Staatsamt vermissen.

Il est une instance morale située au nom de l'État au-dessus de tous les partis. Ainsi, le président fédéral Horst Köhler (CDU), élu pour la première fois le 23 mai 2004, a exprimé dans son discours de remerciement sa volonté d'être, dans sa nouvelle fonction, non seulement le président de tous les Allemands, mais aussi celui de tous ceux qui vivent en Allemagne. L'Allemagne doit selon lui devenir « un pays des idées » supposées être aussi « des idées pour l'Europe ». Le 23 mai 2009, Horst Köhler a été reconduit dans ses fonctions pour un nouveau mandat de 5 ans, au premier tour et à la majorité absolue de 613 voix (1224 membres au sein de l'Assemblée fédérale). Ce fils d'Allemands de souche venus d'Europe centrale (ses parents étaient des paysans d'origine allemande provenant de la province roumaine de Bessarabie, contraints de s'installer en Pologne, puis fuyant vers la région de Leipzig en 1944) s'est engagé, en politique étrangère, pour une mondialisation soumise à des règles fiables. C'est pourquoi il s'est investi en particulier contre la pauvreté et pour le continent africain. Mais le 30 juin 2010, Horst Köhler a annoncé contre toute attente sa démission, justifiant sa décision par les critiques massives qu'avaient suscitées ses propos sur les interventions de la Bundeswehr à l'étranger. En qualité de chef d'État de la deuxième nation exportatrice mondiale, Köhler avait expliqué dans une interview qu'il pouvait concevoir des interventions militaires de la Bundeswehr afin de défendre les intérêts économiques de l'Allemagne. À ses yeux, la supposition selon laquelle il encourageait ainsi des interventions de la Bundeswehr en contradiction avec la Loi fondamentale traduisait un manque de respect pour la fonction présidentielle.

Am 30. Juni 2010 wurde der niedersächsische CDU-Ministerpräsident Christian Wulff (Kandidat der CDU/CSU und der FDP) zum Staatsoberhaupt gewählt. Er konnte sich nach einem neunstündigen Abstimmungsmarathon erst im 3. Wahlgang gegen den Kandidaten der SPD und der Grünen, Joachim Gauck, durchsetzen. Wulff fehlten in den ersten beiden Durchgängen viele Stimmen aus dem schwarz-gelben Lager, weil etliche Wahlleute aus Ärger über die Regierungspolitik für den Gegenkandidaten stimmten. So konnte Wulff schließlich gewählt werden, aber für die Mehrheit der Deutschen blieb der ehemalige Bürgerrechtler und Stasi-Beauftragte Gauck, für den sie laut Umfragen gestimmt hätten, wenn die Wahl direkt wäre, der „Bundespräsident der Herzen". Ende 2011 wurden aber in der Presse Vorwürfe erhoben, Wulff habe im niedersächsischen Landtag 2010 geschäftliche Beziehungen zum Unternehmer Egon Geerkens verleugnet. Die Bild-Zeitung ermittelte jedoch, dass Wulff für den Kauf eines Eigenheims einen Kredit über 500.000 Euro von der Ehefrau des Unternehmers erhalten hatte. Als Wulff von der geplanten Berichterstattung erfuhr, rief er bei mehreren führenden Persönlichkeiten des Axel-Springer-Verlags an und drohte mit einer Strafanzeige. Die Kreditaffäre und die Medienaffäre („die Wulff-Affäre") führten schließlich dazu, dass Wulff, der Vorteilsannahme verdächtigt, 2012 zurücktrat. Die Parteispitzen von CDU/CSU, FDP, SPD und den Grünen präsentierten Joachim Gauck als gemeinsamen Kandidaten für die nächsten Bundespräsidentenwahlen und im März 2012 wurde er zum 11. Bundespräsidenten gewählt, mit 991 von 1228 gültigen Stimmen. Sein Besuch in Oradour-sur-Glane im September 2013 wird schon als geschichtsträchtig bewertet, und habe dieselbe symbolische Bedeutung wie Kohls Verdun-Besuch 1983.

Le 30 juin 2010, le candidat de la CDU/CSU et du FDP, Christian Wulff, ministre-président CDU de Basse-Saxe, a été élu président fédéral. Après un marathon électoral de 9 heures, il est parvenu à s'imposer contre le candidat du SPD et des Verts, Joachim Gauck, mais seulement au 3e tour. Lors des 2 premiers tours, Wulff a été privé de nombreuses voix du camp gouvernemental, car bien des délégués ont voté pour le candidat de l'opposition en réaction à la politique de la coalition gouvernementale. Ainsi, Wulff a fini par être élu, mais pour la majorité des Allemands, qui selon des sondages auraient voté pour Gauck si le suffrage était direct, l'ancien militant du mouvement pour les droits civiques et commissaire fédéral aux archives de la Stasi restait le « président de leurs cœurs ».

Mais fin 2011, la presse a reproché à Wulff d'avoir nié devant le Landtag de Basse-Saxe toute relation avec l'homme d'affaires Egon Geerkens. Cependant, la Bild-Zeitung établit que Wulff avait obtenu un crédit de plus de 500 000 euro de l'épouse de Geerkens pour l'achat de sa résidence privée. Ayant vent de la publication prévue de ces faits, il a téléphoné à plusieurs personnes haut placées de la maison d'édition Axel Springer, menaçant de porter plainte en cas de divulgation. L'affaire du crédit et celle des médias (« l'affaire Wulff ») ont finalement mené à la démission de Wulff en 2012, soupçonné de prévarication. Les dirigeants de la CDU/CSU, du FDP, du SPD et des Verts ont alors présenté un candidat commun à la nouvelle élection : Joachim Gauck. Celui-ci a été élu 11e Président de la République en mars 2012, avec 991 voix sur les 1228 bulletins valables. Sa visite à Oradour-sur-Glane en septembre 2013 est déjà qualifiée d'historique, ayant la même portée symbolique que la visite de Kohl à Verdun en 1983.

Richard von Weizsäcker (1984-1994) gilt als wichtigster Bundespräsident in der deutschen Geschichte. Er sah seine Hauptaufgabe nicht in bloßen Repräsentationspflichten und wurde als „Gewissen der Nation" geschätzt. Der CDU-Politiker hielt wichtige Reden, wobei seine berühmteste am 8. Mai 1985, 40 Jahre nach dem Ende des Zweiten Weltkrieges, im In- und Ausland große Beachtung und Anerkennung fand. In dieser Rede setzte Weizsäcker Zeichen für einen verantwortungsbewussten Umgang mit der NS-Vergangenheit.

Richard von Weizsäcker (1984-1994) passe pour le président fédéral le plus important de l'histoire de la République Fédérale. Il considérait que sa mission principale ne se bornait pas à de simples obligations de représentation et on l'a considéré comme « la conscience de la nation ». Cet homme politique chrétien-démocrate a prononcé de nombreux discours dont celui du 8 mai 1985 – 40 après la fin de la Deuxième Guerre mondiale –, son discours le plus célèbre, qui a suscité respect et reconnaissance en Allemagne et à l'étranger. Dans ce discours, Weizsäcker traçait à l'Allemagne un nouveau chemin pour assumer son passé national-socialiste de façon responsable.

Der Umzug der Institutionen nach Berlin

Am 20. Juni 1991 sprach sich der Deutsche Bundestag in Bonn dafür aus, dass die Hauptstadt Berlin wieder Sitz von Regierung und Parlament werde. Das politische Bonn zog um, bleibt aber Sitz verschiedener Bundesbehörden und Ministerien. Der Bund garantierte 1994 der Region Bonn insgesamt 2,8 Mrd. DM (1,4 Mrd. €) an Ausgleichsleistungen, die als Starthilfe für zukunftsweisende Projekte dienen sollen. Der Umzug der Bundesregierung an die Spree sollte kein Zurück zur alten Reichshauptstadt der Vorkriegszeit sein. Ohne seine historischen Wurzeln zu verleugnen, ist Berlin quasi in ein zweites Leben eingetreten.

Knapp zwei Jahre nach dem eigentlichen Regierungs- und Bundestagsumzug von Bonn nach Berlin wurde im Mai 2001 das neue 465 Millionen DM (233 Mio. €) teure Bundeskanzleramt als letztes Regierungsgebäude in der Bundeshauptstadt feierlich eröffnet. Die Verwendung von Glas als Baustoff beim Bau des Kanzleramts soll für genug Helligkeit sorgen, aber auch Offenheit und Transparenz gegenüber der Bürgerschaft signalisieren.

Le déménagement des institutions pour Berlin

Le 20 juin 1991, le Bundestag, alors à Bonn, a choisi Berlin comme nouvelle capitale devant redevenir le siège du gouvernement et du Parlement. Les institutions politiques de Bonn ont déménagé, mais cette ville reste le siège de divers ministères et organismes fédéraux. En 1994, l'État a garanti à la région de Bonn une somme de 2,8 milliards de DM (1,4 milliard €) à titre de prestations compensatoires pour aider la région à redémarrer grâce à des projets d'avenir.

Le déménagement du gouvernement pour la capitale sur la Spree ne devait pas être un retour à l'ancienne capitale du Reich d'avant-guerre. Sans nier ses racines, Berlin a pour ainsi dire débuté une seconde vie.

En mai 2001, à peine deux ans après le déménagement du gouvernement et du Bundestag de Bonn pour Berlin, on a inauguré solennellement dans la capitale la nouvelle Chancellerie, le dernier bâtiment du gouvernement, lequel a coûté 465 millions de DM (233 millions €). Si le verre a été utilisé comme matériau lors de la construction de la Chancellerie, c'est dans l'intention d'offrir assez de lumière, mais cela symbolise aussi l'ouverture et la transparence de la politique à l'égard des citoyens.

Der Bundesrat sitzt im ehemaligen Preußischen Herrenhaus an der Leipziger Straße und der Bundestag im Reichstagsgebäude, das in den Jahren 1884 bis 1894 im Stil der italienischen Hochrenaissance entstand. Das Gebäude wurde für die Nutzung durch den Deutschen Bundestag umgebaut. Die „demokratische Kuppel" des Reichtags – das heißt eine begehbare gläserne Kuppel, die nachts effektvoll beleuchtet wird – ist eine der größten Berlin-Attraktionen. Die Gegend zwischen Brandenburger Tor und Spree, in der Zeit der deutschen Teilung eine der ödesten Berlins, pulsiert heute vor Leben. Bundestag und Kanzleramt, Botschaften, Ministerien und Parteizentralen arbeiten ganz nahe aneinander. Am historischen Pariser Platz stehen unter anderem die Französische, die Britische und die Amerikanische Botschaft (die erst 2008 fertiggebaut wurde): es sind greifbare Symbole des neuen Gesichtes der Hauptstadt Berlin seit der Wiedervereinigung.

Le Bundesrat siège aujourd'hui dans l'ancien manoir prussien de la Leipziger Straße et le Bundesrat dans le bâtiment du Reichstag, édifié entre 1884 et 1894 dans le style Renaissance italienne. Le bâtiment a été transformé pour que le Bundestag s'y installe. Le « dôme de la démocratie » qui recouvre le Reichstag, un dôme de verre que l'on peut visiter illuminé la nuit, est l'une des plus grandes attractions de Berlin. La zone qui s'étend entre la Porte de Brandebourg et la Spree, l'une des plus désertes de Berlin du temps du Mur, est aujourd'hui très animée. Le Bundestag et la Chancellerie, les ambassades, les ministères et les sièges des partis politiques y cohabitent. Sur la place historique qu'est la Pariser Platz se trouvent entre autres l'ambassade française, l'ambassade britannique et l'ambassade américaine (dont les travaux ne se sont achevés qu'en 2008) : tels sont les symboles du nouveau visage de la capitale depuis la Réunification.

Vocabulaire

ein Abgeordneter (adj. subst.)	*le député*
Amt (das, ¨er)	*la fonction*
Behörde (die, n)	*l'autorité, l'administration*
Beschwerde (die, n) (eine ~ ein/reichen)	*la plainte (déposer une plainte)*
Entlassung (die, en)	*le renvoi, le licenciement*
Entscheidung (die, en) (eine ~ treffen)	*la décision (prendre une décision)*
Gebäude (das, -)	*le bâtiment*
Gemeinde (die, n)	*la commune*
Gesetzgebung (die)	*la législation*
Gewalt (die, en)	*le pouvoir*
Grundgesetz (das)	*la Loi fondamentale*
Grundrecht (das, e)	*le droit fondamental*
Kanzler (der, -)	*le chancelier*
Meinungsverschiedenheit (die, en)	*la divergence d'opinion*
Mitglied (das, er)	*le membre*
Regierung (die, en)	*le gouvernement*
Richter (der, -)	*le juge*
Sitz (der, e)	*le siège*
Staatsangehörigkeit (die, en)	*la nationalité*
Staatsoberhaupt (das, ¨er)	*le chef d'État*
Umzug (der, ¨e)	*le déménagement*
Verantwortung (die, en)	*la responsabilité*
Verfassung (die)	*la Constitution*
Verwaltung (die, en)	*l'administration*
Volk (das, ¨er)	*le peuple*
Wahlrecht (das)	*le droit de vote*
Wert (der, e)	*la valeur*
Zusammenhang (der, ¨e)	*le contexte, le rapport*
Zustimmung (die)(zu/stimmen +D)	*l'approbation, approuver*
erforderlich	*indispensable*
gültig	*valable*
achten (auf+ A)	*veiller à*
auf/lösen	*dissoudre*
durch/setzen	*imposer*
in Kraft treten (a, e, tritt) (ist)	*entrer en vigueur*
unterliegen (a,e) (+D)	*incomber à*
verabschieden	*adopter (une loi)*
verankern (in+D)	*ancrer dans*
verleugnen	*nier, renier*
vertreten (a, e, i)	*représenter*
wachen (über+A)	*veiller sur*
wählen	*élire, voter*

Lexique en situation 5

Die Abgeordneten sollen im Parlament die Interessen ihrer Wähler vertreten.

Les députés doivent représenter les intérêts de leurs électeurs au Parlement.

Der Präsident des Bundesrates vertritt den Bundespräsidenten im Falle seiner Verhinderung.

Le président du Bundesrat représente le président de la République en cas d'empêchement.

Kurz nachdem der Rektor sein Amt angetreten hatte, gab er es auf.

Peu de temps après être entré en fonction, le recteur a quitté son poste.

Die Deutsche Bahn teilte mit, dass 85% der eingegangenen Kundenbeschwerden Verspätungen betreffen.

La Deutsche Bahn a annoncé que 85 % des plaintes des usagers qui lui sont parvenues concernent les retards.

In vielen Unternehmen wurden Massenentlassungen angekündigt.

Beaucoup d'entreprises ont annoncé des licenciements en masse.

Wer ausreichend informiert ist, kann die richtige Entscheidung treffen.

Celui qui est suffisamment informé peut prendre la bonne décision.

Die Parteien haben ihre Meinungsverschiedenheit beigelegt.

Les partis ont mis fin à leur désaccord.

In der Politik muss jeder seine Verantwortung übernehmen und ihr nachkommen.

En politique, chacun doit prendre ses responsabilités et les assumer.

Die Polizei hat eine Versammlung von Rechtsradikalen aufgelöst.

La police a dissous un rassemblement d'extrémistes de droite.

Schüler müssen zeigen, dass sie das Gelernte auch in einen Zusammenhang bringen können.

Les élèves doivent montrer qu'ils sont capables de mettre en contexte ce qu'ils ont appris.

Jeder versucht, seine Ideen durchzusetzen.

Chacun tente d'imposer ses idées.

Der Inhalt eines Buches unterliegt immer einem Copyright.

Le contenu d'un livre est toujours protégé par un copyright.

Die europäischen Länder haben der EU-Verfassung [D] nicht einstimmig zugestimmt.

Les pays européens n'ont pas approuvé la Constitution de l'UE à l'unanimité.

Die Bundesregierung wird aufgefordert, ein Antidiskriminierungsgesetz zu verabschieden.

On exhorte le gouvernement à adopter une loi contre la discrimination.

Der Schwerkranke möchte die Realität verleugnen.

Cet homme gravement malade aimerait nier la réalité.

Das Mädchen hat zwei große Brüder, die über sie wachen.

La jeune fille a deux grands frères qui veillent sur elle.

DOSSIER 6

Der Föderalismus

Prinzip

Der Staatsname „Bundesrepublik Deutschland" bringt die föderative, dezentralisierte Struktur des Staates zum Ausdruck. Die Bundesrepublik, deren Wiedervereinigung sich auf einer föderalen Basis vollzog, besteht aus 16 Bundesländern: den 11 Ländern der alten Bundesrepublik und, seit dem 3. Oktober 1990, den 5 sogenannten neuen Bundesländern, die auf dem Gebiet der ehemaligen Deutschen Demokratischen Republik enstanden sind. Sie sind keine Provinzen im französischen Sinne, sondern echte Staaten mit eigener Staatsgewalt, die, ähnlich wie in der Schweiz oder in Österreich, einen Gesamtstaat (den Bund) bilden. Jedes Bundesland ist einzigartig und hat seine eigene Verfassung, deren Grundsätze dem Grundgesetz entsprechen. In ganz Deutschland gilt das Prinzip: „Bundesrecht bricht Landesrecht". Auf Landesebene müssen die Landtage die Rolle des Bundestages spielen und die Ministerpräsidenten als Chefs der Landesregierungen die Rolle des Bundeskanzlers.

Verteilung der Aufgaben zwischen Bund und Ländern

Föderalismus setzt Verschiedenheiten voraus. Föderalistische Ordnungen leben nämlich von dem Respekt vor der Eigenständigkeit der Gliedstaaten. Aber jedes subnationale Element ist zugleich bereit, dem Bund die Aufgaben zu übertragen, die es nicht eigenständig erfüllen kann. Im Grundgesetz ist ein Trennsystem bei der Aufgabenverteilung angelegt. Der Bund ist für

Le fédéralisme

Principe

Le nom de République fédérale d'Allemagne est l'expression de la structure fédérale décentralisée de l'État. La République Fédérale, dont la réunification s'est opérée sur une base fédérale, se compose de 16 Länder : les 11 Länder de l'ancienne Allemagne de l'Ouest et, depuis le 3 octobre 1990, les 5 Länder créés sur le territoire de l'ex-République Démocratique Allemande, appelés les nouveaux Länder. Les Länder ne sont pas des provinces au sens français du terme mais de véritables États dotés d'un vrai pouvoir propre qui, comme en Suisse ou en Autriche, forment un État commun, le Bund (la Fédération). Chaque Land a ses spécificités et dispose de sa propre Constitution dont les fondements se conforment à la Loi fondamentale. Dans toute l'Allemagne, le droit fédéral l'emporte sur le droit des Länder. À l'échelle des Länder, les Landtage (parlements de Land) jouent le rôle du Bundestag et les ministres présidents, en leur qualité de chefs des gouvernements de Land, celui du chancelier.

Répartition des tâches entre Bund et Länder

Le fédéralisme présuppose des différences. Les règles fédérales se nourrissent en effet du respect de la particularité de chaque État membre. Mais chaque élément subnational est en même temps disposé à transférer au Bund les tâches qu'il ne peut accomplir seul. La Loi fondamentale a mis en place un système qui sépare et partage les tâches. Le Bund est compétent pour les affaires devant être réglées de manière uniforme dans l'intérêt

die Sachen zuständig, die im Interesse des Volkes einheitlich geordnet werden müssen. Die übrigen Angelegenheiten regeln die Bundesländer selbst. Das ist ein Subsidiaritätsprinzip wie in der Europäischen Union. Der Föderalismus soll es ermöglichen, regionalen Eigenheiten besser gerecht zu werden, als dies eine zentrale Regierungsgewalt leisten könnte.

du peuple. Les autres affaires sont réglées par les Länder eux-mêmes. Il s'agit là d'un principe de subsidiarité semblable à celui qui prévaut dans l'Union européenne. Le fédéralisme doit permettre de respecter les particularités régionales mieux que ne le ferait un pouvoir gouvernemental centralisé.

Das Grundgesetz unterscheidet zwischen „ausschließlicher Gesetzgebung des Bundes" und „konkurrierender Gesetzgebung des Bundes".

La Loi fondamentale distingue « compétence législative exclusive du Bund » et « compétence législative concurrente. »

Dem Bund sind bestimmte Gesetzgebungsbereiche ausschließlich zugewiesen: Verteidigung, auswärtige Angelegenheiten (Außenpolitik also), Währungswesen, Eisenbahn, Luftverkehr, sowie ein Teil des Steuerrechts. In diesen Bereichen werden die Gesetze von oben, das heißt von der Bundesregierung, durchgesetzt. Das Interesse der einzelnen Länder hat dabei keine Rolle zu spielen.

Sont exclusivement du ressort du Bund certains domaines législatifs : la défense, les affaires étrangères, le système monétaire, les chemins de fer, le trafic aérien, ainsi qu'une partie du droit fiscal. Dans ces domaines, les lois sont imposées d'en haut, c'est-à-dire par le gouvernement fédéral. Elles ne mettent pas en jeu l'intérêt des Länder pris isolément.

Wenn kein besonderes Bedürfnis für eine bundeseinheitliche Regelung besteht, haben die Länder das Recht zur Gesetzgebung (beispielsweise bei Arbeits- oder Atomrecht, Abfallbeseitigung oder Schifffahrt). Diese Bereiche betreffen nämlich nicht nur die gesamte Bundesrepublik, sondern auch das einzelne Interesse der Bundesländer, deren landesspezifischen Besonderheiten berücksichtigt werden sollen. Aber immer öfter müssen diese Themen bundeseinheitlich geregelt werden, so dass die Zuständigkeit der Länder immer geringer wird. Diese Übertragung bedeutet ja für die Länder Gewichtsverluste.

Lorsqu'il n'existe aucune nécessité particulière de réglementation uniforme sur l'ensemble du territoire allemand, les Länder sont autorisés à exercer un pouvoir législatif (par exemple en matière de droit du travail ou de droit nucléaire, de gestion des déchets ou de navigation fluviale). Ces domaines, en effet, ne concernent pas seulement la République Fédérale dans sa globalité, mais impliquent l'intérêt particulier des Länder dont les spécificités doivent être respectées. Cependant, ces problèmes doivent de plus en plus être réglés à l'échelle nationale, si bien que les prérogatives des Länder s'amenuisent peu à peu. Transférer certaines compétences au Bund fait perdre du poids aux Länder.

Andere Bereiche sind den Bundesländern zum größten Teil überlassen (2006 wurde im Grundgesetz die ehemalige „Rahmengesetzgebung" in „Abweichungskompetenzen" umgewandelt). Dazu gehören Jagd, Landschaftspflege, Raumordnung und

D'autres domaines sont en grande partie laissés à l'autorité des Länder (en 2006, l'ancienne « législation cadre de la Fédération » a été transformée dans la Loi Fondamentale en des « compétences législatives de dérogation »). En font partie la chasse, la conservation des sites naturels,

Schulwesen. Der überwiegende Teil des Bildungswesens und der Kulturpolitik bleibt damit den Ländern als Ausdruck der „Kulturhoheit" vorbehalten.

l'aménagement du territoire ou le système scolaire. La majeure partie du système éducatif et de la politique culturelle reste donc de la compétence des Länder, qui affirment ainsi leur « souveraineté culturelle ».

Wesentliche Aspekte des Föderalismus

Die Machtverteilung zwischen Gesamtstaat und Gliedstaaten soll Schutz vor Machtmissbrauch bringen. In einem Bundesstaat gibt es eine geringere Machtkonzentration als in einem Zentralstaat.

Diese senkrechte Gewaltenteilung (oder Entscheidungslogik „doppelter Politikverflechtung") fördert in der Theorie die Bürgernähe: Durch leichter erreichbare Wege zu den staatlichen Stellen soll der Bürger unmittelbar Kontakt zu Politikern und Behörden bekommen können. Der Wähler kann von seinem Stimmrecht doppelt Gebrauch machen. Nicht nur alle vier Jahre bei der Wahl zum Bundesparlament, sondern auch bei der Wahl zum Landesparlament schreitet er zur Urne.

Außerdem können politische Parteien ihre Führungsqualitäten in den Ländern erproben und Modelle für bundesweite Reformen liefern. Die Oppositionsparteien im Bund haben die Möglichkeit, in den Ländern Regierungsverantwortung zu übernehmen und ihre Regierungsfähigkeit unter Beweis zu stellen. Der Bundesstaat sorgt für eine breite Reserve an politischem Führungspersonal. In den Parlamenten und Regierungen der Länder können sich Politiker bewähren und für Führungsaufgaben im Bund qualifizieren. So sind alle Bundeskanzler seit 1966 zuvor Ministerpräsidenten in Ländern (Brandt, Kohl, Schröder) oder Landesminister (Schmidt) gewesen.

Principaux aspects du fédéralisme

La répartition du pouvoir entre État national et États membres doit offrir une protection contre l'abus de pouvoir. Dans un État fédéral, la concentration du pouvoir est en effet moins importante que dans un État centralisé.

Cette répartition verticale des pouvoirs (ou logique de décisions soumise à une « double imbrication politique ») permet en théorie aux autorités d'être plus proches du citoyen : celui-ci, grâce à des voies plus faciles à emprunter pour accéder aux instances centrales, est censé pouvoir entrer directement en contact avec hommes politiques et administrations. L'électeur peut faire usage de son droit de vote à deux reprises. Il se rend aux urnes non seulement tous les quatre ans pour élire le Bundestag, mais aussi lors de l'élection du Parlement de son Land.

Par ailleurs, les partis politiques peuvent, dans les Länder, mettre à l'épreuve leurs qualités de dirigeants politiques, et offrir des modèles de réformes applicables au niveau national. Les partis d'opposition à l'échelle nationale ont la possibilité d'assumer des responsabilités gouvernementales dans les Länder, et ainsi d'éprouver leur capacité à gouverner. L'État fédéral fournit un vaste réservoir de dirigeants politiques. Au sein des parlements et des gouvernements des Länder, les hommes politiques peuvent démontrer leur compétence et se montrer dignes d'occuper des postes de direction au niveau du Bund. Ainsi, tous les chanceliers, depuis 1966, ont d'abord été ministres présidents de différents Länder (Brandt, Kohl, Schröder) ou ont participé en qualité de ministres à des gouvernements de Land (Schmidt).

Auch in der Finanzpolitik wird eine gerechtere Verteilung der Subventionen zwischen ärmeren (einkommensschwachen) und reicheren (einkommensstarken) Ländern angestrebt. Es ist der so genannte Länderfinanzausgleich, der den Unterschied bei den Landeshaushalten beseitigen soll. Das System des Finanzausgleichs regelt also die Verteilung der Aufgaben, der Ausgaben und der Einnahmen zwischen Bund, Ländern und Gemeinden. Es wird zwischen vertikalem und horizontalem Ausgleich unterschieden: Als vertikal wird der Ausgleich zwischen dem Bund und den Ländern bezeichnet. Horizontal meint den Ausgleich der Länder untereinander: Die wohlhabenderen Bundesländer, die zum Beispiel mehr Industrie haben und mehr Steuern einnehmen, müssen den ärmeren Bundesländern etwas abgeben. Auf diese Weise soll verhindert werden, dass es zu große finanzielle Unterschiede in den deutschen Bundesländern gibt. Als Grenzen des Ausgleichs hat das Bundesverfassungsgericht ein Verbot der „Übernivellierung" herausgearbeitet: Kein Nehmerland darf nach Finanzausgleich besser als der Durchschnitt dastehen, kein Zahlerland soll unter den Durchschnitt absinken.

En matière de politique financière également, on vise à une répartition relativement équitable des subventions entre les Länder les plus pauvres (à faible revenu) et les plus riches (à haut revenu). C'est ce que l'on appelle le système de péréquation financière, lequel est censé compenser l'écart entre les différents budgets des Länder. Ce système gère donc la répartition des charges, des dépenses et des recettes entre le Bund, les Länder et les communes. On fait une distinction entre la péréquation horizontale et verticale : on appelle vertical l'équilibre entre le Bund et les Länder. L'équilibre entre les Länder est qualifié d'horizontal : les Länder plus prospères, qui disposent par exemple de davantage d'industries et encaissent plus d'impôts, doivent reverser de l'argent aux Länder plus pauvres. De cette façon, on cherche à éviter de trop grandes différences financières entre les Länder. La Cour constitutionnelle a défini les limites de cette péréquation en interdisant un « nivellement par le haut » : aucun Land recevant de l'argent des autres Länder n'a le droit de prospérer davantage que la moyenne après la péréquation, aucun Land à fort revenu ne peut descendre sous la moyenne.

Der Finanzausgleich ermöglichte es auch, dass die Förderung Ostdeutschlands, der Aufbau Ost, bis Ende 2004 festgelegt wurde. Im Solidarpakt II, der als Fortsetzung des Solidarpakts I von 1995 ausgehandelt und am 23. Juni 2001 geschlossen wurde, und der von 2005 bis 2019 gilt, verpflichtete sich der Bund, den neuen Ländern für den Aufbau Ost insgesamt 156,5 Milliarden Euro zur Verfügung zu stellen. Ziel ist die Angleichung der Lebensverhältnisse in Ost- und Westdeutschland, und die neuen Bundesländer wirtschaftlich auf einen vergleichbaren Stand mit den westlichen Bundesländern zu bringen (vgl. Dossier 16).

La péréquation financière a permis aussi de fixer le montant de l'aide accordée à l'Allemagne de l'Est pour sa reconstruction jusqu'à fin 2004. Par le Pacte de Solidarité II, conçu comme le prolongement du Pacte de Solidarité I de 1995, voté le 23 juin 2001 et valable de 2005 à 2019, le Bund s'est engagé à mettre à la disposition des nouveaux Länder une somme globale de 156,5 milliards d'euros à titre d'aide. Cette mesure vise à harmoniser les conditions de vie à l'Est et à l'Ouest de l'Allemagne et à rapprocher anciens et nouveaux Länder au niveau économique (cf. Dossier 16).

Der Föderalismus strebt es an, die Einheit nach außen mit der Vielfalt nach innen zu verbinden. Ziel der Weltausstellung „Expo 2000", die vom 1. Juni bis zum 31. Oktober 2000 zum ersten Mal in Deutschland, und zwar in Hannover stattfand, war es unter anderem, diesen doppelten Aspekt zu veranschaulichen. Im zentralen deutschen Pavillon war nämlich eine 12 Meter hohe Skulptur („der Baum des Wissens") zu sehen, die 16 Unikate aus den 16 Bundesländern in Szene setzte und damit die kulturelle Vielfalt des Gastgeberlandes zur Schau stellte. Dazu gehörten zum Beispiel die erste Gutenberg-Bibel aus Rheinland-Pfalz, der erste Benz-Patent-Motorwagen aus Baden-Württemberg, oder auch noch eine ganze Luther-Kanzel aus Sachsen-Anhalt.

Le fédéralisme vise à conjuguer l'unité vis-à-vis de l'extérieur à la diversité vis-à-vis de l'intérieur. Le but de l'Exposition Universelle qui s'est tenue du 1er juin au 31 octobre 2000 pour la première fois en Allemagne, à Hanovre, était entre autres d'illustrer ce double aspect. Dans le pavillon central de l'Allemagne se trouvait en effet une sculpture de 12 m de haut (« l'Arbre du Savoir ») rassemblant 16 pièces uniques provenant des Länder, et donnant une image de la diversité culturelle du pays organisateur. On peut citer parmi ces pièces, par exemple, la première Bible imprimée par Gutenberg (en provenance de Rhénanie-Palatinat), la première voiture à moteur brevetée Benz (du Bade-Wurtemberg), ou encore une chaire de Luther (venant de Saxe-Anhalt).

Die Grenzen des Föderalismus

Der ausgeprägte Föderalismus präsentiert sich heute als überfordert, denn manchmal macht er Deutschland schwer regierbar. Das System erweist sich oft als uneinheitlich: Die Eigenständigkeit der Länder führt zwangsläufig zu schwer überbrückbaren Unterschieden. Dadurch können Schwierigkeiten entstehen, zum Beispiel für Schüler beim Umzug in ein anderes Bundesland (weil Ferienzeiten und Gesamtorganisation, ja manchmal Lehrinhalte unterschiedlich sind). Die Anwendung der Rechtschreibreform zeugte von diesen Schwierigkeiten bei mangelnder Uniformisierung. Alte oder neue Rechtschreibung? Einige Bundesländer führten bereits mit Schulbeginn 1996/1997 die neuen Regeln im Unterricht ein. Sonst mussten alle Bundesländer die neue Orthographie am 1. August 2005, nach einer Übergangsfrist, endgültig anwenden. Bayern und Nordrhein-Westfalen haben aber bis zum Schuljahr 2006/2007 gewartet und wünschten sich eine Reformierung der Reform! Seit März 2006 ist die neue

Les limites du fédéralisme

Le fédéralisme a aujourd'hui du mal à répondre à toutes les attentes car il rend parfois l'Allemagne difficile à gouverner. Le système révèle souvent un manque d'uniformité : la particularité des Länder conduit inéluctablement à des différences peu surmontables. Cela peut faire surgir des difficultés, par exemple pour les élèves lors d'un déménagement dans un autre Land (compte tenu des différences dans les dates de vacances, l'organisation générale et parfois même le contenu des enseignements). L'application de la réforme de l'orthographe a témoigné de ces difficultés dues à une uniformisation insuffisante. Ancienne ou nouvelle orthographe ? Certains Länder ont introduit les nouvelles règles dans l'enseignement dès la rentrée 1996/1997. Sinon, tous les Länder devaient appliquer définitivement la nouvelle orthographe le 1er août 2005, après une phase de transition. La Bavière et la Rhénanie du Nord-Westphalie ont cependant attendu jusqu'à la rentrée scolaire 2006/2007, espérant une réforme de la réforme ! Depuis mars 2006, la

Rechtschreibung für ganz Deutschland verbindlich, aber die Kritik an der Reform ist immer noch nicht verstummt.

Zeitraubend ist auch das System als solches: Parlamente, Regierungen und Verwaltungen von Bund und Ländern müssen bisweilen langwierige Verhandlungen miteinander führen, um zu gleichmäßigen Lösungen zu gelangen.

Probleme ergeben sich auch, wenn sich der Bundesrat, wo sich die Mitwirkungsrechte der Länder ausdrücken, vor allem als parteipolitisches Gegengewicht zur Bundestagsmehrheit und Bundesregierung versteht. Das Zuwanderungsgesetz, das 2001 vom Bundesinnenminister vorgelegt und erst im Juli 2004 von Bundestag und Bundesrat verabschiedet wurde, veranschaulicht die Schwierigkeit, zu einer Einigung zu kommen. Die Notwendigkeit zu kooperieren verlängert oft den Entscheidungsprozess. So treffen oft Bundes- und Landesminister eines besonderen Ressorts zusammen, um zu einheitlichen Maßnahmen zu kommen. Die bekannteste Fachkonferenz ist die Ständige Konferenz der Kultusminister.

Der bundesstaatliche Aufbau ist in der Praxis oft kompliziert und schwerfällig: Die 17 Entscheidungszentren in der Bundesrepublik Deutschland (für die 16 Bundesländer und für den Bund) kann ein Bürger nur schwer überschauen. Diese Komplexität führt manchmal zu Kompetenzstreitigkeiten, insbesondere in den Finanzfragen. Reformüberlegungen sind darauf gerichtet, klare politische Verantwortlichkeiten herzustellen und Kompetenzen und Finanzen zu entflechten. Der Handlungsdruck, der von den aktuellen wirtschaftlichen Schwierigkeiten und den finanziellen Restriktionen aller öffentlichen Haushalte ausgeht, befördert den Reformprozess des föderalen Systems.

nouvelle orthographe est obligatoire dans toute l'Allemagne, mais les critiques ne se sont pas tues pour autant.

Le système en tant que tel demande également un grand investissement de temps : parlements, gouvernements et administrations du Bund et des Länder sont parfois contraints de mener de longues négociations afin de parvenir à des solutions égalitaires.

Des problèmes surgissent aussi lorsque le Bundesrat, où s'expriment les droits de participation des Länder, se pose avant tout comme un contre-pouvoir face aux partis politiques majoritaires au Bundestag et face au gouvernement. La loi sur l'immigration, présentée en 2001 par le ministre de l'Intérieur et adoptée seulement en juillet 2004 par le Bundestag et le Bundesrat, illustre cette difficulté à trouver un accord. La nécessité de coopérer retarde souvent le processus de décision. C'est pourquoi les ministres du Bund et des Länder en charge d'un même domaine se réunissent fréquemment afin de prendre des mesures uniformes. La conférence spécialisée la plus connue est la Conférence permanente des ministres de l'éducation.

L'organisation fédérale de l'État est dans la pratique souvent compliquée et lourde : les 17 centres de décision de République Fédérale (pour les 16 Länder et pour le Bund) ne sont que difficilement transparents pour un citoyen. Cette complexité conduit parfois à des conflits de compétence, en particulier dans les questions financières. Les réflexions menées pour appliquer des réformes visent à établir clairement les responsabilités politiques et à dissocier nettement compétences et finances. La nécessité d'agir vite face aux difficultés économiques actuelles et aux restrictions financières de tous les budgets publics favorise le processus de réforme du système fédéral.

Ein reformbedürftiges System

Vorstöße zur Veränderung des Föderalismus in Richtung Konkurrenzföderalismus kommen vor allem von den Zahlerländern des Finanzausgleichs. Bayern, Baden-Württemberg und Hessen, die einzigen 3 Geberländer seit 2012, wollen künftig einen geringeren Anteil ihrer Steuereinnahmen an die Nehmerländer abgeben. Bayern und Hessen haben übrigens Anfang 2013 eine gemeinsame Klage beim Bundesverfassungsgericht eingereicht, um ihre Haushalte zu schützen. Diese Bundesländer fühlen sich durch ihre Stellung ungerecht behandelt und an ihrer Weiterentwicklung gehindert. Sie verlangen mehr Wettbewerb und weniger Solidarität zwischen den Ländern. Gegenseitige Rücksichtnahme und Kompromisszwang sollen eine richtige Wettbewerbsdynamik fördern. Unter dem Schlagwort „Wettbewerbsföderalismus" oder auch „Konkurrenzföderalismus" wird eine Reformbestrebung innerhalb Deutschlands diskutiert, welche den Ländern mehr Eigenständigkeit durch (Rück)übertragung von Gesetzgebungskompetenzen geben möchte. Ziel ist damit auch eine „Entflechtung" von Bundes- und Landeskompetenzen. Weitere elementare Forderungen sind die Reform des horizontalen Länderfinanzausgleichs und die Reform des Bundesrates.

Der Wettbewerbsföderalismus geht davon aus, dass nämlich das Konkurrenzprinzip vom wirtschaftlichen Bereich auf den politischen Sektor übertragen werden kann. Wettbewerb zwischen den staatlichen Einheiten soll zu mehr Innovation bzw. zu besseren Problemlösungen beitragen.

Un système qui doit être réformé

Les offensives menées pour réformer le fédéralisme dans le sens d'une plus grande concurrence sont essentiellement le fait des Länder le plus lourdement touchés par le système de péréquation financière. La Bavière, le Bade-Wurtemberg et la Hesse, les 3 seuls Länder à financer la péréquation depuis 2012, souhaitent à l'avenir céder une part moins importante de leurs recettes fiscales aux Länder plus pauvres. Début 2013, la Bavière et la Hesse ont au demeurant déposé une plainte commune devant la Cour Constitutionnelle afin de préserver leurs budgets. Ces Länder se sentent traités de manière injuste et se disent entravés dans leur développement. Ils exigent une concurrence plus forte et une solidarité moins grande entre les Länder. Un meilleur respect des uns par les autres et l'obligation d'aboutir à des compromis sont censés encourager une véritable dynamique de concurrence. Sous la notion de « fédéralisme concurrentiel », l'Allemagne discute un projet de réforme qui doit donner ou rendre aux Länder davantage de compétences législatives et leur conférer ainsi une plus grande autonomie. Il s'agit de « démêler » les compétences du Bund de celles des Länder. La réforme de la péréquation financière dite horizontale et celle du Bundesrat sont d'autres revendications élémentaires.

Le fédéralisme concurrentiel part du principe que la concurrence, en effet, peut être transposée du domaine économique au secteur politique. La rivalité entre unités d'un même État doit favoriser les innovations et, le cas échéant, des solutions mieux adaptées aux problèmes.

Eine Reform des Finanzausgleichs steht deshalb seit langem an, denn das Bundesverfassungsgericht hat 1999 den bisherigen Finanzausgleich für nicht rechtmäßig erklärt. Bei dieser Neuordnung sollen unter anderem künftig die Ausgleichzahlungen zwischen den Ländern eingeschränkt werden. In den letzten Jahren hat sich Deutschland als kaum fähig erwiesen, die schwerwiegenden Strukturprobleme der Nation, vom Arbeitsmarkt über die Sozialsysteme bis hin zur Bildung, zu lösen. Dafür verantwortlich ist zum Teil das dichte Netz horizontaler und vertikaler Überschneidungen und gegenseitiger Abhängigkeiten im Staatsapparat. Um die gegenwärtige Starre zu überwinden und Freiheit und Wohlstand der Menschen auf Dauer zu sichern, brauchen Deutschlands politische Institutionen aber die Fähigkeit zu entschlossenem, raschem und verantwortlichem Handeln anstelle strukturbedingter Dauerblockaden.

Il est ainsi question depuis un certain temps d'une réforme du système de péréquation financière car, en 1999, la Cour constitutionnelle a déclaré injuste le système en vigueur jusqu'ici. Lors de cette réorganisation, il faudra entre autres que les paiements compensatoires entre Länder soient limités. Ces dernières années, l'Allemagne est mal parvenue à régler les lourds problèmes structurels de la Nation, du marché du travail à l'éducation, en passant par les systèmes sociaux. Le dense enchevêtrement des compétences, horizontal et vertical, et des relations d'interdépendance en est pour partie responsable. Pour mettre fin à la rigidité actuelle et assurer à long terme la liberté et la prospérité des Allemands, les institutions fédérales allemandes ont besoin cependant de pouvoir agir vite, de manière résolue et responsable, et de dépasser les positions de refus liées à la structure du système.

Eine gescheiterte Föderalismusreform

Vor dem Hintergrund aktueller Diskussionen über die Notwendigkeit einer grundlegenden Modernisierung des föderalen Staatssystems der Bundesrepublik Deutschland haben Bundestag und Bundesrat am 16./17. Oktober 2003 eine gemeinsame Kommission von Bundestag und Bundesrat zur Modernisierung der bundesstaatlichen Ordnung eingesetzt. Durch diese Föderalismuskommission, die aus 32 Mitgliedern bestand, sollte dem Föderalismus neues Leben eingehaucht werden. Ziel war, die Handlungs- und Entscheidungsfähigkeit von Bund und Ländern zu verbessern, die politischen Verantwortlichkeiten deutlicher zuzuordnen und die Effizienz der Aufgabenerfüllung zu steigern. Dabei sollte diese Kommission insbesondere die Verteilung der Gesetzgebungskompetenzen auf Bund und

L'échec de la réforme du fédéralisme

Dans ce contexte où l'on discute de la nécessité de moderniser le système fédéral allemand, le Bundestag et le Bundesrat ont créé les 16 et 17 octobre 2003 une commission ayant pour mission de réfléchir à la façon de moderniser l'organisation fédérale de l'Allemagne. Grâce à cette commission, il s'agissait d'insuffler une vie nouvelle au fédéralisme. Les enjeux en étaient d'améliorer la marge d'action et de décision du Bund et des Länder, de répartir plus distinctement les responsabilités politiques et d'augmenter l'efficacité en matière d'accomplissement des tâches. Il s'agissait en particulier de repenser la répartition des compétences législatives entre Bund et Länder ainsi que leurs rapports financiers. Mais la commission a été incapable de conclure un accord sur des propositions communes et a cessé son travail le 17 décembre 2004. C'est surtout

Länder sowie die Finanzbeziehungen zwischen Bund und Ländern überprüfen. Die Kommission hat sich aber nicht auf gemeinsame Vorschläge verständigen können und sie hat ihre Arbeiten am 17. Dezember 2004 beendet. Sie konnte sich vor allem auf eine Neuordnung der Kompetenzen in der Bildungspolitik nicht einigen.

la réorganisation des compétences dans le domaine de l'éducation qui l'a menée à l'échec.

Der deutsche Föderalismus ist also ein Spiegelbild der institutionellen Stärken und Schwächen des deutschen Staatsgefüges. Aber Grundkonsens ist, dass die Deutschen ihren Föderalismus im europäischen Rahmen verteidigen wollen.

Le fédéralisme allemand est donc le reflet des forces et des faiblesses institutionnelles de l'État allemand. Mais il règne un consensus général parmi les Allemands qui souhaitent défendre leur fédéralisme dans le cadre européen.

Der deutsche Föderalismus und Europa

Le fédéralisme allemand et l'Europe

Trotz der Schwierigkeiten steht die heutige Bindung der Deutschen an den Bundesstaat fest. Der Bund von 1949 ist ja eine positive Alternative zum zentralistischen Denken des Hitler-Reichs. Das föderale System der Bundesrepublik hat sich, durch Tradition und Verfassung begünstigt, zum spezifisch deutschen unitarischen Bundesstaat entwickelt. Dieser bemüht sich, die Vorteile von Einheitsstaat und Bundesstaat zu verbinden. Dabei werden zugleich eine Vereinheitlichung der Lebensverhältnisse und ein Respekt der regionalen Identitäten angestrebt.

En dépit des difficultés, l'attachement actuel des Allemands à l'État fédéral est une réalité. La Fédération de 1949 est, il est vrai, une alternative positive à la pensée centralisatrice du Reich hitlérien. Le système fédéral de la République Fédérale, favorisé par la tradition et la constitution, s'est développé pour donner naissance à un État fédéral unitaire spécifiquement allemand. Celui-ci s'efforce d'allier les avantages de l'État unifié à ceux de l'État fédéral. Ce faisant, l'objectif est de concilier à la fois l'unification des conditions de vie et le respect des identités régionales.

Der Föderalismus kann so als die integrierende Kraft Deutschlands betrachtet werden, denn jeder Deutsche hat die Möglichkeit, sich mit seinem Bundesland zu identifizieren, ohne dass dadurch die nationale Einheit bedroht wird. Außerdem besteht der deutsche Föderalismus auch aus vielfältigen europäischen Anschlüssen wie zwischen Bayern und Österreich, Schleswig-Holstein und Dänemark oder dem Saarland und Frankreich. Diese Staatsform half also der Bundesrepublik, sich

Ainsi, le fédéralisme peut être considéré comme la force d'intégration de l'Allemagne, car chaque Allemand a la possibilité de s'identifier à son Land sans que l'unité nationale en soit menacée. En outre, le fédéralisme allemand repose aussi sur divers contacts liés avec des pays européens, comme entre la Bavière et l'Autriche, le Schleswig-Holstein et le Danemark ou la Sarre et la France. Cette construction fédérale a donc aidé la République Fédérale à se préparer à la formation de l'Union européenne

auf die Gestaltung der Europäischen Union vorzubereiten, wo jede Nation Bestandteil einer Einheit wird, ohne dabei ihre Identität zu verlieren. Jetzt wird sogar von einer fortschreitenden Europäisierung des deutschen Föderalismus gesprochen, besonders seit der Einführung des neuen „Europa-Artikels" 23 in das Grundgesetz. Mit diesem Artikel wurde faktisch der deutsche Beteiligungsföderalismus auf EU-Angelegenheiten ausgedehnt. Es existieren sowohl auf Bundes- als auch auf Landesebenen kaum noch Aufgabenfelder, die nicht zumindest in irgendeiner Form durch europäisches Regieren beeinflusst werden. In einem Europa mit konkurrierenden Ländern hängt die internationale Wettbewerbsfähigkeit Deutschlands mehr denn je von einer stärkeren Ausrichtung am Leitbild des Konkurrenzföderalismus ab.

où chaque nation devient partie intégrante d'un tout sans y perdre pour autant son identité. Aujourd'hui, on parle même d'une européanisation croissante du fédéralisme allemand, en particulier depuis l'introduction dans la Loi fondamentale de l'article 23 sur l'Union Européenne. Avec cet article, le fédéralisme participatif allemand a été, dans les faits, étendu aux affaires européennes. Il n'existe presque plus de domaines de compétences, aussi bien au niveau du Bund qu'à celui des Länder, qui ne soient influencés sous une forme ou une autre par le mode de gouvernance européen. Au sein d'une Europe mettant en concurrence différents pays, la compétitivité internationale de l'Allemagne dépend plus que jamais de sa capacité à suivre résolument le modèle du fédéralisme concurrentiel.

Vocabulaire

Angelegenheit, (die, en)	*l'affaire*
Aufgabe, (die, n)	*la tâche, la mission*
Bereich, (der, e)	*le domaine*
Bürgernähe (die)	*la proximité, l'écoute du citoyen*
Entwicklung, (die, en)	*le développement, l'évolution*
Haushalt (der, e)	*le budget*
Konsens (der, e)	*le consensus*
Mehrheit (die, en)	*la majorité*
Missbrauch, (der, ¨e)	*l'abus*
Ressort, (das, s)	*le domaine de compétence*
Schulwesen (das)	*le système scolaire*
Streitigkeit, (die, en, surtout au pl)	*la querelle, le conflit*
Verhandlung, (die, en)	*la négociation*
Verteilung, (die, en)	*la répartition, la distribution*
Vielfalt, (die)	*la diversité*
außerdem	*en outre*
ehemalig	*ancien*
eigenständig	*autonome*
gegenseitig	*mutuel*
so genannt	*prétendu, soi-disant/ que l'on nomme*
zugleich	*en même temps*
zwangsläufig	*inévitable, obligatoire*
an/stehen (and, anden)	*être en suspens, se profiler, être prévu*
zum Ausdruck bringen, (achte, acht)	*exprimer*
aus/gehen (ing, angen, ist, von + D)	*partir de*
begünstigen	*favoriser, privilégier*
behandeln	*traiter*
bei/tragen, (u, a, zu + D)	*contribuer à*
bestehen (and, anden, aus + D)	*se composer de*
sich bewähren	*faire ses preuves*
ein/schränken	*limiter, réduire*
entsprechen, (a, o, i, + D)	*correspondre à*
sich erweisen, (ie, ie, als)	*se révéler, s'avérer*
fördern	*encourager, favoriser*
Gebrauch machen (von + D)	*faire usage de*
hindern (an + D)	*empêcher de*
gerecht werden (u, o, ist, + D)	*rendre justice à, apprécier à sa juste valeur*
übertragen (u,a)	*déléguer, confier, transmettre*
zur Urne schreiten, (itt, itten, ist)	*aller voter*
veranschaulichen	*illustrer*
vor/bereiten (auf + A)	*préparer à*

Lexique en situation 6

Früher oder später bringt er zum Ausdruck, was ihn beschäftigt.
Il exprimera tôt ou tard ce qui le préoccupe.

Wir gehen davon aus, dass das Universum in einem Big Bang entstanden ist.
Nous partons du principe que l'univers est né d'un big bang.

Die Gesundheitsreform trägt dazu bei, die Kosten zu senken.
La réforme de la santé contribue à diminuer les coûts.

Der neue Film hat den Erwartungen nicht entsprochen.
Le nouveau film n'a pas correspondu aux attentes.

Woraus besteht Materie?
De quoi est composée la matière ?

Psychologen fördern den Generationendialog.
Les psychologues encouragent le dialogue entre les générations.

Die Regierung wurde den Anforderungen nicht mehr gerecht.
Le gouvernement n'a plus été à la hauteur des exigences.

Sie hat sich gründlich auf ihre Abschlussprüfung vorbereitet.
Elle s'est soigneusement préparée à son examen de fin d'études.

Heute können Dateien per E-Mail übertragen werden.
Aujourd'hui, on peut transmettre des fichiers par e-mail.

Die Suche nach Konsens hat die Minister viel Kraft gekostet.
La recherche d'un consensus a demandé beaucoup d'énergie aux ministres.

Diese Schlange erwies sich zum Glück als ungiftig.
Il s'est heureusement avéré que ce serpent n'était pas venimeux.

Bedeuten Marktentwicklungen zwangsläufig Risiken?
Les évolutions du marché impliquent-elles nécessairement des risques ?

Die Haushaltspolitik der Bundesregierung wird regelmäßig diskutiert.
La politique budgétaire du gouvernement est régulièrement un sujet de discussion.

Mit seinen Eltern kommt es oft zu Streitigkeiten.
Il entre souvent en conflit avec ses parents.

Was sollte man außerdem tun?
Que faudrait-il faire de plus ?

Wenn ein Umzug ansteht, dann braucht man Hilfe!
Quand un déménagement est prévu, on a besoin d'aide !

Es ist verboten, von Schusswaffen Gebrauch zu machen.
Il est interdit de faire usage d'armes à feu.

Am Joggen hindert ihn sein Übergewicht.
Son surpoids l'empêche de faire du jogging.

DIE BUNDESLÄNDER
Landeshauptstadt
DÄNEMARK
Ostsee
Nordsee
Kiel
SCHLESWIG-HOLSTEIN
Rostock
Schwerin
MECKLENBURG-VORPOMMERN
HAMBURG
Hamburg
Emden
Bremerhaven
BREMEN
Bremen
NIEDERSACHSEN
BRANDENBURG
POLEN
BERLIN
Berlin
Potsdam
SACHSEN-ANHALT
Magdeburg
Hannover
NIEDERLANDE
NORDRHEIN-WESTFALEN
Halle
Düsseldorf
Leipzig
SACHSEN
Erfurt
Dresden
Köln
Bonn
THÜRINGEN
Chemnitz
BELGIEN
HESSEN
Suhl
Wiesbaden
Frankfurt
RHEINLAND-PFALZ
Mainz
LUX.
TSCHECHISCHE REPUBLIK
SAARLAND
Saarbrücken
Nürnberg
Regensburg
Stuttgart
BAYERN
FRANKREICH
BADEN-WÜRTTEMBERG
Augsburg
München
ÖSTERREICH
Freiburg
SCHWEIZ

DOSSIER 7

Die politischen Parteien

Das Wahlsystem

Das Wahlverfahren der Bundesrepublik ist recht kompliziert. Es ist ein „personalisiertes Verhältniswahlrecht", das aus einer Mischung von Mehrheitswahl (Erststimme) und Verhältniswahl (Zweitstimme) besteht. Jeder Wähler verfügt über zwei Stimmen. Mit der ersten Stimme wählt er den Kandidaten seines Wahlkreises: Wer mehr Stimmen als jeder seiner Mitbewerber erhält, ist gewählt. Nach dem Ergebnis der Mehrheitswahl wird die Hälfte der Sitze im Bundestag besetzt. Die Erststimme wird immer auf der linken Seite des Stimmzettels abgegeben. Weil die Bürger diese Abgeordneten direkt in den Bundestag wählen, spricht man von Direktmandat. Mit der zweiten Stimme entscheidet der Bürger über die Abgeordneten, die über die Landeslisten der Parteien in den Bundestag gelangen. Nach dem Ergebnis der Verhältniswahl wird die 2. Hälfte der Bundestagssitze verteilt. Die Zweitstimme ist die entscheidende Stimme für die Zusammensetzung des Bundestages. Sie wird immer auf der rechten Seite des Stimmzettels abgegeben. Nach der Anzahl der Zweitstimmen, die auf eine Partei entfallen, errechnet sich die Sitzverteilung im Bundestag. Von der Anzahl der Sitze, die eine Partei in jedem Bundesland erhält, wird die Zahl der Direktmandate abgezogen. Die ihr verbleibenden Sitze werden mit Listenkandidaten besetzt. Gewinnt eine Partei mehr Direktmandate, als ihr Mandate zustehen, erhält sie Überhangmandate. Seit Mai 2013 wird der Bundestag durch Ausgleichsmandate ergänzt, damit das Grössenverhältnis der Parteien gewahrt wird. Die zusätzlichen Mandate werden auf die Landeslisten der Parteien verteilt.

Les partis politiques

Le système électoral

Le système électoral de la République Fédérale est très compliqué. Il existe un « droit de suffrage proportionnel personnalisé » qui mêle scrutin majoritaire (1re voix) et scrutin proportionnel (2de voix). Chaque électeur dispose de deux voix. Grâce à la 1re, il vote pour le candidat de sa circonscription électorale : est élu celui qui obtient plus de voix que tous ses concurrents. La moitié des sièges au Bundestag est occupée en fonction des résultats de ce scrutin majoritaire. La 1re voix est toujours reportée sur la partie gauche du bulletin de vote. Comme les citoyens élisent directement ces députés, on parle de mandat direct. Grâce à la 2de voix, le citoyen choisit les députés qui entreront au Bundestag par le biais des listes de Land des partis politiques. Les résultats de ce scrutin proportionnel permettent de constituer la 2de moitié du Bundestag. La 2de voix est la voix décisive pour la composition du Bundestag. Elle est toujours reportée sur la partie droite du bulletin de vote. Après le décompte des 2des voix qui reviennent à chaque parti, on calcule la répartition des sièges au Bundestag. On déduit du nombre de sièges auxquels un parti a droit dans chaque Bundesland le nombre de mandats directs. Les sièges restants sont occupés par des candidats présentés sur les listes des partis. Si un parti obtient plus de mandats directs que de sièges, il obtient des mandats excédentaires. Depuis mai 2013, le Bundestag doit rééquilibrer son nombre de sièges par des mandats compensatoires permettant de respecter les rapports proportionnels issus du calcul des 2des voix. Les mandats supplémentaires sont répartis sur les listes des partis.

Mit der 5%-Sperrklausel muss eine Partei 5% der Zweitstimmen erreichen, um an einer Mandatsvergabe beteiligt zu werden. Ausgenommen von der 5%-Hürde sind jene Parteien, die mindestens drei Direktmandate (durch die Erststimmen) erreichen. In diesem Fall wird der Prozentsatz der Partei (Zweitstimenergebnis) berücksichtigt.

La clause des 5 % oblige un parti à obtenir 5 % des 2des voix pour être pris en compte lors de la répartition des mandats. La clause des 5 % n'est pas applicable aux partis obtenant au moins 3 mandats directs (par le jeu des 1res voix). Dans ce cas, le pourcentage obtenu par le parti (résultat des 2des voix) est pris en compte.

Die im Bundestag vertretenen Parteien

Mit diesem Mehrparteiensystem waren seit den ersten gesamtdeutschen Wahlen 1990 im Deutschen Bundestag sechs Parteien vertreten, und zwar die Christlich-Demokratische Union Deutschlands (CDU), die Sozialdemokratische Partei Deutschlands (SPD), die Freie Demokratische Partei (FDP), die Christlich-Soziale Union (CSU), die Linke und die Listenverbindung Bündnis90/Die Grünen. Aber bei den Bundestagswahlen im September 2013 scheiterte die FDP an der 5%-Hürde und ist erstmals seit Gründung der Bundesrepublik nicht mehr im Bundestag vertreten.

SPD, CDU, CSU und FDP entstanden zwischen 1945 und 1947 in den westlichen Ländern. Diese vier Parteien haben in den sechs Jahrzehnten seit ihrer Gründung bedeutende Wandlungen durchgemacht. Auf Bundesebene haben sie im Lauf der Jahre alle einmal miteinander koaliert oder die Opposition geführt. Heute verstehen sie sich als Volksparteien, die alle Schichten der Bevölkerung repräsentieren. Sie haben unterschiedliche Flügel, welche die vielfältigen Positionen in einer Volkspartei widerspiegeln.

Les partis représentés au Bundestag

Depuis les premières élections dans l'Allemagne réunifiée, en 1990, six partis étaient représentés au Bundestag : la CDU (Union chrétienne-démocrate), le SPD (Parti social-démocrate), le FDP (Parti libéral-démocrate), la CSU (Union chrétienne-sociale), le Parti de la gauche radicale et Bündnis 90/Die Grünen (liste conjointe d'Alliance90 et des Verts). Mais lors des élections législatives de septembre 2013, le FDP n'a pas réussi à franchir la barre des 5 %, et pour la première fois depuis la naissance de la République Fédérale, il n'est plus représenté au Bundestag.

SPD, CDU, CSU et FDP sont nés entre 1945 et 1947 dans les Länder de l'Ouest. Au cours des six décennies qui se sont écoulées depuis leur fondation, ces quatre partis ont subi d'importantes transformations. Au fil du temps, tous ont fait partie d'une coalition gouvernementale ou mené l'opposition au niveau national. Aujourd'hui, ils se considèrent comme des partis de masse représentatifs de toutes les couches de la population. Ils offrent des ailes différentes reflétant les multiples positions que peut adopter un parti de masse.

Die CDU

Die heutige CDU ist eine Neugründung. Sie entstand 1945 als überkonfessionelle christliche Sammelbewegung. Damit ging sie über die primär katholisch

La CDU

La CDU actuelle est une recréation. Elle est née en 1945 en tant que mouvement de rassemblement chrétien et supra-confessionnel. Ainsi, elle a dépassé le cadre du

orientierte Zentrumspartei hinaus, die in der Weimarer Republik die beherrschende konfessionelle politische Kraft war. Sie schaffte es, auch in protestantischen Kreisen Fuß zu fassen. In der Anfangszeit der Republik war innerhalb der Partei im Süden und im Westen Deutschlands eine Dominanz des katholischen Flügels und im Norden ein Überwiegen des protestantischen Bürgertums zu verzeichnen.

Die neue Partei definierte sich als eine Volkspartei mit christlicher Weltanschauung. Sie konnte sich auf die alten gesellschaftlichen Kräfte stützen: Großbürgertum, christlich-konservative Beamtenschaft, Militär, mit vorwiegend katholischer Massenbasis. Es mussten die Interessen der Mittelschichten, der Selbständigen und der Bauern berücksichtigt werden. Angela Merkel (eine Protestantin), die CDU-Vorsitzende seit 2000 (und damit die erste Frau an der Spitze einer der Volksparteien), hat ihre Partei als „Volkspartei der Mitte", die „mitten im Leben" stehe, bezeichnet.

Bis zum Einsetzen der ersten schweren Wirtschaftskrise Mitte der sechziger Jahre blieb die CDU „Kanzlerpartei". Ideologische und programmatische Auseinandersetzungen traten hinter die Unterstützung des jeweiligen Bundeskanzlers zurück. Erst mit der Verdrängung auf die Oppositionsbänke durch die sozialliberale Koalition 1969 besann sich die CDU auf einen wahren organisatorischen und programmatischen Aufbruch. 1978 wurde das erste Grundsatzprogramm der CDU verabschiedet, in dem sich die Partei zur Sozialen Marktwirtschaft bekannte, die eine gerechte Verteilung der Einkommen bringen sollte.

1982 erfolgte dann wieder der politische Machtwechsel, die CDU konnte in die Regierungsverantwortung zurückkehren und stellte mit Helmut Kohl, dem Parteivorsitzenden seit 1973, auch den

Zentrum, le Parti du Centre aux orientations essentiellement catholiques qui était, sous la République de Weimar, la force politique confessionnelle dominante. Ce parti est parvenu à prendre pied également dans les milieux protestants. Aux débuts de la République, on a pu toutefois noter au sein de la CDU une dominance de l'aile catholique au Sud et à l'Ouest de l'Allemagne, et une prépondérance de la bourgeoisie protestante au Nord.

Le nouveau parti s'est défini comme un parti de masse ayant une conception chrétienne du monde. Il a pu s'appuyer sur les forces sociales établies - grande bourgeoisie, fonctionnariat chrétien et conservateur, armée - avec une large base essentiellement catholique. Il lui importait de prendre en compte les intérêts des classes moyennes, des travailleurs indépendants et des paysans. Angela Merkel (protestante), présidente de la CDU depuis 2000, a qualifié son parti de « parti de masse au centre », situé « au beau milieu de la vie ».

Jusqu'à l'apparition de la première grave crise économique au milieu des années 1960, la CDU est restée le « Parti du chancelier ». Les discussions concernant idéologie et programme se sont effacées derrière le soutien des chanceliers qui se sont succédé. Ce n'est que lorsque la CDU a été refoulée sur les bancs de l'opposition par la coalition SPD/FDP en 1969 qu'elle a réfléchi à un vrai renouveau en matière d'organisation et de programme. En 1978 a été adopté le premier programme fondamental de la CDU dans lequel le parti exprimait son adhésion à l'économie sociale de marché supposée engendrer une juste répartition des revenus.

En 1982 le pouvoir a de nouveau changé, la CDU retrouvé les responsabilités gouvernementales, faisant également d'Helmut Kohl, le président du parti depuis 1973, le chancelier. Par la suite, Kohl a

Bundeskanzler. Er führte dann bis 1998 praktisch unangefochten die Bundesrepublik und die CDU. Hauptursachen der Niederlage der CDU bei der Bundestagswahl 1998 waren ungelöste wirtschaftspolitische Probleme, sowie der Umstand, dass die Deutschen nach 16 Jahren Helmut Kohls überdrüssig wurden. Ende des Jahres 1999 wurde die CDU vom Parteispendenskandal um Helmut Kohl eingeholt. Kernpunkt der Affäre waren Geldspenden in Millionenhöhe, deren Spender zu nennen sich Helmut Kohl gesetzwidrig weigerte (im Gegensatz zu Wolfgang Schäuble, der zu dieser Zeit Bundesvorsitzender der CDU war und Bundesfinanzminister, im Kabinett Merkel III ist). Ebenso wurden etliche schwarze Konten unter Umgehung des Fiskus geführt.

dirigé la RFA et la CDU jusqu'en 1998 de façon pratiquement incontestée. Les raisons essentielles de la défaite de la CDU aux élections législatives de 1998 ont été le manque de solutions apportées aux problèmes économiques, ainsi que la lassitude éprouvée par les Allemands à l'égard de Helmut Kohl au bout de 16 années. À la fin de l'année 1999, la CDU a été rattrapée par le scandale du financement occulte du parti, au cœur duquel se trouvait Helmut Kohl. Au cœur de cette affaire, il y avait la question des dons se chiffrant à des millions dont Helmut Kohl, agissant à l'encontre de la loi, refusait d'expliquer la provenance en citant des noms (contrairement à Wolfgang Schäuble, alors président de la CDU et ministre des finances du 3e gouvernement Merkel). Par ailleurs, certains comptes secrets avaient permis une fraude fiscale.

Seit 2005 an der Regierung erhielt die CDU mit der CSU bei der Bundestagswahl 2013 fast die absolute Mehrheit der Sitze (311 der 630 Sitze), so dass die Union wieder mit Abstand stärkste politische Kraft wurde. Angela Merkel ging aus dieser Wahl als klare Siegerin hervor.

Au pouvoir depuis 2005, la CDU et la CSU ont presque obtenu la majorité des sièges lors des élections législatives de 2013 (311 sièges sur 630), si bien que l'Union est redevenue largement la force politique la plus forte. Cela a fait d'Angela Merkel la gagnante incontestable des élections.

Die CSU

Die CSU wurde aus einem Zusammenschluss mehrerer Organisationen als ausschließlich in Bayern aktive Partei gegründet. Sie setzt in Bayern die Tradition der Bayerischen Volkspartei (BVP) fort. Diese hatte sich 1918 aus Protest gegen zentralstaatliche Pläne vom Zentrum abgespalten. Anfangs buhlte die separatistische Bayernpartei um die politische Nachfolge der Bayerischen Volkspartei. Die CSU sieht sich heute eher konservativer als die Bayernpartei, aber im Föderalismus gemäßigter. Die CSU ist in Bayern die politisch klar dominierende Kraft. In ihrem Programm bekennt sie sich

La CSU

La CSU a été fondée pour réunir plusieurs organisations en un seul parti exclusivement actif en Bavière. Elle poursuit la tradition du Parti Populaire Bavarois, qui, en 1918, s'était dissocié du Zentrum pour protester contre les projets centralisateurs de l'État. Au début, le Parti de Bavière, séparatiste, a cherché à prendre la relève du Parti populaire Bavarois. La CSU se considère aujourd'hui plus conservatrice que le Parti de Bavière, mais plus modérée en matière de fédéralisme. La CSU est en Bavière la force politique clairement dominante. Dans son programme, elle déclare son adhésion à une politique « conservatrice », « libérale » et « sociale ».

zu einer „konservativen", „liberalen" und „sozialen" Politik. In der Bundespolitik kooperierte sie stets eng mit der CDU, so dass CDU und CSU „die Union" genannt werden. Während die CSU nur in Bayern Kandidaten für Wahlen aufstellt, verzichtet die CDU auf eigene Aktivitäten in diesem Bundesland. Aus diesem Grund muss die CSU auch bei den Bundestagswahlen allein durch die Stimmen aus Bayern die 5%-Klausel meistern oder drei Direktmandate gewinnen. Zusammen mit der CDU bildet die CSU eine gemeinsame Bundestagsfraktion der beiden Unionsparteien. Ende der achtziger und Anfang der neunziger Jahre erschütterten mehrere Korruptionsaffären die CSU. Mit Edmund Stoiber gab sich dann die Partei einen Vorsitzenden, der der CSU wieder ein stärkeres Profil zu geben versuchte. Dieses Profil betonte den bayrischen Partikularismus und Föderalismus auch innerhalb eines zusammenwachsenden Europas. Die Stoiber-Ära endete 2007 mit seinem Rücktritt nach einer Krise innerhalb der CSU, welche zum Teil durch seine Ablehnung eines Ministerpostens im Merkel-Kabinett ausgelöst wurde. Zwischen 2007 und 2008 ersetzte ihn Erwin Huber als CSU-Vorsitzender, bis er wegen des hinter den Erwartungen zurückbleibenden Ergebnisses bei der Landtagswahl 2008 zurücktrat. Seitdem ist Horst Seehofer der CSU-Vorsitzende. Mit ihm konnte die CSU bei den letzten Bayern-Landtagswahlen im September 2013 zu 48,7% der Stimmen kommen (absolute Mehrheit der Sitze), so dass die Christsozialen nun wieder allein regieren dürfen.

En RFA, elle a toujours coopéré étroitement avec la CDU, formant l'« Union ». Tandis que la CSU ne présente de candidats aux élections qu'en Bavière, la CDU renonce à des activités propres dans ce Land. C'est pourquoi la CSU doit, même lors des élections législatives, parvenir seule, grâce aux voix obtenues en Bavière, à franchir la barrière des 5 %, ou à obtenir trois mandats directs. La CSU forme une fraction parlementaire commune avec la CDU : CDU et CSU représentent l'Union. À la fin des années 1980 et au début des années 1990, plusieurs affaires de corruption ont ébranlé la CSU. Avec Edmund Stoiber, le parti s'est ensuite donné un président cherchant à redonner à la CSU un profil plus marqué. Ce profil mettait l'accent sur le particularisme bavarois, y compris à l'intérieur d'une Europe en pleine croissance commune. L'ère Stoiber s'est terminée avec sa démission en 2007, après une crise au sein de la CSU déclenchée en partie par son refus de participer au gouvernement Merkel. Entre 2007 et 2008, Erwin Huber l'a remplacé, donnant sa démission à cause des résultats au-dessous des attentes lors des élections au Landtag de Bavière de 2008. Depuis, Horst Seehofer est le président de la CSU. Sous sa direction, la CSU a pu obtenir 48,7 % des voix (majorité absolue de sièges) lors des dernières élections au Landtag de Bavière en septembre 2013, si bien qu'elle peut désormais y gouverner seule.

Programmatische Unterschiede zur CDU liegen hauptsächlich darin, dass sich die CSU in Wertefragen konservativer und in Wirtschaftsfragen sozialer als die CDU sieht. Im Januar 2002 konnte sich Edmund Stoiber gegenüber Angela Merkel als gemeinsamer Kanzlerkandidat von CDU

On note des différences dans le programme de la CDU et de la CSU : la CSU, pour l'essentiel, se considère plus conservatrice que la CDU pour ce qui est des valeurs fondamentales et plus sociale d'un point de vue économique. En janvier 2002, Edmund Stoiber est parvenu à s'imposer comme

und CSU für die Bundestagswahl 2002 durchsetzen. Schwerpunktthemen seines Wahlkampfs waren die Wirtschafts- und Sozialpolitik, dabei besonders die Bekämpfung der Arbeitslosigkeit, die Innere Sicherheit und die wirtschaftliche Entwicklung des strukturschwachen Nordostens Deutschlands. Stoibers christlich-konservative Weltsicht, insbesondere zu den Themen Ehe, Frauen, Homosexualität und Ausländer, sowie seine scharfe Rhetorik machten ihn zu einem Politiker, der bis zu seinem Rücktritt stark polarisierend wirkte.

candidat commun à la Chancellerie face à Angela Merkel. Les points forts de son programme étaient la politique sociale et la politique économique, et en particulier la lutte contre le chômage, la sécurité intérieure2nde et le développement économique du Nord-Est de l'Allemagne, aux infrastructures plus faibles. Sa vision du monde chrétienne et conservatrice, en particulier en ce qui concerne le mariage, les femmes, l'homosexualité et les étrangers, tout comme sa rhétorique acerbe, ont largement attiré l'attention sur lui jusqu'à sa démission.

Die FDP

Ende 1948 gelang die Bündelung der zersplitterten liberalen Kräfte in einer neuen Partei, der FDP. Auf Bundesebene präsentierte sich die FDP zunächst als Partner der CDU/CSU und von daher mit einer stärkeren Betonung der konservativen, nationalliberalen Elemente. Das hatte zur Folge, dass sich die Wählerschaft der Partei in erster Linie aus mittelständischen Unternehmern und Landwirten zusammensetzte.

Nachdem die Koalition mit der Union 1966 zerbrach, begann die Bundes-FDP, sich zunehmend linksliberalen Positionen anzunähern, was dann auch 1969 zur sozialliberalen Koalition führte. Dieser Prozess brachte eine Umstrukturierung der Wählerschaft mit sich, in der nun der „neue Mittelstand" stärker vertreten war.

Als potentieller Koalitionspartner für SPD oder für CDU/CSU, als Mehrheitsbeschafferin, wurde die FDP lange ironisch als „Zünglein an der Waage" oder als „Pendlerpartei" gekennzeichnet. Die Wiedervereinigung 1990 führte zu einer Fusion der West-FDP mit der in der Wendezeit gegründeten Ost-FDP. Dies bedeutete für die FDP einen erheblichen Mitgliederzuwachs. Mit dem FDP-Vorsitzenden Guido Westerwelle war die FDP nicht mehr auf Profilsuche.

Le FDP

Fin 1948, les forces libérales morcelées se sont rassemblées en un nouveau parti, le FDP. Au niveau national, le FDP a d'abord été le partenaire de la CDU/CSU, mettant ainsi assez fortement l'accent sur les éléments conservateurs, national-libéraux. L'électorat du parti s'est ainsi composé en majorité d'entrepreneurs et d'agriculteurs de la classe moyenne.

À la fin de la coalition avec l'Union en 1966, le FDP, à l'échelon national, s'est peu à peu rapproché de positions libérales de gauche, ce qui a conduit en 1969 à la coalition social-libérale. Ce processus a entraîné une restructuration de l'électorat dans lequel, désormais, la « nouvelle classe moyenne » était davantage représentée.

En tant que partenaire potentiel d'une coalition avec le SPD ou la CDU/CSU, que parti créant la majorité, on a longtemps appelé le FDP de façon ironique « le fléau de la balance » ou « le parti girouette ». En 1990, la Réunification a conduit à une fusion entre le FDP de l'Ouest et le FDP de l'Est fondé au moment du Tournant. Cela a considérablement accru le nombre de membres du FDP.

Mit dem besten Ergebnis ihrer Geschichte bei den Bundestagswahlen 2009 hatte sie sich als echter Partner durchgesetzt und durfte wieder mitregieren. Aber eine Woche nach den massiven Stimmenverlusten bei den Landtagswahlen in Baden-Württemberg und Rheinland-Pfalz erklärte Guido Westerwelle seinen Rücktritt vom Parteivorsitz der FDP. Er stellte auch sein Amt als Vizekanzler zur Verfügung. Von Mai 2011 bis Dezember 2013 war Philipp Rösler, der komplett ausländische Wurzeln (Vietnam) hat, Vorsitzender der Partei und Vizekanzler im Kabinett Merkel II. Als Reaktion auf das Debakel bei der Bundestagswahl 2013 (4,8% der Stimmen) ist er zurückgetreten und wurde von Christian Lindner an der Parteispitze abgelöst.

Sous la présidence de Guido Westerwelle depuis 2001, le FDP n'est plus à la recherche d'un nouveau profil. Avec le meilleur score de son histoire aux élections législatives de 2009, il a pu s'imposer comme un authentique partenaire et à nouveau accéder au pouvoir. Mais une semaine après la défaite massive lors des élections dans le Bade-Württemberg et la Rhénanie-Palatinat, Westerwelle a donné sa démission de la présidence du parti, laissant aussi son poste de vice-chancelier vacant. De mai 2011 à décembre 2013, Philipp Rösler, premier ministre d'origine étrangère (enfant vietnamien adopté en Allemagne), a occupé les fonctions de président du FDP et de vice-chancelier du 2e gouvernement Merkel. Mais après la débâcle électorale lors des législatives de 2013 (4,8 % des voix), il a démissionné et été remplacé à la tête du parti par Christian Lindner.

Mitglieder und Anhänger der FDP werden von der Öffentlichkeit gerne in Linksliberale und Wirtschaftsliberale aufgeteilt. Die Linksliberalen treten vor allem für Bürgerrechte ein, während die Wirtschaftsliberalen sich besonders für die Belange der mittelständischen Wirtschaft stark machen. Nach dem Motto „So viel Staat wie nötig, so wenig Staat wie möglich!" versucht die FDP die Eingriffe des Staates in das Leben des Einzelnen so weit wie möglich zu beschränken.

L'opinion publique opère volontiers une distinction chez les membres et les partisans du FDP entre libéraux de gauche et libéraux économiques. Les libéraux de gauche s'engagent avant tout pour les droits des citoyens, alors que les libéraux économiques défendent surtout les revendications économiques de la classe moyenne. Selon le slogan « Autant d'État que nécessaire, aussi peu d'État que possible ! », le FDP tente de limiter autant que faire se peut l'intervention de l'État dans la vie de l'individu.

Die SPD

Die SPD kann auf eine lange Geschichte zurückblicken (sie wurde 1863 gegründet). Sie war eine Wiedergründung der gleichnamigen, früher hauptsächlich von Arbeitnehmern gewählten Partei, die 1933 vom Hitler-Regime verboten worden war. Nach 1945 wollte sie die Grundlagen des Nationalsozialismus zerstören, den Kapitalismus bekämpfen und die Industrie sozialisieren Mit dem „Godesberger Programm" gab sich die SPD 1959 ein Parteiprogramm, in dem die klassenkämpferische Ideologie aufgegeben wurde. Ein demokratischer

Le SPD

Le SPD a une longue histoire (il est né en 1863). C'est la recréation du parti du même nom autrefois élu en majeure partie par les travailleurs, et interdit en 1933 par le régime hitlérien. Après 1945, il souhaitait détruire les fondements du national-socialisme, combattre le capitalisme et rendre l'industrie plus sociale. Avec le « Programme de Godesberg », le SPD s'est donné en 1959 un programme dans lequel le parti s'écartait de l'idéologie de la lutte des classes. Il s'y déclarait partisan d'un socialisme démocratique, de l'économie sociale de marché et de l'intégration à l'Ouest.

Sozialismus sowie die Soziale Marktwirtschaft und die Westintegration wurden bejaht. Damit hatte die SPD der marxistischen Dialektik abgeschworen. Sie wollte sich zur modernen Volkspartei wandeln, die nun auch für Angestellte wählbar wurde, ohne dabei die Anziehungskraft einer reformistischen Bewegung zu verlieren.

Ainsi, le SPD en avait fini avec la dialectique marxiste. Il voulait se transformer en un parti de masse moderne, devenant désormais éligible par les employés sans perdre pour autant sa force d'attraction en tant que mouvement réformateur.

1966 wurde die SPD erstmals im Rahmen der Großen Koalition an der Regierungsbildung beteiligt. Aber nach dem Rücktritt Willy Brandts 1974 führte die Last der Verantwortung dazu, dass innerparteiliche Konfliktlinien stärker hervortraten. Die Partei verlor als Regierungspartei auch den Reiz einer Opposition, deren Rolle traditionell darin besteht, Reformalternativen anzubieten, und sie geriet mithin in eine gewisse Krise. Die SPD verlor 1982 die Regierungsmacht, und fand sie wieder 1998 mit Bundeskanzler Gerhard Schröder. Aber in den Gebieten der neuen Bundesländer gelang es der Partei nach 1990 nicht, eine dem Westniveau entsprechende Wählerakzeptanz und Mitgliederzahl zu erreichen.

En 1966, le SPD a participé pour la première fois à la formation du gouvernement dans le cadre de la Grande Coalition. Mais après la démission de Willy Brandt en 1974, le poids des responsabilités a fait éclater de façon plus importante des conflits au sein du parti. En tant que parti gouvernemental, le SPD a également perdu l'attrait d'un parti d'opposition dont le rôle traditionnel consiste à proposer des alternatives en matière de réformes, et il a ainsi traversé une crise. Le SPD a perdu le pouvoir en 1982, le retrouvant en 1998 avec le chancelier Gerhard Schröder. Mais ce parti n'a pas réussi après 1990 à atteindre dans les nouveaux Länder le même nombre d'électeurs et de membres que dans les Länder de l'Ouest.

Nach einer Reihe von massiven Niederlagen bei Landtagswahlen erhielt die SPD bei der Europawahl am 13. Juni 2004 mit 21,5 Prozent das niedrigste Ergebnis in einer bundesweiten Wahl seit Bestehen der Bundesrepublik Deutschland (Europawahl 2009: 20,8%). Viele Stammwähler fühlten sich durch die Politik der „Agenda 2010" verprellt und blieben der Wahl fern, da es der Bundesregierung bislang nicht gelungen war, die Umverteilung von arm zu reich zu verlangsamen. Viele andere nahmen den Kurs der SPD, der unter anderem auch in der Mitgliedschaft auf Kritik stieß, als zerstritten wahr. Der seit Anfang der 80er anhaltende Mitgliederschwund beschleunigte sich: 1990 gab es 943.000 Mitglieder, 2013 sind es nur noch 480.000. Nachdem sie bei

Après une série de défaites cuisantes aux élections des Landtage, le SPD a obtenu lors des élections européennes du 13 juin 2004 son plus mauvais résultat depuis la naissance de la RFA (21,5 %), score encre en baisse en 2009 (20,8 %). Beaucoup d'électeurs fidèles se sont sentis frustrés par « l'agenda 2010 » et se sont abstenus de voter, le gouvernement n'ayant pas réussi à ralentir l'écart entre pauvres et riches. Beaucoup d'autres électeur sont considéré que l'orientation du parti, critiquée également parmi ses membres, n'était pas unitaire. La diminution continue des membres du SPD depuis le début des années 1980 s'est accélérée : il y avait 943 000 membres en 1990, le SPD n'en compte plus que 480 000 en 2013. Après être tombé très bas dans les chiffres lors des législatives de 2009, le SPD a changé de dirigeants. Depuis

den Bundestagswahlen 2009 auf ein Rekordtief gefallen war, änderte die SPD ihr Führungspersonal. Seit November 2009 ist Sigmar Gabriel der neue SPD-Vorsitzende, der vor der Zerstörung der Sozialdemokratie warnt und eine ehrliche Aufarbeitung anmahnt.

novembre 2009, le nouveau président du SPD est Sigmar Gabriel. Mettant en garde contre une destruction de la social-démocratie en Allemagne, il exhorte le parti à un vrai travail sur sa propre organisation.

Es drohte der SPD eine Spaltung oder eine Aufteilung in mehrere Splittergruppen. Der frühere Vorsitzende der SPD, Oskar Lafontaine, ist 1999 nach 39 Jahren in der SPD aus der Partei ausgetreten. Zugleich äußerte er seine Bereitschaft, für eine Listenverbindung aus PDS und der linken Wahlalternative Arbeit und Soziale Gerechtigkeit (WASG) bei den Bundestagswahlen 2005 und damit gegen seine alte Partei und Kanzler Gerhard Schröder anzutreten (8,7% der Wählerstimmen für dieses Wahlbündnis unter dem Namen „Die Linke"). Eine Gemeinsamkeit zwischen PDS, WASG und dem linken SPD-Flügel um Lafontaine war die Ablehnung von „Hartz IV" und der „Agenda 2010". Die SPD musste indes noch nicht mit weiteren Austritten prominenter Linker rechnen. Die so genannten „Links-Abweichler" kämpfen lieber innerhalb der SPD für einen Politikwechsel. Aber nach dem Bruch von Oskar Lafontaine mit der SPD stand ein Umbruch im linken politischen Spektrum bevor. Mit den katastrophalen Ergebnisse bei der Bundestagswahl 2009, der Infragestellung des ehemaligen Vorsitzenden Franz Müntefering und des Kanzlerkandidaten Frank-Walter Steinmeier kam die SPD noch lange nicht aus der Krise. Das 25,7%-Ergebnis bei der Bundestagswahl 2013 mit Kanzlerkandidat Peer Steinbrück bestätigte es, auch wenn sich eine Neuauflage der Großen Koalition als realistisches Szenario erwies.

Le SPD a été menacé d'une scission ou d'un éclatement entre différents petits groupes. L'ancien président du SPD Oskar Lafontaine a démissionné du parti en 1999 après y avoir passé 39 ans. Par la même occasion, il s'est dit prêt à former une liste commune avec le PDS et le WASG (l'Alternative électorale, Emploi et Justice Sociale) lors des élections législatives de 2005, et ainsi à affronter son ancien parti et le chancelier Schröder (8,7 % des voix pour cette alliance effectuée sous le nom de « La Gauche »). PDS, WASG et aile gauche du SPD réunie autour de Lafontaine avaient un point commun : le rejet de « Hartz IV » et de « l'agenda 2010 ». Cependant, le SPD n'a pas souffert d'autres démissions d'hommes politiques de gauche : ceux que l'on appelle « dissidents de la gauche » préfèrent se battre au sein du SPD pour un changement de politique. Mais après la rupture de Lafontaine avec le SPD s'est profilé un bouleversement du spectre politique de gauche. Avec les résultats catastrophiques aux législatives de 2005, la remise en cause de l'ancien président du parti Franz Müntefering et du candidat à la chancellerie Frank-Walter Steinmeier, le SPD est loin d'être sorti de la crise. C'est ce qu'a confirmé le résultat du SPD aux élections législatives de 2013 (25,7 % des voix), avec pour candidat à la Chancellerie Peer Steinbrück, même si la perspective d'une nouvelle Grande Coalition s'est révélée être un scénario réaliste.

Bündnis90/Die Grünen

Die Partei „Die Grünen" wurde 1979 auf Bundesebene gegründet und zog im Lauf der Zeit auch in mehrere Landesparlamente ein. Die Partei, die aus einer radikalen Umweltschutzbewegung entstand, vereinigte zunächst Atomkraftgegner und Protestgruppen mit pazifistischen Tendenzen. Bei den Bundestagswahlen 1990 scheiterten die Grünen an der Fünfprozentklausel. Den Einzug in den Bundestag schafften sie aber durch die Liste „Bündnis 90", dem Ost-Äquivalent, das aus der Bürgerrechtsbewegung der DDR hervorgegangen war und in den neuen Ländern antrat. Die Parteien „Bündnis 90" und „Die Grünen" vereinten sich im Mai 1993 unter dem Namen „Bündnis90/Die Grünen". Sie wurden 1994 in den Bundestag gewählt. 1998 bildeten sie mit der SPD die Regierungskoalition; mit Außenminister Joschka Fischer stellten sie den Vize-Kanzler. Die Partei besteht aus zwei rivalisierenden Gruppen, die sich grob mit den Bezeichnungen „Fundis" (Fundamentalisten) und „Realos" (Realisten) umschreiben lassen. Erstere stehen einer politischen Betätigung im klassischen Sinne eher kritisch gegenüber. Sie möchten die Industriegesellschaft grundlegend verändern. Den „Realos" geht es dagegen in erster Linie um Reformen zum Schutze der natürlichen Lebensgrundlagen durch eine Regierungsbeteiligung.

Das Milieu der Grünen hat sich geändert: es ist weithin mittelständisch geprägt, es bestehe aber aus wohlhabenden Bürgern, die sich für unkonventionell halten und sich ein gutes ökologisches und soziales Gewissen leisten wollten und könnten, so viele Kritiker. Aber die Grünen lehnen das Etikett von „Partei der Besserverdienenden" (das bisherige Etikett der FDP) ab, obwohl von Parteiforschern

Bündnis90/Die Grünen

Le parti des « Verts » a été fondé au niveau national en 1979, et au fil du temps, il est entré dans plusieurs parlements de Länder. Le parti, né d'un mouvement radical de protection de l'environnement, réunissait à l'origine opposants à l'énergie nucléaire et groupes de protestation de tendance pacifiste. Lors des élections au Bundestag en 1990, les Verts n'ont pas franchi la barrière des 5 %. Mais grâce à la liste « Bündnis90 », leur équivalent dans l'Est de l'Allemagne issu du mouvement est-allemand de défense des droits civiques (qui s'était présenté dans les nouveaux Länder), ils ont pu accéder au Bundestag. Les deux partis « Bündnis90 » et les « Verts » se sont réunis en mai 1993 sous le nom de « Bündnis90/Die Grünen ». En 1994, ils sont entrés au Bundestag. Ils ont alors formé la coalition gouvernementale avec le SPD en 1998 ; le parti était représenté par le ministre des Affaires étrangères, Joschka Fischer, également vice-chancelier. Ce parti se divise en deux groupes concurrents que l'on peut qualifier schématiquement de « Fundis » (fondamentalistes) et de « Realos » (réalistes). Les premiers ont une position assez critique face à une participation politique au sens classique du terme. Ils aimeraient modifier radicalement la société industrielle. En revanche, les « Realos » tiennent avant tout, en participant à des gouvernements, à entreprendre des réformes afin de préserver les éléments naturels qu'ils estiment fondamentaux pour tous.

Les Verts ont évolué : le parti continue d'être marqué par la classe moyenne, mais il se dit parmi ses opposants qu'il se compose de bourgeois aisés se considérant comme des anticonformistes et voulant avoir une bonne conscience écologique et sociale. Mais les Verts refusent l'étiquette de « parti des gens aisés » (étiquette du FDP jusqu'ici) bien que des chercheurs aient expliqué que les électeurs du parti des Verts ont une

erklärt wird, den Wählern der Öko-Partei gehe es finanziell längst weitaus besser als den Wählern der Liberalen.

position financière bien plus favorable que celle des électeurs libéraux.

Cem Özdemir, der erste Abgeordnete türkischer Herkunft (1994) ist seit 2008 Vorsitzender der Partei (mit Claudia Roth bis 2013). Nach der relativen Wahlniederlage bei der Bundestagswahl 2013 (8,4%) ist aber die Grünen-Spitze zurückgetreten. Bei Neuwahlen des Bundesvorstands im Oktober 2013 wurde er jedoch im Amt bestätigt. Er bildet mit Simone Peter, die auch zur Parteivorsitzenden gewählt wurde, die neue Doppelspitze der Partei.

Cem Özdemir, le premier Allemand d'origine turque à être entré au Bundestag (1994), est président du parti depuis 2008 (avec Claudia Roth jusqu'en 2013). Cependant, après leur défaite électorale relative en 2013 (8,4 %), les dirigeants des Verts ont démissionné. Lors de nouvelles élections à la présidence du Parti en octobre 2013, il a cependant été confirmé dans ses fonctions. Il forme avec Simone Peter le nouveau duo à la tête du parti.

Die PDS – Die Linke

Le PDS – Le Parti de la gauche radicale

Die PDS ist die Nachfolgerin der früheren DDR-Staatspartei Sozialistische Einheitspartei Deutschlands (SED). Aber der Sozialismus wurde nach 1990 als „diskreditiert" genauso abgelehnt wie der reine Kapitalismus, die Partei suchte vielmehr nach einem „dritten Weg", ohne dabei auf die Grundideen des Sozialismus zu verzichten.

Le PDS est le parti qui a succédé à l'ancien parti d'État de RDA, le SED (parti socialiste unifié d'Allemagne). Mais après 1990, le communisme, considéré comme « discrédité », a été rejeté de la même manière que le capitalisme pur, et le parti a plutôt recherché une « troisième voie », sans pour autant abandonner les idées fondamentales du communisme.

Die PDS konnte sich im vereinten Deutschland nicht als größere politische Kraft etablieren. Bei der Bundestagswahl von 1994 schaffte die PDS aber den Einzug in den Deutschen Bundestag auf Grund von vier Direktmandaten in Berlin. 1998 schaffte sie den Sprung über die Fünf-Prozent-Hürde. Sie erwarb so den Status einer Fraktion. Bei den Bundestagswahlen 2002 verfehlte die PDS wieder die 5%-Sperrgrenze, brachte aber zwei Direktkandidaten durch. Nachher erzielte diese Partei Wahlerfolge in den fünf neuen Ländern, wo das wichtigste Wählerpotential anzusiedeln war.

Dans l'Allemagne réunifiée, le PDS n'a pas pu s'ériger en force politique d'assez grande importance. Lors des élections législatives de 1994, le PDS est cependant parvenu à entrer au Bundestag, ayant obtenu quatre mandats directs à Berlin. En 1998, il a réussi à franchir la barrière des 5 %. Ainsi a-t-il pu accéder au statut de groupe parlementaire. Lors des élections législatives de 2002, le PDS n'est pas parvenu à franchir la barre des 5 %, mais il a obtenu deux mandats directs. Par la suite, il a obtenu des succès électoraux dans les cinq nouveaux Länder où se situait son principal potentiel électoral.

Führende Politiker der PDS wurden oft mit Stasi-Vorwürfen belastet. Dieses Problem prangerten die anderen Parteien öffentlich an, was den SED-Nachfolgern den Ruf einer vom etablierten System bekämpften „Ostpartei" bescherte.

Les dirigeants politiques du PDS ont longtemps été accablés de reproches concernant leurs relations avec la Stasi. Les autres partis se sont attaqués publiquement à ce problème, ce qui a fini par donner aux successeurs de la SED la réputation de « Parti de l'Est » combattu par le système établi.

Die PDS konnte von einem gemeinsamen Auftreten mit der Wahlalternative Arbeit und soziale Gerechtigkeit (WASG) profitieren, da sie für einen sicheren Wahlerfolg bislang im Westen einfach zu schwach gewesen war. Die Vordenker der PDS, Lothar Bisky (2013 gestorben) und Gregor Gysi, haben sich also in „Die Linkspartei" umbenannt, um dieses Bündnis zu ermöglichen. Über den neuen Namen entschied ein Bundesparteitag Mitte Juli 2005. Am 16. Juni 2007 entstand „Die Linke" durch Zusammenschluss der Linkspartei mit der WASG. Gleichberechtigte Vorsitzende sind seit 2012 Katja Kipping und Bernd Riexinger. Die Partei strebt einen demokratischen Sozialismus an, steht gleichzeitig zu einer demokratisch und sozial ausgerichteten Marktwirtschaft. Mit 8,6% der Stimmen bei der Bundestagswahl 2013 hat sich Die Linke als drittstärkste politische Kraft durchgesetzt.

Le PDS a pu profiter de listes communes avec le WASG, n'étant pas parvenu jusqu'ici à s'assurer des succès électoraux à l'Ouest de l'Allemagne. Les penseurs du PDS, Lothar Bisky (mort en 2013) et Gregor Gysi, ont rebaptisé leur parti « Parti de gauche » pour permettre cette alliance. Un Congrès du parti a entériné ce nouveau nom mi-juillet 2005. Le 16 juin 2007 est né le Parti de la gauche radicale, résultat de la fusion entre Parti de gauche et WASG. Ses deux présidents sont depuis 2012 Katja Kipping et Bernd Riexinger. Le parti aspire à un socialisme démocratique tout en se prononçant pour une économie de marché orientée selon des critères sociaux et démocratiques. Avec 8,6 % des voix, Le Parti s'est imposé comme troisième force politique lors des élections législatives de 2013.

Die Piratenpartei

Le Parti Pirate

Die Piratenpartei Deutschland wurde 2006 in Berlin gegründet, nach dem Modell der schwedischen „Piratpartiet". Piraten gibt es quer über den Globus verstreut. Die Piraten haben ein neues Verständnis von der Rolle des kreativen Schöpfungsprozesses, technologischer wie kultureller Errungenschaften und deren Nutzung, und lehnen die sich abzeichnende Überwachungsgesellschaft ab. Sie verstehen sich als Bürgerrechtspartei der Informationsgesellschaft.

Durch ihren Fokus auf die Freiheit im Netz und ihren Kampf gegen eine staatliche

Le Parti Pirate allemand a été fondé en 2006 à Berlin, selon le modèle du Parti suédois « Pitatpartiet ». Les Pirates existent dans le monde entier. Ils ont une nouvelle appréhension du processus de création, des acquis technologiques et culturels et de leur utilisation, et rejettent une société sous surveillance telle qu'elle se dessine. Ils se conçoivent comme un parti représentant les droits du citoyen vivant dans une société d'information. En se focalisant sur Internet et par leur combat contre une régulation étatique de cette sphère, ils touchent avant tout la jeune génération. Même si la politique

Regulierung dieser Sphäre treffen die Piraten den Nerv vor allem der jüngeren Generation. Auch wenn die Netzpolitik den Identitätskern der Partei bildet, ist sie programmatisch mehr als eine reine Interessenvertretungspartei der „Digital Natives" und charakterisiert sich selbst als sozial-liberal-progressiv oder basisdemokratisch. Bei der Wahl zum Abgeordnetenhaus von Berlin 2011 zog sie mit dem Spitzenkandidaten Andreas Baum mit 8,9 Prozent der Stimmen erstmals in ein Landesparlament ein. Sie konnte aber bei der Bundestagswahl 2013 mit 2,2% der Stimmen die 5%-Hürde nicht überschreiten.

envers Internet est le cœur de leur politique, leur programme va au-delà de la défense des intérêts des « Digital Natives » et se définit elle-même comme social-libéral-progressiste ou démocratique de base. Lors des élections au Parlement berlinois de 2011, ce parti a pu pour la première fois entrer dans un Landtag grâce à sa tête-de-liste Andreas Baum, avec un score de 8,9 %. Mais lors des élections législatives de 2013, il n'est pas parvenu à franchir la barre des 5 % pour entrer au Bundestag (2,2 % des voix).

Die sonstigen Parteien

Abseits der großen Parteien gab es in der politischen Landschaft der Bundesrepublik immer wieder weitere, mehr oder weniger spektakulär auftretende Parteien. Beispiel ist Die Alternative für Deutschland (AfD), die im Februar 2013 gegründete euro-kritische deutsche Partei, die sich zum ersten Mal bei der am 22. September 2013 stattfindenden Bundestagswahl (4,7%) und der Landtagswahl in Hessen (4%) zur Wahl stellte.

Parteienverbote waren in der praktischen Politik stets umstritten. Gegen sie sprechen in erster Linie die Erfahrungen der Weimarer Republik, in der die NSDAP die Freiheiten des parlamentarischen Systems missbrauchte, um das System selbst zu beseitigen. In der Geschichte der Bundesrepublik sind zwei Parteiverbote ausgesprochen worden: gegen die Sozialistische Reichspartei (1952), eine Nachfolgeorganisation der NSDAP, und gegen die Kommunistische Partei Deutschlands (1956).

Les autres partis

À l'écart des grands partis, il y a toujours eu de nouveaux partis surgissant de manière plus ou moins spectaculaire dans le paysage politique de la République Fédérale. Un exemple : le parti Alternative für Deutschland (AfD), un parti d'euro-sceptiques fondé en février 2013 se présentant pour la première fois aux élections législatives du 22 septembre 2013 (4,7 %) et aux élections au Landtag de Hesse (4 %).

L'interdiction de partis a toujours fait l'objet de controverses dans la pratique politique. Si l'interdiction est contestée, c'est en premier lieu à cause de l'expérience de la République de Weimar, sous laquelle le NSDAP a abusé des libertés garanties par le système parlementaire pour remettre en cause le système lui-même. Deux partis ont été interdits depuis la naissance de la République Fédérale : le Parti impérial socialiste (SR) dans la droite ligne du NSDAP (1952) et le Parti communiste d'Allemagne (KPD – 1956).

Der Linksextremismus

Die in der Bundesrepublik Deutschland bedeutsamen linksextremistischen Organisationen und Gruppierungen orientieren sich an der marxistisch-leninistischen Weltanschauung oder an anarchistischen Theorien. Linksextremisten verfolgen das Ziel, die bestehende Staats- und Gesellschaftsordnung der Bundesrepublik abzuschaffen. Die Verfassungsschutzbehörden unterteilen die linksextremistischen Bestrebungen in linksextremistische Terroristen (wie die Rote Armee Fraktion), militante Autonome, sowie sonstige linksextremistische Parteien und Gruppierungen (wie die 1968 gegründete DKP, Deutsche Kommunistische Partei).

L'extrémisme de gauche

Les organisations et groupuscules d'extrême gauche d'importance en République fédérale d'Allemagne sont axés sur une conception du monde marxiste-léniniste ou sur des théories anarchistes. Les extrémistes de gauche ont pour but d'abolir l'ordre social et étatique existant en République Fédérale. Les autorités fédérales pour la protection de la Constitution font une distinction, parmi les aspirations d'extrême gauche, entre terroristes d'extrême gauche (comme la Fraction Armée Rouge), autonomes militants, et autres partis et groupuscules d'extrême gauche (comme le DKP, Parti communiste allemand, créé en 1968).

Der wiederauflebende Rechtsextremismus

Erfolgreicher als die anderen waren die Extremisten am rechten Rand des Parteienspektrums. Nachdem sich rechtsextreme Ideologien nach 1945 zunächst vollständig diskreditiert hatten, gelang es der 1964 gegründeten „Nationaldemokratischen Partei Deutschlands" (NPD) bereits ein Jahr später, bei der Bundestagswahl 2% der Stimmen auf sich zu vereinigen. Im Zusammenhang mit dem Wirtschaftswunder verlor dann die Partei für ihre bisherigen Wähler an Attraktivität. Sie verschwand Mitte der Siebziger praktisch vollständig aus dem politischen Geschehen.

Erst Ende der Achtziger konnte eine andere Partei dasselbe Wählerpotential wieder an sich binden. Die 1983 gegründeten „Republikaner" bedienten sich dabei der schon zu NPD-Hochzeiten erfolgreichen rassistischen Parolen. Seitdem die Regierung das Asylrecht änderte und den Republikanern damit den

La résurgence de l'extrémisme de droite

Les extrémistes à droite du spectre politique ont toujours eu plus de succès que les autres. Malgré le fait que les idéologies d'extrême droite s'étaient dans un premier temps totalement discréditées après 1945, le NPD (parti national-démocratique) fondé en 1964 a réussi, un an plus tard seulement, à rassembler 2 % des voix lors des élections législatives. Dans le contexte du Miracle économique, ce parti a ensuite perdu sa force d'attraction auprès de son électorat traditionnel. Il a presque totalement disparu de la scène politique au milieu des années 1970.

Ce n'est qu'à la fin des années 1980 qu'un autre parti a réussi à attirer le même potentiel électoral. Les « Républicains », parti fondé en 1983, se sont ainsi emparé des slogans racistes déjà auréolés de succès lorsque le NPD vivait ses heures de gloire. Depuis que le gouvernement a modifié le droit d'asile et

Hauptangriffspunkt ihrer Agitation nahm, verloren die Republikaner zunehmend an Bedeutung.

retiré aux républicains la principale cible de leur propagande, les républicains n'ont cessé de perdre de l'importance.

Andere Parteien am äußersten rechten Rand des Parteienspektrums, die ähnlich wie die Republikaner Anfang der Neunziger gewisse Erfolge aufweisen konnten, sind allmählich in der Bedeutungslosigkeit verschwunden.

D'autres partis à l'extrême droite du spectre politique qui, tout comme les républicains, ont pu enregistrer certains succès au début des années 1990, ont peu à peu disparu, devenant l'insignifiants.

Heute wird aber die rechtsextreme Szene wieder aktiv, gefährlich und gewalttätig. Sie bedroht die demokratische Ordnung, was Bundestag, Bundesrat und Bundesregierung dazu führte, 2001 bei dem Bundesverfassungsgericht einen Verbotsantrag gegen die NPD einzureichen. 2003 wurde das Verfahren vom Bundesverfassungsgericht wegen der großen Zahl von V-Leuten des Verfassungsschutzes in den Führungsgremien der NPD eingestellt. 2009 bereiten einige Bundesländer eine erneute Klage auf Verfassungswidrigkeit vor. 2009 ist das Erstarken der NPD nicht zu leugnen. Neonazis scheinen gegenwärtig im Osten größeren Erfolg zu haben als in den alten Ländern (6% bei der Landtagswahl in Mecklenburg-Vorpommern 2011, 4,6% in Sachsen-Anhalt; 1,6% in Bremen, 1,1% in Rheinland-Pfalz). Immerhin wurde das rechtsradikale Potential bei den jungen Wählern in zweistelliger Höhe geschätzt. Es gelang der NPD, in die Rolle des Anwalts des kleinen Mannes zu schlüpfen. Für viele ihrer Wähler wird die NPD als Protestpartei wahrgenommen. Bei älteren Wählern im rechten Spektrum haben Vorbehalte gegenüber anderen Kulturen einen festen Platz. Die NPD hat es gelernt, im Gegensatz zur früher offen dokumentierten Ausländerfeindlichkeit und Gewaltverherrlichung verschiedene soziale Milieus anzusprechen: die Jugendkultur der rechten Skinheads ebenso wie das konservative Kleinbürgertum und auch die sozial Ausgegrenzten.

Aujourd'hui cependant, l'extrême droite redevient active, violente et dangereuse. Elle menace l'ordre démocratique, ce qui a mené Bundestag, Bundesrat et gouvernement à déposer une requête auprès de la Cour constitutionnelle visant à interdire le NPD. La procédure a été annulée en 2003 en raison de l'infiltration des instances dirigeantes du parti par nombre d'agents des services de protection de la Constitution. Certains Länder préparent une nouvelle plainte contre le NPD qu'ils jugent anticonstitutionnel. En 2009, la montée du NPD est indéniable. Les néonazis semblent avoir plus de succès à l'Est que dans les anciens Länder (6 % lors des élections du Landtag de Mecklenbourg-Poméranie Antérieure en 2011, 4,6 % en Saxe-Anhalt ; 1,6 % à Brême, 1,1 % en Rhénanie-Palatinat). Quoi qu'il en soit, le potentiel de jeunes électeurs d'extrême droite a été estimé à plusieurs dizaines de millions. Le NPD a réussi à se faire le défenseur des petites gens. Pour nombre de ses électeurs, il est perçu comme un parti protestataire. Chez les électeurs plus âgés de la scène d'extrême droite, les réserves quant à d'autres cultures jouent un grand rôle. Le NPD a appris à s'adresser à différents milieux sociaux, contrairement au passé, où il tenait un discours ouvertement xénophobe prônant la violence : il s'adresse aujourd'hui aussi bien à la culture des jeunes d'extrême droite, aux skinheads, qu'à la petite bourgeoisie conservatrice et aux exclus. Dans ce domaine, le manque de perspectives d'avenir au sein de la société et l'absence de culture née d'expériences communes chez les jeunes joue un grand rôle.

Dabei spielt das Fehlen gesellschaftlicher Visionen und eine fehlende Erlebniskultur im Jugendbereich eine wichtige Rolle.

2013 ist die NPD (Parteivorsitzender: Holger Apfel) in Kommunalparlamenten mehrerer Länder und in 2 Landtagen vertreten. Die meisten politischen Mandate besitzt sie in Hessen, wo sie mancherorts seit Jahrzehnten ununterbrochen kommunale Vertretungen in Fraktionsstärke hat. Bei den Kommunalwahlen 2009 konnte sie aber auch im Saarland, in Mecklenburg-Vorpommern und Sachsen in viele Rathäuser und Kreistage, sogar in die Landtage der letzten 2 Bundesländer, einziehen. Die Mitgliederzahl der NPD liegt 2013 bei etwa 5300. Mit dem Tod ihres Gönners Jürgen Riegen im Oktober 2009 befindet sich die NPD noch dazu in Finanznöten.

En 2013, le NPD (dirigé par Holger Apfel) est représenté dans plusieurs conseils municipaux et dans 2 Landtage. Il détient la plupart de ses mandats en Hesse, où, en certains endroits, il exerce des responsabilités communales depuis des décennies, et ce sans interruption. Lors des élections communales de 2009, il a pu aussi entrer dans bien des mairies et des districts de Sarre, de Mecklembourg-Poméranie occidentale et de Saxe et siège au Landtag de ces 2 derniers Bundesländer. Le nombre de membres du NPD s'élève en 2013 à environ 5 300. Depuis la mort de son « mécène » Jürgen Rieger en octobre 2009, le parti traverse de surcroît une grave crise financière.

Gefährlich ist insbesondere die Perspektive der Zusammenarbeit rechtsextremer Parteien, obwohl sie die NDP, die DVU (Deutsche Volksunion) und die Reps bis jetzt abgelehnt haben, was die Landtagswahlen betrifft, aber theoretisch nicht die Europawahl. Trotzdem war die DVU die einzige zur Europawahl 2009 angetretene rechtsextreme Partei, die lediglich 0,4% der Stimmen bekam und damit nicht die notwendigen 0,5%, um in die staatliche Parteienfinanzierung zu kommen.

La perspective d'une coopération des partis d'extrême droite est particulièrement dangereuse, même si le NPD, la DVU (Union du peuple allemand) et les républicains l'ont rejetée jusqu'ici au niveau des Landtage, mais pas, en théorie, pour les élections européennes. Cependant, seul la DVU a représenté l'extrême droite aux Européennes de 2009. Avec son score de 0,4 %, elle n'a pas pu bénéficier du financement des partis par l'État, possible à partir de 0,5 % des voix seulement.

Vocabulaire

Bürgertum, (das)	*la bourgeoisie*
Christdemokrat, (der, en)	*le chrétien-démocrate*
Ebene, (die, n), auf der Ebene (+ G)	*le niveau, au niveau de*
Flügel, (der, -)	*l'aile*
Machtwechsel, (der, -)	*le changement de pouvoir*
Mehrheitswahl, (die)	*le scrutin majoritaire*
Partei, (die, en)	*le parti*
Rücktritt, (der, e)	*la démission*
Sozialdemokrat, (der, en)	*le social-démocrate*
Sozialist, (der, masc. faible)	*le socialiste, le communiste*
Schicht, (die, en)	*la couche*
Stimme, (die, n)	*la voix*
Verhältniswahl, (die)	*le scrutin proportionnel*
Vorsitzende, (adj. subst)	*le président (d'un parti)*
Vorwurf, (der, ¨e)	*le reproche*
allmählich	*progressivement, peu à peu*
ausschließlich	*exclusivement*
erheblich	*considérable*
innerhalb, (+ G)	*à l'intérieur de*
jedoch	*cependant*
vollständig	*pleinement, complètement*
zunächst	*d'abord*
zunehmend	*croissant, de plus en plus*
ab/schaffen	*abolir, supprimer*
auf/geben, (a, e)	*abandonner*
sich auseinander/setzen (mit + D)	*se quereller, être en conflit avec*
belasten (mit + D)	*accabler de*
ein/holen	*rattraper*
entstehen, (and, anden, ist)	*naître, être fondé*
erschüttern	*ébranler, secouer*
zur Folge haben	*avoir pour conséquence*
gegenüber/stehen, (and, anden, + D)	*être confronté, s'opposer à*
geraten, (ie, a, ist, in + A)	*se trouver pris dans*
gründen	*fonder, créer*
kennzeichnen	*caractériser*
scheitern, (an + D, ist)	*échouer*
sich stützen, (auf + A)	*s'appuyer sur*
um/benennen (annte, annt)	*rebaptiser*
verdrängen	*refouler, évincer, repousser*
verzichten (auf + A)	*renoncer à*
sich wandeln, (in + A, zu + D)	*changer, se transformer*
wider/spiegeln	*refléter*

Lexique en situation 7

Nicht alle Probleme lassen sich auf nationaler Ebene lösen.
On ne peut pas résoudre tous les problèmes à l'échelon national.

Die Beteiligung der SPD an der großen Koalition hatte eine herbe Wahlniederlage zur Folge.
La participation du SPD à la grande coalition a eu pour conséquence une amère défaite électorale.

Er wandelte sich vom Freund zum grausamen Feind.
D'ami, il se transforma en ennemi cruel.

Diese Firma ist an Unterqualifizierung gescheitert.
Cette firme à échoué faute de main-d'œuvre assez qualifiée.

Der Greis stützte sich auf seinen Stock.
Le vieillard s'appuyait sur sa canne.

Können gentechnikfreie Lebensmittel gekennzeichnet werden?
Les aliments qui ne sont pas des OGM peuvent-ils porter un signe caractéristique ?

Innerhalb der (G) Partei gibt es verschiedene Strömungen.
Il y a plusieurs courants à l'intérieur du parti.

Im Internet werden Viren zunehmend zur Plage.
Sur Internet, les virus deviennent de plus en plus un fléau.

Er setzte sich mit der Autorität auseinander.
Il était en conflit avec l'autorité.

Wie entstanden die Kontinente?
Comment les continents sont-ils nés ?

Allmählich wird es wärmer.
La chaleur augmente peu à peu.

Diese Diskussion spiegelt die Angst der Bürger wider.
Cette discussion reflète la peur des citoyens.

Immer mehr Verbraucher verzichten auf Fleisch.
De plus en plus de consommateurs renoncent à la viande.

Im Herbst 2009 wurde Sigmar Gabriel zum neuen SPD-Vorsitzenden gewählt.
À l'automne 2009, Sigmar Gabriel a été élu nouveau président du SPD.

Die Mehrzahl der Deutschen steht der Jagd kritisch gegenüber.
La majorité des Allemands s'oppose à la chasse.

Das Experiment wurde schnell aufgegeben.
L'expérience a été rapidement abandonnée.

Zunächst müssen die Häuser wieder aufgebaut werden.
Il faut tout d'abord reconstruire les maisons.

Der Holocaust darf nicht in Vergessenheit geraten.
Il ne faut pas que l'holocauste sombre dans l'oubli.

Die Vergangenheit holte ihn ein.
Son passé l'a rattrapé.

Meine Straße wurde auf den Namen eines Unbekannten umbenannt.
Ma rue a été rebaptisée du nom d'un inconnu.

DOSSIER 8

Die Wirtschaft

Gesamtkennzeichnung

Die Stärken der deutschen Wirtschaft

Die deutsche Volkswirtschaft ist bei weitem die größte Volkswirtschaft in der Europäischen Union. Der Anteil Deutschlands am Bruttoinlandsprodukt der EU-28 ist von über 20%.

Ein besonderes Merkmal für die deutsche Volkswirtschaft ist die noch erhebliche Bedeutung des sekundären Wirtschaftssektors. Die Industrie beschäftigte 2012 rund 17% der Erwerbstätigen. Schwerpunkte der deutschen Industrie sind traditionell die Montanindustrie, der Maschinenbau und die Automobilindustrie (Luxusautos von BMW und Daimler-Chrysler, aber natürlich auch VW, mit Zentrale im niedersächsischen Wolfsburg). Dazu kommen noch die chemische und die optische Industrie. Ein Viertel der europäischen chemischen Erzeugnisse werden durch die deutsche Chemieindustrie am Rhein (BASF in Ludwigshafen) und im „chemischen Dreieck" (vgl. Dossier 16) hergestellt. Der im Ruhrgebiet angesiedelte und wegen der Konkurrenz aus den Schwellenländern heute angeschlagene Stahlhersteller ThyssenKrupp ist immerhin noch immer der sechstgrößte Stahlkonzern in der Welt. Im Bereich des Maschinenbaus rangiert Siemens, der Hersteller des deutschen Hochgeschwindigkeitszugs ICE, unter den 100 größten Unternehmen in der Welt.

L'économie

Caractérisation d'ensemble

Les atouts de l'économie allemande

L'économie allemande est de loin la plus grande économie de l'Union européenne. Le Produit Intérieur Brut de l'Allemagne représente plus de 20 % du PIB de l'UE à vingt-huit.

L'économie allemande est caractérisée par l'importance qui reste grande du secteur secondaire. En 2012, l'industrie employait 17 % des actifs. Les points forts de l'industrie allemande sont traditionnellement l'industrie métallurgique, la construction mécanique et l'industrie automobile (voitures de luxe de BMW, et Daimler-Chrysler, mais bien sûr aussi Volkswagen, dont le siège est à Wolfsburg en Basse-Saxe). Il faut rajouter à cela l'industrie chimique et optique. Un quart des produits chimiques européens sont fabriqués le long du Rhin (BASF à Ludwigshafen) et dans le « triangle de la chimie » (cf. Dossier 16). ThyssenKrupp, installé dans la Ruhr et souffrant aujourd'hui de la concurrence en provenance des pays émergents, est tout de même toujours le sixième plus grand groupe sidérurgique du monde. Dans le domaine de la construction mécanique, Siemens, le constructeur de l'ICE (le train à grande vitesse allemand) se classe parmi les 100 plus grandes entreprises mondiales.

Obwohl der Anteil der Industrie am BIP – wie in allen hoch entwickelten Ländern – tendenziell zurückgeht, bleiben die deutschen industriellen Erzeugnisse Exporthits. Die Ausfuhr von Industriegütern trägt zum erheblichen Überschuss im deutschen Außenhandel bei. Nur der Exportriese China kann der Bundesrepublik den Titel des Weltexportmeisters streitig machen.

In einer Welt der wirtschaftlichen Turbulenzen bleibt die Bundesrepublik ein reiches, hoch entwickeltes Land. Mit einem Bruttoeinkommen pro Kopf von über 32.000 € (Stand 2012) genießt Deutschland noch immer einen der höchsten Lebensstandards der Welt. Dabei bleiben trotz zunehmender Angleichung Unterschiede zwischen Ost und West bestehen (vgl. Dossier 16).

Ziel dieses Kapitels soll es im Folgenden sein, einen Rückblick auf die Entstehung des deutschen Modells und auf die unter Kanzler Schröder durchgeführten Reformen anzubieten, denen der gute Zustand der deutschen Volkswirtschaft zu verdanken sein soll. Abschließend soll auf die deutsche Handhabung der jetzigen Finanz- und Eurokrise eingegangen werden.

Bien que la part de l'industrie dans le PIB ait tendance à régresser (comme dans tous les pays développés), les produits industriels allemands sont toujours des succès à l'exportation. Les exportations allemandes de produits manufacturés contribuent à rendre le commerce extérieur largement excédentaire. Seul le géant chinois peut contester à la République Fédérale son titre de champion du monde des exportations.

Dans un monde qui traverse des turbulences économiques, la République Fédérale demeure un pays riche et très développé. Un revenu brut par habitant de plus 32 000 € (2012) garantit encore à l'Allemagne l'un des plus hauts niveaux de vie du monde. Il faut cependant nuancer le tableau : malgré une dynamique de rattrapage, des disparités entre l'Est et l'Ouest demeurent (cf. Dossier 16.

L'objectif de ce chapitre dans les pages qui suivent est d'offrir un panorama rétrospectif de la genèse du modèle allemand et des réformes mises en œuvre sous le chancelier Schröder, auxquelles on crédite la bonne santé de l'économie allemande. Pour conclure, on se penchera sur la gestion allemande de la crise financière et de la crise de l'euro actuelles.

Rückblick: Die Entstehung des deutschen Wirtschaftsmodells

Un regard rétrospectif sur la genèse du modèle économique allemand

Ludwig Erhard und der rheinische Kapitalismus

Das Bekenntnis der Deutschen zur Marktwirtschaft erfolgt noch vor der Gründung eines neuen deutschen Staates. Deswegen gilt der Liberalismus (= die Marktwirtschaft) als Eckstein beim Wiederaufbau Deutschlands.

Ludwig Erhard et le capitalisme rhénan

La conversion des Allemands à l'économie de marché a lieu avant la fondation d'un nouvel État allemand. Pour cette raison, le libéralisme (= l'économie de marché) a valeur de pierre angulaire dans la reconstruction de l'Allemagne.

Den Grundstein legt Ludwig Erhard in einer Rede vor der 14. Vollversammlung des Wirtschaftsrates in der Bizone (der britisch-amerikanischen Besatzungszone) im April 1948 (vgl. Dossier 3). Da spricht er sich für eine Einschränkung der Rolle des Staates in der Wirtschaft aus. Dies entspricht einem Bruch mit der damals vorherrschenden keynesschen Wirtschaftspolitik in Westeuropa.

La première pierre de l'édifice est posée par Ludwig Erhard dans un discours prononcé devant la 14e assemblée plénière du conseil économique de la bizone (la zone d'occupation anglo-américaine) en avril 1948 (cf. Dossier 3). Il s'y prononce en faveur d'une limitation du rôle de l'État en économie. Cela correspond à une rupture avec la politique économique keynésienne qui domine alors en Europe de l'Ouest.

Der Staat soll also auf die Lenkung des Wirtschaftslebens verzichten. Er überlässt sie den Marktkräften: das bedeutet insbesondere den Verzicht auf eine Preiskontrolle zu Gunsten des freien Spiels der Marktkräfte. Der Staat versteht sich als Garant der wirtschaftlichen Freiheit. Der Schutz des Wettbewerbs durch den Staat ist die Grundlehre des „Ordnungsliberalismus", dessen Hauptvertreter der österreichische Ökonom und Nobelpreisträger Friedrich August von Hayek war.

L'État doit renoncer à diriger l'économie. Il laisse faire les forces du marché : cela implique en particulier de renoncer au contrôle des prix au bénéfice des libres forces du marché. L'État se conçoit comme le garant de la liberté économique. La protection de la concurrence par l'État est la thèse fondamentale de « l'ordolibéralisme », dont le représentant principal fut l'économiste autrichien Friedrich August von Hayek, prix Nobel d'économie.

Freiheit im Wirtschaftsbereich wird also der Schaffung eines Rechtsstaats vorausgeschickt. Das Wirtschaftswachstum wird sozusagen zur Grundlage für die Entstehung eines freien demokratischen Staates, wo jeder sich am Schaffen von Wachstum und Reichtum beteiligen kann. Diese wirtschaftliche Konsensbildung soll als Mauer gegen einen Rückfall in den Nationalsozialismus wirken.

La liberté économique advient donc avant la création d'un État de droit. La croissance économique devient pour ainsi dire le fondement permettant l'avènement d'un État démocratique libre où chacun peut prendre part à la création de la croissance et de la richesse. Cette production économique du consensus est investie d'une fonction de rempart contre une rechute dans le national-socialisme.

Rasch schließen sich die politischen Parteien als „Partner" diesem System an. Als erste erklären die Christdemokraten ihr Einverständnis mit Erhards Doktrin, gefolgt von den Gewerkschaften. Ganz entscheidend ist die Bekehrung der Sozialdemokraten. Sie erfolgt 1959 auf dem Parteitag von Bad Godesberg. Zusammen mit der Anerkennung des Privateigentums der Produktionsstrukturen verzichtet die deutsche Sozialdemokratie auf den Klassenkampf und auf die Verstaatlichung der Produktionsmittel. Sie bekennt sich zum Prinzip einer „sozialen Marktwirtschaft", wo eine

Les partis politiques adhèrent rapidement à ce système, et en deviennent les partenaires. Les chrétiens-démocrates ont été les premiers à exprimer leur accord avec la doctrine Erhard, suivis par les syndicats. La conversion des sociaux-démocrates est d'une importance capitale. Elle a lieu en 1959 au congrès de Bad Godesberg. La social-démocratie allemande reconnaît la propriété privée des structures de production. Elle renonce en même temps à la lutte des classes et à la nationalisation des moyens de production. Elle endosse le principe d'une « économie sociale de marché », où une véritable concurrence économique est la condition de la justice sociale.

gerechte Gesellschaftsordnung unter der Bedingung eines wahren wirtschaftlichen Wettbewerbs gewährleistet werden soll.

Im Rahmen des Marshall-Plans werden der wieder aufblühenden Industrie Geldmittel zur Verfügung gestellt. Die Stärke der deutschen Wirtschaft liegt von nun an im Bereich der Schwerindustrie und des Maschinenbaus. Einen weiteren Grund für Nationalstolz liefert rasch die deutsche Währung, die Deutsche Mark (DM). Das Gespenst der Inflation, wie sie Deutschland in den 20er Jahren und später noch nach dem zweiten Weltkrieg erlebt hat, war noch lange in allen Köpfen. So sehen die Deutschen in der stabilen Währung die Voraussetzung für den Wohlstand. Aufgabe der deutschen Zentralbank, der Bundesbank, ist es, die Preisstabilität und die damit verbundene Stabilität der DM zu sichern. Es entsteht eine Art „DM-Patriotismus", der dem „Verfassungspatriotismus" an Bedeutung gleich kommt. Die Deutschen sind stolz auf ihre Währung, die als harte Währung unter den Anlegern weltweit gefragt ist. Dies erklärt, dass Deutschland nur ungern von der DM Abschied nimmt, als am 1. Januar 1999 der Euro als offizielle Währung in der Euro-Zone in Kraft tritt, wie es der Vertrag von Maastricht vorsieht.

Dans le cadre du plan Marshall, des moyens financiers sont mis à la disposition de l'industrie renaissante. Désormais, la force de l'économie allemande tiendra à l'industrie lourde et à la construction mécanique. La monnaie allemande, le deutschemark (DM), sera bientôt une raison supplémentaire d'être fier de son pays. Le spectre de l'inflation qu'a connue l'Allemagne dans les années 1920, puis après la guerre, hante encore les esprits. C'est pourquoi les Allemands conçoivent la stabilité monétaire comme la condition nécessaire au bien-être matériel. La mission de la banque centrale allemande, la Bundesbank, est de garantir la stabilité des prix, et donc de la monnaie. On voit naître une sorte de « patriotisme du mark », qui revêt une importance égale au « patriotisme de la constitution ». Les Allemands sont fiers de leur monnaie, une monnaie forte très prisée des investisseurs du monde entier. C'est la raison pour laquelle les Allemands ont du mal à dire adieu au mark quand, le 1er janvier 1999, l'euro entre en vigueur comme monnaie officielle de la zone euro, comme le stipule le traité de Maastricht.

Was ist (war?) unter „deutschem Modell" zu verstehen

Im Wesentlichen entspricht das „deutsche Modell" zweierlei: einerseits der stabilen Struktur im Kapital der Unternehmen und andererseits der Konsenssuche mit den Arbeitnehmern über die unternehmerischen Ziele. Dazu kommen noch – und zwar wie in vielen großen Staaten West- oder Nordeuropas – die Bequemlichleiten, die hohe, staatliche gesicherte Sozialleistungen gewährleisten.

Que faut(fallait)-il entendre par « modèle allemand » ?

Le « modèle allemand » renvoie à deux choses essentielles : d'un côté la stabilité dans la structure du capital des entreprises, et de l'autre la recherche d'un consensus avec les salariés sur les grandes orientations de l'entreprise. À cela s'ajoute – mais comme dans nombre de grands pays d'Europe de l'Ouest ou du Nord – le confort offert par un haut niveau de prestations sociales garanties par l'État.

Kennzeichnend für den „rheinischen Kapitalismus" ist die Kapitalstruktur. Sie gilt sowohl für die großen Konzerne als auch für die Unternehmen des „Mittelstands", die das Rückgrat der deutschen Wirtschaft bilden. Zum Mittelstand gehören alle Unternehmen aus Industrie, Handwerk, Handel und Dienstleistungssektor, die unter 500 Mitarbeiter zählen. 2010 waren die Mittelstandsbetriebe über 2 Millionen an der Zahl. Sie tragen zur Wertschöpfung von über 40% des BIP bei. Über 60% der Erwerbstätigen sind im Mittelstand beschäftigt. Die mittelständischen Betriebe leisten den größten Beitrag zur Berufsausbildung im Rahmen des Dualen Systems (vgl. Dossier 11). Sie exportieren den Großteil ihrer Produktion in andere Länder der EU oder in die USA und nach Japan und sind nicht selten Weltmarktführer.

Ce qui caractérise en propre le « capitalisme rhénan », c'est la structure du capital. On la retrouve aussi bien dans les grands groupes que pour les « PME », qui constituent l'épine dorsale de l'économie allemande. Font partie des petites et moyennes entreprises toutes les entreprises industrielles, artisanales, commerciales et de services qui comptent moins de 500 salariés. En 2010, il y a avait plus de 2 millions de PME. Elles produisent 40 % du PIB. Plus de 60 % des actifs travaillent dans une PME. Ce sont les PME qui contribuent le plus à l'offre de formation professionnelle dans le cadre du système dual (cf. Dossier 11). Elles exportent la plus grosse partie de leur production dans d'autres pays de l'UE ou aux USA et au Japon, et il n'est pas rare qu'elles soient leader sur leur marché.

Im rheinischen Kapitalismus ist das Kapital der Unternehmen stabil, sodass man von einer „Festung Deutschland" hat sprechen können. Banken und Versicherungsgesellschaften sind – oft durch gekreuzte Kapitalanteile oder Überkreuzbeteiligungen – als feste Großanleger am Kapital beteiligt. Der Hauptteil des Kapitals befindet sich aber in den Händen des Unternehmers selbst oder in denen einer einzelnen Familie, und dies nicht selten von Generation zu Generation. Vielmehr als an hohen Renditen sind Banken und Versicherungen an der Rückzahlung der Kredite interessiert. So kann auch ein Teil des Profits den Arbeitnehmern zugute kommen.

Dans le capitalisme rhénan, le capital des entreprises est stable, de sorte qu'on a pu parler d'une « forteresse allemande ». Les banques et les compagnies d'assurances sont associées au capital en tant que gros investisseurs, souvent par le biais de participations croisées. La plus grosse part du capital se trouve entre les mains du chef d'entreprise lui-même, ou entre celles d'une seule famille, et ce souvent de génération en génération. Les banques et les assurances visent moins un rendement élevé de leurs investissements que le remboursement des crédits souscrits. De cette façon, une part des profits peut revenir aux salariés.

Zur Sicherung des sozialen Friedens gehört im „deutschem Modell" auch das in allen Branchen geltende Mitbestimmungsrecht der Arbeitnehmer. Die Mitbestimmung ist im Grundgesetz verankert und gilt für alle Betriebe, welche die Rechtsform einer Kapitalgesellschaft haben und mehr als 5 Arbeitnehmer beschäftigen. Da muss es im Betrieb einen Betriebsrat geben, in dessen Rahmen die Vertreter

Le maintien de la paix sociale passe, dans le « modèle allemand », également par le droit de cogestion des salariés, qui vaut pour tous les secteurs d'activité. La cogestion est garantie par la constitution et s'applique à toutes les entreprises ayant le statut juridique d'une société de capitaux et employant plus de 5 salariés. Dans ce cas, elle doit être dotée d'un comité d'entreprise où les représentants du personnel doivent

der Belegschaft jeder Änderung der Betriebsorganisation und jedem neuen Schritt in der Betriebsentwicklung zustimmen müssen, bevor diese verwirklicht werden können.

approuver toute modification de l'organisation de l'entreprise et toute nouvelle démarche dans son évolution avant qu'elles ne puissent être mises en œuvre.

Ein weiteres Merkmal für die Arbeitsorganisation in Deutschland sind die Tarifverhandlungen. Die deutschen Tarifpartner suchen über alle Wege, mögliche Konflikte zu entschärfen. Nur selten kommt es zu Warnstreiks. Zum „deutschen Modell" gehören also regelmäßige Tarifrunden, wo die Tarifpartner über Lohnerhöhungen, Arbeitszeiten und soziale Fragen verhandeln. In den „fetten" Jahren verhelfen die Tarifrunden den deutschen Arbeitnehmern oft dazu, Anteil am Wirtschaftswachstum zu haben. Umgekehrt können sie in Krisenzeiten auch zur Mäßigung der Lohnerhöhungen beitragen, wenn es als Gegenleistung darum geht, Arbeitsplätze zu sichern.

L'organisation du travail en Allemagne a une autre caractéristique : les négociations salariales par branche. Les partenaires sociaux cherchent par tous les moyens à désamorcer les conflits. Les grèves (d'avertissement) sont rares. Des négociations salariales par branche sur une base régulière sont donc constituantes du « modèle allemand ». Les partenaires sociaux y discutent d'augmentations de salaire, du temps de travail et de questions sociales. Ces négociations salariales permettent souvent aux salariés d'avoir leur part des fruits du surcroît de croissance les bonnes années. À l'inverse, elles permettent aussi en temps de crise de modérer la hausse des salaires, quand en contrepartie on peut garantir les emplois.

Als Alternative zu diesem Modell der Tarifpartner und –Verhandlungen steht in letzter Zeit die Einführung eines flächendeckenden Mindestlohns zur Debatte.

Comme alternative à ce modèle de partenariat et négociations salariales par branche, on débat ces derniers temps de l'instauration généralisée d'un salaire minimum.

Die Erwerbstätigen sind in noch relativ hohem Grade in Gewerkschaften organisiert. Die Gewerkschaften, deren größte Dachorganisation der Deutsche Gewerkschaftsbund (DGB) ist, sind in einem Reformprozess begriffen. Jüngstes Beispiel ist der Zusammenschluss im März 2001 von fünf Gewerkschaften zu „ver.di". ver.di vertritt die Arbeitnehmer in rund 1.000 Berufen des Dienstleistungssektors und stellt über ein Drittel aller DGB-Mitglieder (ein weiteres Drittel stellt die mächtige IG Metall). Aber wie in allen Ländern Westeuropas leiden die Gewerkschaften seit der Beschäftigungskrise am Anfang der 90er Jahre unter einem drastischen Mitgliederschwund: zählte der DGB 1995 noch über 9,3 Millionen Mitglieder, so waren

Les actifs sont pour un nombre encore non négligeable membres d'un syndicat. Regroupés pour la plupart au sein du DGB (fédération des syndicats allemands), les syndicats sont en pleine évolution. L'exemple le plus récent en est fourni par la fusion en mars 2001 de cinq syndicats pour former « ver.di ». « ver.di » représente les salariés dans presque mille professions du secteur des services et fournit plus d'un tiers des membres du DGB (un autre tiers étant fourni par le puissant syndicat de la métallurgie IG Metall). Mais comme dans tous les pays d'Europe de l'Ouest, les syndicats sont affectés depuis la crise de l'emploi du début des années 1990 par une fonte de leurs effectifs : en 1995, le DGB comptait encore 9,3 millions de membres, tandis qu'en 2012, il n'en avait plus que 6,15 millions. Les patrons disposent

diese 2012 nur noch rund 6,15 Mio. an der Zahl. Die Arbeitgeber verfügen über eine eigene Organisation, den Deutschen Arbeitgeberverband.

de leur propre organisation, « l'Association du patronat allemand ».

Die Krise der Gewerkschaften muss als Symptom für eine tiefer greifende Krise gedeutet werden: die Krise des deutschen Modells und der Beschäftigung in Deutschland. Manche neigen dazu, die Globalisierung dafür verantwortlich zu machen. Aber man muss auch in Deutschland selbst nach Erklärungen suchen.

La crise des syndicats doit être interprétée comme le symptôme d'une crise plus profonde, la crise du modèle allemand lui-même, et la crise de l'emploi en Allemagne. Certains sont enclins à rendre la mondialisation responsable de cet état de fait. Mais les explications sont à chercher aussi dans l'Allemagne elle-même.

Die Schockwirkung der Wiedervereinigung und die Einführung des Euro

Le choc de la réunification et l'introduction de l'euro

Helmut Kohls Geschenk an die Bevölkerung im Osten, nämlich der Tauschkurs der Ostmark eins zu eins gegen die DM (zwei zu eins für die Unternehmen. Siehe dazu Dossier 16), hat verheerende Folgen für die ostdeutschen Produktionsstrukturen gehabt. Von einem Tag auf den anderen verteuerten sich die ostdeutschen Erzeugnisse. Dazu kam, dass die Ostdeutschen selbst nur noch Westprodukte konsumieren wollten. Die marode Wirtschaftsstruktur des Ostens brach zusammen (vgl. Dossier 16). Die Arbeitslosigkeit erreichte eine nie gekannte Höhe. Die ostdeutschen Erzeugnisse brauchten Jahre, um wieder wettbewerbsfähig zu werden. Dafür war eine Mäßigung der Lohnentwicklung nötig, die sich negativ auf die Inlandsnachfrage ausgewirkt hat. Zu hohe Zinssätze schreckten die Investoren ab.

Helmut Kohl avait fait un cadeau à la population de l'Est en changeant 1 contre 1 le mark-est contre le DM (et 2 contre 1 pour les entreprises. Voir à ce sujet le Dossier 16). Or ce cadeau a eu des conséquences dévastatrices pour les structures de production de l'Est. Du jour au lendemain, les produits est-allemands se sont retrouvés trop chers. En plus de cela, les Allemands de l'Est eux-mêmes n'avaient plus qu'une seule envie : consommer des produits de l'Ouest. La structure économique bien mal en point de l'Est s'est effondrée (cf. Dossier 16). Le chômage a enregistré des niveaux record. Les produits est-allemands ont mis des années à être de nouveau compétitifs. Il a fallu pour cela une modération salariale qui a eu des conséquences négatives sur la demande intérieure. Des taux d'intérêt trop élevés ont dissuadé les investisseurs.

Als zweiter, damit verbundener Faktor kommt der Tauschkurs der DM gegen den Euro hinzu. Dieser schon 1987 im Europäischen Währungssystem festgelegte Kurs erwies sich als zu hoch und nur für die deutschen Touristen günstig, die einen Teil ihres Geldes im Ausland ausgeben. Aber die deutschen Konsum- und Industriegüter wurden auf dem internationalen Markt auf einmal zu teuer,

Le second facteur, lié au premier, est le taux de change du mark contre l'euro. Ce taux (fixé dès 1987 dans le cadre du système monétaire européen) s'est avéré trop élevé, favorisant uniquement les touristes allemands qui dépensent une partie de leur argent à l'étranger. Mais les biens de consommations et les biens industriels allemands se sont d'un seul coup retrouvés trop chers sur le marché international, de sorte qu'à l'Ouest aussi, il a

sodass auch im Westen Deutschlands durch so gut wie blockierte Löhne Wettbewerbsfähigkeit zurückgewonnen werden musste. Zu diesem Zweck versuchten die Bundesregierungen unter Kanzler Kohl und dann auch Kanzler Schröder, die Lohnnebenkosten zu senken. Aber wenn man eine zu starke Anhebung der sozialen Beiträge verhindern wollte, ging das nur unter der Bedingung eines Einschnitts in den Sozialstaat. Es war auch um den Preis einer allgemeinen Flaute des verfügbaren Haushaltseinkommens und der Inlandsnachfrage. Das deutsche Modell steckt in einer Krise.

fallu regagner en compétitivité par un quasi blocage des salaires. Dans cette perspective, les gouvernements Kohl et Schröder ont tenté d'abaisser le coût du travail. Pour limiter la hausse des cotisations, ceci ne pouvait être obtenu qu'en taillant dans les prestations sociales, et au prix d'une atonie générale du revenu disponible des ménages et de la demande intérieure. Le modèle allemand est en crise.

Schröders Strukturreformen : die Agenda 2010

Die „Agenda 2010" ist ein Sammelbegriff für die Strukturreformen der rot-grünen Bundesregierung unter Kanzler Schröder. Sie umfasst umfangreiche Bereiche der Wirtschaft und der Gesellschaft mit dem Ziel, das Wachstum zu fördern und den Standort Deutschland zu verteidigen, unter anderem durch eine Sanierung der Staatsfinanzen. Schwerpunkte der Agenda 2010 sind der Arbeitsmarkt, die Gesundheit und die Renten.

Maßnahmen zur Belebung des Arbeitsmarkts: Die Hartz-Reform

Initiator der Reform ist Peter Hartz, der lange Jahre Personalchef bei VW war. Bundeskanzler Schröder ernannte ihn zum Vorsitzenden einer Kommission zur Reform des Arbeitsmarkts. P. Hartz ging von der Feststellung aus, dass zu wenig gemacht wurde, damit Arbeitslose in den Arbeitsmarkt wieder einsteigen können. Er wollte die Gründung von Kleinunternehmen durch Arbeitslose begünstigen und schuf zu diesem Zweck das Konzept der „Ich-AG" („Ich-Aktiengesellschaft"), nach dem unter Bezug einer staatlichen Förderung ehemalige Arbeitslose sich selbstständig machen

Les réformes structurelles de Schröder : l'Agenda 2010

Par ce terme, on entend l'ensemble des réformes structurelles entreprises par le gouvernement social-démocrate et vert du chancelier Schröder. Elles s'appliquent à de nombreux secteurs de l'économie et de la société, dans le but de soutenir la croissance et de défendre la compétitivité (donc l'emploi) en Allemagne, par le biais entre autres choses d'un assainissement des finances publiques. Les points centraux sont le marché du travail, la santé et les retraites.

Mesures visant à dynamiser le marché du travail : la réforme Hartz

À l'origine de cette réforme, il y a Peter Hartz, qui fut longtemps DRH chez Volkswagen. Le chancelier Schröder l'a nommé à la tête d'une commission de réforme du marché du travail. P. Hartz est parti de la constatation que trop peu de choses étaient faites pour permettre aux chômeurs de se réinsérer sur le marché du travail. Voulant favoriser la création de petites entreprises par des chômeurs, il a imaginé le concept de « Ich-AG » (« micro-entreprise individuelle ») qui est censé permettre à d'anciens chômeurs de se constituer en travailleurs indépendants

sollen. 2012 waren 6% der Erwerbstätigen in einer „Ich-AG" beschäftigt, vor allem im Dienstleistungssektor. Bevorzugt wird die Kommunikationsbranche wie z. B. im Telemarketing, aber auch der Fremdenverkehr und der Kleinhandel. Dies kommt nicht nur dem traditionellen „Tante Emma Laden" zugute. Es werden alle Möglichkeiten ausgenutzt, die der Rückgriff auf EDV und das Internet erschließt.

grâce à un soutien de l'État. En 2012, 6 % des actifs étaient employés dans une « Ich-AG », essentiellement dans les services. Parmi les favoris, le secteur de la communication (par ex. le télémarketing), mais aussi le tourisme et le petit commerce. Cela ne profite pas seulement à la « petite épicerie du coin ». On exploite toutes les possibilités offertes par l'informatique et internet.

Langzeitarbeitslosen soll durch „Personal-Service-Agenturen" (PSA) geholfen werden. Es sind Vermittlungsstellen beim Arbeitsamt, die die Langzeitarbeitslosen beraten und in gewisser Hinsicht wie Zeitarbeitsfirmen arbeiten.

Pour venir en aide aux chômeurs de longue durée, on a mis en place des « Agences de service personnel » (PSA). Ce sont des agences de placement sises auprès de l'agence pour l'emploi, qui conseillent les chômeurs de longue durée et fonctionnent d'une certaine façon comme des agences d'intérim.

Zur Förderung der wenig qualifizierten Arbeitskräfte wurden bei Minijobs mit bis zu 800 Euro im Monat die Beiträge gesenkt. Die Bundesagentur für Arbeit (Nürnberg) wurde in einen öffentlichen Vermittlungsdienst umgestaltet: Der Staat versteht sich nicht mehr ausschließlich als Auszahler von Sozialleistungen, sondern in erster Linie als Vermittler von Arbeit.

Pour encourager le travail de la main-d'œuvre peu qualifiée, les cotisations sociales sur les « mini-jobs » rémunérés moins de 800 euros par mois ont été abaissées. L'Agence Fédérale du Travail (Nuremberg) a été transformée en un service public de l'emploi : l'État ne se conçoit plus exclusivement comme l'instance de versement des prestations sociales, mais essentiellement comme un accès au travail.

Bei der letzten Stufe der Hartz-Reform (Hartz IV) wurde die Bezugsdauer des Arbeitslosengelds auf 12 Monate verkürzt. Arbeitslosengeld und Sozialhilfe wurden für Langzeitarbeitslose (d. h. schon nach einem Jahr ohne Beschäftigung) zusammengelegt. Langzeitarbeitslose, die ein Jobangebot ablehnen, büßen 25% der Unterstützung ein. Diese Maßnahmen wurden vor allem im Osten als ungerecht empfunden. Im Sommer 2004 gingen die Menschen dort auf die Straße, um gegen ihre geplante Einführung zu protestieren. Dabei sind sie gegen die so genannten „Arbeitslosigkeitsfallen" gemünzt. Man gerät in eine Arbeitslosigkeitsfalle, wenn der Wiedereinstieg in den Arbeitsmarkt finanziell nachteilig ist im Vergleich zu den Sozialleistungen, die als Lohnersatz bezogen werden können.

Lors de la dernière phase de la réforme Hartz (Hartz-IV), la durée d'indemnisation du chômage a été ramenée à 12 mois. On a fusionné l'allocation-chômage et les aides sociales pour les chômeurs de longue durée (c'est-à-dire pour les personnes qui sont depuis plus d'un an sans emploi). Les chômeurs de longue durée qui refusent un emploi qu'on leur propose voient leurs indemnités amputées de 25 %. Ces mesures ont été perçues comme une injustice, surtout à l'Est. Pendant l'été 2004, les gens sont descendus dans la rue pour manifester contre leur mise en œuvre. Pourtant, elles ont pour cible ce qu'on appelle les « trappes à inactivité », terme par lequel on désigne les situations où la réinsertion dans le marché du travail est financièrement défavorable par rapport aux prestations sociales qui compensent la perte de salaire.

Am Rande der Hartz-Reform wurden steuerliche Maßnahmen getroffen, in der Hoffnung, betriebsfreundliche Rahmenbedingungen zu schaffen und somit dem Trend zur Auslagerung entgegenzuwirken. So wurde beispielsweise die Körperschaftssteuer von 25 auf 19 Prozent gesenkt. Eine weitere „betriebsfreundliche" Maßnahme, wodurch die Flexibilität auf dem Arbeitsmarkt gefördert werden soll, ist die Lockerung des Kündigungsschutzes für Betriebe mit bis zu 10 Arbeitnehmern.

En marge de la réforme Hartz, des mesures fiscales ont été prises dans l'espoir de créer un contexte favorable aux entreprises et de lutter contre la tendance à délocaliser. On a par exemple abaissé le taux de l'impôt sur le bénéfice des sociétés de 25 à 19 %. Autre mesure « favorable aux entreprises » destinée à soutenir le marché du travail : l'assouplissement de la protection contre le licenciement pour les entreprises employant jusqu'à 10 salariés.

Maßnahmen zur Sanierung der Staatsfinanzen

Mesures d'assainissement des finances publiques

In den Jahren unmittelbar vor der Finanzkrise und noch 2008 hatte die Bundesrepublik kein Staatsdefizit zu melden. Somit erfüllte sie die im Maastrichter „Stabilitäts- und Wachstumspakt" festgeschriebenen Kriterien. Doch 2009 dürfte das Bild ein anderes sein. Die Sanierung der Staatsfinanzen bis 2009 erfolgte auf der Grundlage folgender Reformen:

Les années qui ont immédiatement précédé la crise financière et en 2008 encore, la République Fédérale n'avait pas de déficit public. Elle honorait de la sorte les critères inscrits dans le « pacte de stabilité et de croissance » de Maastricht. Mais pour 2009, les choses devraient avoir un tout autre aspect. L'assainissement des finances publiques s'est opéré sur la base des réformes suivantes :

Krankenkassenreform

Réforme des caisses d'assurance-maladie

Die Krankenkassenreform wurde 2003 im Rahmen der Agenda 2010 verabschiedet und trat am 1.1.2004 in Kraft. Wesentlich ist bei dieser Reform die Einführung einer Praxisgebühr von 10 Euro pro Quartal im Falle eines Arztbesuchs. Bei allen Arzneimitteln müssen die Patienten 10% des Preises dazuzahlen. Zur Entlastung der Staatskassen wurde auch die Besteuerung des Tabaks erhöht. Zu bemerken ist, dass die Patienten selbst für die neuen Kosten aufkommen müssen. Das Finanzministerium wollte es verhindern, dass durch eine Anhebung der Krankenkassenbeiträge die Lohnnebenkosten für die Unternehmen weiter ansteigen, was sich auf die Wettbewerbsfähigkeit negativ ausgewirkt hätte.

La Réforme des caisses d'assurance-maladie a été adoptée en 2003 dans le cadre de l'Agenda 2010 et est entrée en vigueur au 1er janvier 2004. L'essentiel dans cette réforme est la mise en place d'un ticket modérateur de 10 euros par trimestre en cas de consultation médicale. 10 % du prix des médicaments ont été déremboursés. Pour alléger les charges qui pèsent sur les finances de l'État, on a augmenté la fiscalité sur le tabac. Il faut noter que ce sont les patients eux-mêmes qui subviennent à ces nouvelles dépenses. Le ministère des finances voulait éviter qu'une hausse de des cotisations d'assurance-maladie ne fasse grimper encore davantage le coût du travail pour les entreprises, ce qui aurait eu des conséquences négatives sur la compétitivité.

Rentenreform

Das deutsche Rentensystem beruht auf drei Säulen. 80% der ausgezahlten Renten gewährleistet die Umverteilungsrente (d. h. die staatlich gesicherte „gesetzliche Rentenversicherung"). In diesem System kommen die Erwerbstätigen durch ihre Beiträge für die Renten der Ruheständler auf. Aus Gründen der Bevölkerungsentwicklung und wegen der flauen Konjunktur geriet dieses Modell in eine Krise. Die gesetzliche Rentenversicherung ist einer der Gründe für die wachsende Verschuldung des Bundes.

Als zweite Säule kommt die Betriebsrente hinzu. Im Rahmen der „betrieblichen Altersvorsorge" werden heute 5% der Renten ausgezahlt. Als dritte Säule gilt die so genannte „Riesterrente". Es ist dies eine steuerbegünstigte private und freiwillige Altersvorsorge: Der Arbeitnehmer soll sich ein eigenes Rentenkapital ersparen. Die Riesterrente – genannt nach dem Namen des ehemaligen Arbeitsministers Walter Riester – wird dennoch durch einen staatlichen Fonds teilweise gefördert. Heute macht „Kapitalrente" in der Form der Riesterrente 13% der ausgezahlten Renten aus.

Ohne tief greifende Reform wird auf Grund der Bevölkerungsentwicklung das bisherige System nicht mehr zumutbar. Drei Lösungen bieten sich: eine Anhebung des Rentenalters, eine Senkung der Rentenauszahlungen oder aber eine Erhöhung der Rentenbeiträge. Die „5 Weisen" – das heißt die Mitglieder des unabhängigen Sachverständigenrats, der im Auftrag der Bundesregierung die Wirtschaftslage begutachtet – schlagen ein Umsteigen auf die Kapitalrente vor. Damit wäre die Riesterrente für alle Arbeitnehmer verbindlich.

Réforme des retraites

Le système des retraites repose en Allemagne sur trois piliers. 80 % des retraites sont versées sans le cadre du système par répartition (« l'assurance-retraite » légale garantie par l'État). Dans ce système, ce sont les actifs qui alimentent les caisses de versement par leurs cotisations. En raison de l'évolution démographique, et du fait de la morosité conjoncturelle, ce modèle est en crise. Le système de retraite par répartition est une des causes principales de l'endettement croissant de l'État.

Le second pilier est la retraite d'entreprise. 5 % du total des retraites versées le sont dans le cadre de « l'assurance-vieillesse des entreprises ». Le troisième pilier est constitué par ce qu'on appelle la « retraite Riester ». Il s'agit d'une assurance-vieillesse privée et soutenue par des allègements fiscaux. Le salarié doit se constituer par l'épargne un capital retraite propre. La retraite Riester (du nom d'un ancien ministre du travail, Walter Riester) est cependant partiellement garantie par un fonds d'État. Cette « retraite par capitalisation » couvre aujourd'hui 13 % des retraites.

Sans une réforme en profondeur, l'évolution démographique rendra intenable le système actuel. On peut envisager trois solutions : un relèvement de l'âge de la retraite, une diminution du montant des retraites versées, ou bien une hausse des cotisations retraite. Les « 5 Sages », c'est-à-dire le conseil d'experts indépendants qui rédigent un rapport sur la situation économique à la demande du gouvernement fédéral, proposent un basculement vers le système de la retraite par capitalisation. Ceci rendrait la retraite Riester obligatoire pour tous les salariés.

Die Finanzkrise

Mitte September 2008 platzte in den USA die Finanzblase endgültig. Rasch schwappte die Krise von den Vereinigten Staaten nach Europa über, um dort auch Deutschland zu erreichen.

Die deutschen Geldinstitute gerieten in Not, denn sie hatten massiv in den USA Bankforderungen gekauft, die sich als faul herausstellten. In einer Situation des allgemeinen Vertrauensverlustes gewährten die Banken zunächst einmal einander, dann aber auch den Firmen keine Kredite mehr. Es entstand eine Kreditklemme zu einer Zeit, in der eine schwache Exportkonjunktur den Mittelstand hart traf. Firmen stellten ihre Investitionen ein. Und die Binnennachfrage (die Konsumneigung der Privathaushalte) ließ auch nach, weil in Krisenzeiten die Sparneigung immer besonders groß ist.

Zusammen mit den anderen Staaten der Eurozone bemühte sich die Bundesregierung durch Konjunkturpakete darum, möglichst schnell das Vertrauen der Wirtschaftsakteure wieder herzustellen. Sie verhalf manchen Banken dazu, ihre faulen Bankforderungen loszuwerden. Absoluten Vorrang in Deutschland hatte allerdings der Versuch, einen zu hohen Anstieg der Arbeitslosigkeit durch den Einsatz der unter Gerhard Schröder erarbeiteten Mittel um jeden Preis zu vermeiden.

Aus Angst vor einer großen Entlassungswelle wurde vorbeugend die Kurzarbeit (d. h. eine vorübergehende Verkürzung der monatlichen Arbeitszeit) mit öffentlichen Geldern gefördert. Ferner unterstützte die Bundesregierung die Nachfrage für Autos bis Ende Dezember 2009 durch die Einführung einer Abwrackprämie in Höhe von 2500 Euro.

La crise financière

Mi septembre 2008, la bulle financière américaine a définitivement éclaté. Partie des États-Unis, la crise a très vite gagné l'Europe, pour atteindre également l'Allemagne.

La situation des institutions financières allemandes est devenue très difficile, car elles avaient massivement acheté des actifs américains, qui se sont révélés toxiques. Dans une situation de perte généralisée de confiance, les banques ont cessé de s'accorder des crédits d'abord entre elles, puis d'en accorder aux entreprises. Il est apparu une situation de restriction du crédit à un moment où une baisse des exportations frappait durement les PME. Les entreprises ont cessé d'investir. La demande intérieure (la consommation des ménages) a elle aussi fléchi, car en période de crise, la propension à l'épargne est toujours particulièrement grande.

Avec les autres États de la zone euro, le gouvernement fédéral s'est efforcé de rétablir au plus vite la confiance des acteurs économiques par des plans de relance. Il a aidé certaines banques à se débarrasser de leurs actifs toxiques. Mais la priorité allemande a été de tenter d'éviter à tout prix une hausse trop forte du chômage en utilisant les moyens mis en place sous le gouvernement Schröder.

Par crainte d'une vague importante de licenciements, on a favorisé à titre préventif le chômage partiel (une réduction temporaire de la durée mensuelle du travail) en le soutenant par des fonds publics. En plus de cela, le gouvernement fédéral a directement soutenu la demande automobile jusqu'à fin décembre 2009 par l'instauration d'une prime à la casse d'un montant de 2500 euros.

Die Erholung der Wirtschaft

Diese Politik hat sich als positiv erwiesen. Abgesehen vom Banksektor, der von schlechten Investitionen in den Vereinigten Staaten und in Randstaaten der Euro-Zone noch immer in Mitleidenschaft gezogen ist, hat die deutsche Wirtschaft die Krise gut überstanden. Maßnahmen der Arbeitsumverteilung bzw. der Weiterbildung konnten den Arbeitsmarkt auch in Zeiten der flauen Konjunktur vor einem großen Einbruch schützen, selbst wenn dies mit einer Zunahme der Minijobs einherging, die nun rund 20% der Arbeitsstellen ausmachen. Ende 2013 weist Deutschland eine besonders niedrige Arbeitslosigkeit vor, wobei in manchen Wirtschaftsbranchen sogar ein akuter Mangel an qualifizierten Fachkräften herrscht.

Als die Vereinigten Staaten und das übrige Europa noch in der Krise steckten, war es Deutschlands Glück, dass eine starke Nachfrage an Investitionsgütern vor allem aus China seiner Wirtschaft zugute kam. Werkzeugmaschinen, die von einem besonders wettbewerbsfähigen Mittelstand hergestellt werden, sorgen für über 70% der deutschen Ausfuhren nach China. Dazu kommen noch die guten Ergebnisse der Großkonzerne Siemens, Bosch und der Luxusautomobilindustrie.

Der Exportgigant Deutschland konnte folglich einen hohen Überschuss der Zahlungsbilanz verbuchen. Zwar bleibt die Staatsverschuldung – angesichts der Kriterien des Stabilitäts- und Wachstumspaktes, der die öffentliche Verschuldung auf einen Höchstwert von 60% des BIP begrenzt – noch sehr hoch. Aber Deutschland ist bemüht, diese Verschuldung abzubauen.

Le rétablissement de l'économie

Cette politique a porté ses fruits. En dehors du secteur bancaire encore victime de ses mauvais investissements aux États-Unis et dans la périphérie de la zone euro, l'économie allemande a bien résisté à la crise. Les mesures de partage du travail ou de formation continue ont permis à l'emploi de ne pas s'effondrer avec le ralentissement de l'économie, même si dans le même temps, le nombre des emplois précaires a augmenté jusqu'à constituer 20 % des actifs. Fin 2013, l'Allemagne a un chômage particulièrement bas, et souffre même dans certains secteurs d'un réel manque de main d'œuvre qualifiée.

Quand les États-Unis et le reste de l'Europe étaient encore en crise, la chance de l'Allemagne aura été d'avoir massivement profité d'une forte demande en biens d'équipement essentiellement en provenance de Chine. Les machines-outils produites par un Mittelstand allemand particulièrement compétitif constituent plus de 70 % des exportations allemandes vers la Chine. À cela s'ajoutent les bonnes performances des géants Siemens, Bosch et l'industrie automobile de luxe.

L'Allemagne championne des exportations a donc engrangé un fort excédent de sa balance des paiements. Certes, la dette reste importante (au regard des critères du Pacte de stabilité et de croissance de la zone euro, qui restreint la dette à 60 % du PIB), mais l'Allemagne s'emploie à la résorber.

In der Eurokrise, die sich aus der Finanzkrise ergeben hat, macht sich die Bundesrepublik für eine strenge Sparpolitik stark. Sie hat die Schuldenbremse im Grundgesetz verankert und verlangt von den europäischen Partnerstaaten, dass sie ihre Staatsfinanzen sanieren. Deutschlands Partner erwidern allerdings, dass die Haushaltsschwierigkeiten, mit denen sie konfrontiert sind, zum Teil auf den anhaltend hohen Überschuss der deutschen Leistungsbilanz zurückzuführen sind: Die flaue Inlandsnachfrage in Deutschland wirkt sich negativ auf die Exporte der südlichen Eurozone aus. Vor diesem Hintergrund verstehen die Bürger in Italien, Spanien, Portugal und vor allem in Griechenland nicht immer, warum Deutschland nur ungern seinen Beitrag zur Rettung der einheitlichen europäischen Währung leistet. Anders gesagt, kann Deutschland nicht vom übrigen Europa verlangen, sich mehr am deutschen Modell zu orientieren, ohne die Grundlagen für den eigenen wirtschaftlichen Erfolg zu gefährden (vgl. Dossier 17).

Dans la crise de l'euro, qui a partiellement découlé de la crise financière, la République Fédérale se fait le défenseur de la rigueur budgétaire. Elle a inscrit la discipline budgétaire dans sa constitution (règle d'or), et exige de ses partenaires européens qu'ils assainissent leurs finances publiques. Or ceux-ci répliquent que leurs difficultés budgétaires sont partiellement dues à l'excédent persistant de la balance courante allemande : La faiblesse de la demande intérieure allemande pèse sur les exportations des pays du sud de la zone euro. À ce titre, l'Italie, l'Espagne, le Portugal et surtout la Grèce ne comprennent pas toujours la réticence de l'Allemagne à assumer sa part du sauvetage de la monnaie unique. En d'autres termes, l'Allemagne ne peut pas demander au reste de l'Europe d'adopter son modèle sans mettre en danger ce qui fonde sa propre prospérité (cf. Dossier 17).

Zu einem ähnlichen Schluss kommen Ende 2013 die Wirtschaftsexperten des G20 (das sind die 20 wichtigsten Industrie- und Schwellenländer). In ihren an Deutschland gerichteten Empfehlungen mahnen sie dazu, mehr auf die Investitionen der Unternehmen und die Konsumneigung der Privathaushalte zu setzen, um die Dynamik der Wirtschaft weiter anzutreiben, wobei die Wirtschaftsleistung Deutschlands noch in zu starkem Maße, ja fast ausschließlich von den Exporten herrührt. Doch die Alterung der Bevölkerung könnte der Verwirklichung dieser Zukunftsvision einer durch die Binnennachfrage angetriebenen Wirtschaft im Wege stehen (vgl. Dossier 9).

Cette analyse est reprise fin 2013 par les analystes économiques du G20 (le regroupement des grands pays développés et émergents). Ils recommandent à l'Allemagne de faire en sorte que la demande intérieure (l'investissement des entreprises et la consommation des ménages allemands) viennent consolider le dynamisme d'une économie dont le succès repose encore trop fortement, voire presque exclusivement sur les exportations. Mais le vieillissement de la population pourrait être un obstacle à la réalisation cette vision d'une économie tirée par la demande intérieure (cf. Dossier 9).

Vocabulaire 8

Anleger (der, -)	*l'investisseur*
Arbeitgeber (der, -)	*le patron*
Arbeitnehmer (der, -)	*le salarié*
Arbeitskräfte (die, plur.)	*la main-d'œuvre*
Arbeitslosenquote (die)	*le taux de chômage*
Außenhandel (der)	*le commerce extérieur*
Betrieb (der, e)	*l'entreprise*
Bruttoinlandsprodukt (das, e)	*le PIB*
Dienstleistungen (die)	*les services*
Einkommen (das)	*le revenu*
Erzeugnis (das, e)	*le produit*
Frühverrentung (die)	*la retraite anticipée*
Gewerkschaft (die, en)	*le syndicat*
Handwerk (das)	*l'artisanat*
Haushaltsdefizit (das, e)	*le déficit budgétaire*
Konjunktur (die)	*la conjoncture*
Konzern (der, e)	*le grand groupe*
Langzeitarbeitslosigkeit (die)	*le chômage de longue durée*
Lebensstandard (der)	*le niveau de vie*
Lohnnebenkosten (die)	*les cotisations patronales*
Maschinenbau (der)	*la construction mécanique*
Mitbestimmung (die)	*la cogestion*
Mittelstand (der)	*les PME ou la classe moyenne*
Nachfrage (die)	*la demande*
soziale Marktwirtschaft (die)	*l'économie sociale de marché*
Sozialleistung (die)	*la prestation sociale*
Tarifverhandlung (die)	*la négociation salariale*
Überschuss (der, ¨e)	*l'excédent*
Verschuldung (die)	*l'endettement*
Versicherung (die)	*l'assurance*
Verstaatlichung (die)	*la nationalisation*
Volkswirtschaft (die, en)	*l'économie (d'un pays)*
Wachstum (das)	*la croissance*
Währung (die)	*la monnaie*
Wettbewerb (der)	*la concurrence*
drastisch	*draconien, drastique*
durchschnittlich	*moyen*
erheblich	*grand, important*
erwerbstätig	*dans la vie active*
flau	*morose*
gerecht	*juste*
gering	*faible, de peu d'ampleur*
marode	*en difficulté, en mauvais état*
verheerend	*dévastateur*
(an der Börse) Geld an/legen	*investir de l'argent (en bourse)*
ein Produkt her/stellen	*fabriquer, produire*
verhandeln	*négocier*

Lexique en situation 8

Nicht alle Ostdeutschen bekennen sich zum Kapitalismus.

Tous les Allemands de l'Est n'adhèrent/ne se reconnaissent pas au/en le capitalisme.

Ich bin schon längst aufs Breitbandinternet umgestiegen.

Il y a déjà longtemps que je suis passé à l'internet haut-débit.

Gesetze sind für jedermann verbindlich.

Tout le monde doit se soumettre aux lois/Le respect des lois est incontournable.

Wer in der Schule raucht, verstößt gegen die Schulordnung.

Ceux qui fument au lycée enfreignent le règlement intérieur de l'établissement.

Keiner weiß, wie dem anhaltenden Anstieg des Ölpreises entgegenzuwirken ist.

Nul ne sait comment lutter contre la hausse constante du prix du pétrole.

Ich bin an einem Studienjahr an einer deutschen Universität interessiert.

Je suis intéressé par une année d'études dans une université allemande.

Da kann ich dir leider nicht zustimmen!

Sur ce point, je ne peux malheureusement pas être d'accord avec toi !

Kennzeichnend für die deutsche Berufsausbildung ist das Duale System.

Le système dual est caractéristique de la formation professionnelle en Allemagne.

Es entspricht der [D] Wahrheit nicht!

Cela de correspond pas à la vérité !

Er schließt sich immer der [D] Meinung der Mehrheit an.

Il se rallie toujours à l'opinion de la majorité.

Ich habe endlich einen alten Traum verwirklicht!

J'ai enfin réalisé un vieux rêve !

Die Polizei verhandelt noch mit den Entführern.

La police négocie encore avec les ravisseurs.

Die Deutschen neigen dazu, statt Wein Bier zu trinken.

Les Allemands ont tendance à boire de la bière plutôt que du vin.

Übermäßiger Alkoholkonsum wirkt sich negativ auf die Gesundheit aus.

Une consommation excessive d'alcool a des répercussions négatives sur la santé.

Die Steuerzahler hoffen darauf, dass die Regierung die Steuern weiter senkt.

Les contribuables espèrent que le gouvernement va continuer à abaisser les impôts.

Die Textilfirmen haben den Großteil ihrer Produktion nach China ausgelagert.

Les entreprises textiles ont délocalisé la majeure partie de leur production en Chine.

Deutschland ist durch seine Lage im Herzen des Kontinents begünstigt.

L'Allemagne est favorisée par sa situation au cœur du continent.

DOSSIER 9

Bevölkerung

Mit rund 80 Millionen Einwohnern ist Deutschland der bevölkerungsreichste Staat der Europäischen Union. Die Deutschen machen rund 16% der Bevölkerung der EU aus.

Bevölkerungsdichte

Mit einer Bevölkerungsdichte von 225 Menschen pro km^2 ist Deutschland ein dicht besiedeltes Land. Doch es lassen sich regionale Unterschiede ausmachen. Das norddeutsche Tiefland, manche Gebirgsgegenden Bayerns sind spärlich besiedelt. In den Ostländern ist die Bevölkerungsdichte nicht so groß wie im Westen. Im Osten gibt es vergleichsweise wenig Großstädte. Die Bundesländer Mecklenburg-Vorpommern und Brandenburg sind meistenteils ländliche Gegenden.

Im Ganzen aber leben die Deutschen zu 87% in Städten. Dennoch gibt es keine deutsche Metropole, die sich mit Paris oder London messen könnte. Großberlin, die bevölkerungsreichste Stadt Deutschlands, zählt nur 3,5 Millionen Einwohner. Damit liegt es immerhin weit vor Hamburg und München, wo jeweils über eine Million Menschen leben.

Große Ballungsgebiete kennzeichnen die deutsche Landschaft. In solchen Gebieten gehen die Städte, zumeist Industriestädte, deren Bevölkerung im 19. Jahrhundert sprunghaft gewachsen war, ohne deutlich spürbare Abgrenzung ineinander über. Das wohl berühmteste dieser Ballungsgebiete ist das Ruhrgebiet: Im größten europäischen Industriegebiet, das sich von Duisburg am Rhein über Essen und Bochum bis Dortmund erstreckt, leben rund 5,5 Millionen Menschen Andere.

Population

Avec ses 80 millions d'habitants, l'Allemagne est l'État le plus peuplé de l'Union Européenne. Les Allemands représentent 16 % de la population de l'UE.

Densité de la population

Une population de 225 habitants au km^2 fait de l'Allemagne un pays densément peuplé. Mais cette population est inégalement répartie selon les régions. La grande plaine du Nord et certaines régions montagneuses de Bavière sont faiblement peuplées. La densité des Länder de l'Est est inférieure à celle de l'Ouest. L'Est compte comparativement peu de grandes villes. Le Mecklembourg-Poméranie occidentale et le Brandebourg sont essentiellement ruraux.

D'une manière générale, la population allemande est urbaine (à 87 %). Pourtant, il n'existe pas en Allemagne de grand ensemble urbain comparable à Paris ou Londres. Le grand Berlin, la première agglomération du pays, ne compte que 3,5 M d'habitants. Cela place Berlin loin devant Hambourg et Munich, qui comptent chacune plus d'un million d'habitants.

Le paysage allemand est caractérisé par de grandes aires urbaines. Dans ces conurbations composées pour l'essentiel de villes industrielles dont la population a crû de façon vertigineuse au XIXe siècle, le tissu urbain est continu et l'on passe insensiblement d'une ville à l'autre. L'exemple le plus célèbre de conurbation est sans doute la région de la Ruhr : la plus vaste région industrielle d'Europe s'étend de Duisburg (sur le Rhin) à Essen et de Bochum à Dortmund. 5,5 millions d'habitants y vivent. L'ensemble

Ballungsgebiete haben sich um Köln-Bonn am Rhein, um Frankfurt am Main und um Stuttgart am Neckar gebildet

formé par Cologne et Bonn, le long du Rhin, Francfort-sur-le-Main mais aussi Stuttgart (sur le Neckar) offrent d'autres exemples de ce genre de conurbations.

Altersaufbau und demographischer Wandel

Die Bevölkerung geht in Deutschland seit 2003 tendenziell zurück. Und die Zukunftsprognose ist düster: Die Bevölkerungswissenschaftler gehen davon aus, dass ohne Zustrom von Zuwanderern oder starken Anstieg der Fruchtbarkeitsrate die Bevölkerung Deutschlands von heute 80,3 Mio. auf 70 Mio. im Jahre 2060 zurückgehen wird. Dabei verläuft der demographische Wandel nicht überall gleich. Es gibt auch Wachstumsregionen wie Bayern oder Baden-Württemberg. Zu den Schrumpfungsregionen zählen außer den Ländern im Osten das Saarland im Westen.

Dieser Rückgang geht mit einer Alterung der Bevölkerung einher. Heute schon leben in der Bundesrepublik mehr BürgerInnen, die über 65 Jahre alt sind, als unter18-Jährige. Allein diese Zahlen lassen ein besorgniserregendes demographisches Problem deutlich erkennen. Seit den 70er Jahren geht die Fruchtbarkeitsrate ständig zurück. Sie liegt heute bei 1,4 Kindern per Frau. Zur Erhaltung der Bevölkerungszahl wären 2 ,1 Kinder per Frau erforderlich. Gleichzeitig ist die Lebenserwartung gestiegen. Für Neugeborene im Jahr 2010 erreicht sie bei Frauen 82,6 Jahre und bei Männern 77,4 Jahre. Heute kommen auf 100 Menschen im Erwerbsalter 44 Menschen im Rentenalter. Ohne massive Zuwanderung soll dieser Quotient bis 2050 auf 78 steigen.

Pyramide des âges et changement démographique

Depuis 2003, le chiffre de la population allemande est tendanciellement en recul. Et les prognostics d'avenir sont sombres : les démographes estiment que dans un afflux massif d'immigrants ou sans augmentation spectaculaire du la fécondité, la population allemande passera de 80,3 millions aujourd'hui à 70 millions en 2060. Au demeurant, ce changement démographique ne se fait pas sentir partout de la même façon. Il a des régions où la population croît, comme la Bavière et le Bade-Wurtemberg. Au nombre des régions où la population baisse, il faut compter hormis les Länder de l'Est la Sarre à l'Ouest.

Ce recul s'accompagne d'un vieillissement de la population. Il y a aujourd'hui déjà en République Fédérale plus de gens âgés de plus de 65 ans que de jeunes de moins de 18 ans. Ces chiffres à eux seuls permettent d'identifier un problème démographique. Le taux de fécondité est en recul constant depuis les années 1970. Il est aujourd'hui de 1,4 enfants par femme. Pour que le chiffre de la population se maintienne, il faudrait 2,1 enfants par femme. En même temps, l'espérance de vie a augmenté. Pour ceux qui sont nés en 2010, elle atteint 82,6 ans pour les femmes et 77,4 ans pour les hommes. Il y a aujourd'hui 44 retraités pour 100 individus en âge d'exercer un travail. Sans immigration massive, ce quotient va passer à 78 d'ici 2050.

In letzter Zeit wurde viel darüber debattiert, was Akademikerinnen zur Mutterschaft ermuntern könnte. Fest steht nämlich, dass bei 40% Frauen mit einem Hochschulabschluss der Nachwuchs ausbleibt. Um diesem Phänomen entgegenzuwirken, schaut man zum „gebärfreudigen" Nachbarland Frankreich hinüber, wo Kind und Beruf einander nicht auszuschließen scheinen. Zusätzlich zum Kindergeld und zu Steuerbegünstigungen wie dem Kinderfreibetrag wurde 2007 auf die Initiative von Familienministerin von der Leyen (CDU) hin das Elterngeld eingeführt. Diese Unterstützung in Höhe von 67% des Nettogehalts wird einem Elternteil bis zu 14 Monaten ausbezahlt. Durch diese Abfederung der Gehaltseinbuße sollen auch die Väter dazu ermutigt werden, ihren Teil des Erziehungsurlaubs zu nehmen. Damit die Eltern nicht zu lange aus dem Berufsleben aussteigen, wird zudem das Angebot an Kinderbetreuungsanstalten und „Ganztagsschulen" erweitert.

Ces derniers temps, on a beaucoup discuté de ce qui pourrait inciter les femmes diplomées à avoir des enfants. On a en effet constaté que 40 % des femmes qui ont fait des études supérieures restent sans descendance. Pour renverser cette tendance, on regarde du côté du voisin français qui fait figure de « champion de la natalité » et où il ne semble pas incompatible d'avoir un enfant tout en conservant son travail. En plus de l'allocation-enfant et d'allègements fiscaux comme l'abattement pour enfant à charge, on a introduit en 2007 une allocation parentale, à l'initiative de la ministre de la famille, Ursula von der Leyen (CDU). Cette allocation d'un montant de 67 % du salaire net est payée à l'un ou l'autre des parents jusqu'à une durée de 14 mois. En amortissant de la sorte les pertes de salaires, on a voulu inciter les pères à prendre eux aussi en charge leur part du congé parental. Et pour que les parents ne restent pas trop longtemps hors de la vie active, on étoffe l'offre en places de crèche ou en écoles où les cours ont lieu sur l'ensemble de la journée.

Deutschland als Zuwanderungsland

2012 lag der Anteil der Ausländer an der Gesamtbevölkerung bei 7,9%. Fast jeder fünfte Deutsche hat einen Migrationshintergrund – das heißt mindestens einen zugewanderten Elternteil. Im Auftrag der Bundesregierung wird jährlich ein „Migrationsbericht" erstellt. Diesem Bericht zufolge ist für den Zeitraum 1991-2011 ein positiver Zuwanderungssaldo von 4.6 Millionen Menschen zu verzeichnen: Deutschland ist ein begehrtes Ziel für Zuwanderer. Dabei hat die Bundesrepublik diesen Überschuss zum Teil dem Zuzug von Deutschstämmigen mit deutschem Pass (den so genannten „Spätaussiedlern") zu verdanken. Das ist ein besonderes Merkmal für die Wanderungsstruktur Deutschlands im Vergleich zu den anderen westeuropäischen Großstaaten.

L'Allemagne comme terre d'immigration

En 2012, les étrangers constituaient 7,9 % de la population allemande. Presque un Allemand sur cinq est issu de l'immigration (c'est-à-dire qu'au moins un de ses parents a immigré). À la demande du gouvernement fédéral, il est établi chaque année un « rapport sur les migrations ». D'après ce rapport, le pays a enregistré un solde migratoire positif de 4,6 M pour la période 1991-2011 : l'Allemagne est une destination prisée parmi les migrants. Il faut préciser que cet excédent est dû pour une part à l'immigration d'Allemands de souche en possession d'un passeport allemand (que l'on appelle les « expatriés tardifs »). C'est une caractéristique particulière de la structure migratoire allemande par rapport aux autres grands États d'Europe de l'Ouest.

Zuwanderung auf Grund des Abstammungsprinzips

Wenn man rückblickend die Entwicklung in den letzten 50 Jahren betrachtet, ergibt sich ein Bild Deutschlands als Zuwanderungsland für Deutschstämmige aus den nach 1945 abgetretenen Gebieten. Zuerst kamen die Vertriebenen aus den 1945-46 an Polen und die Tschechoslowakei abgetretenen Gebieten. Dann hat die Bundesrepublik Übersiedler aus der DDR aufgenommen. Von 1949 bis zum Mauerbau im Jahre 1961 schätzt man auf 4 Millionen die Zahl derer, die – meistens als willkommene qualifizierte Arbeitskräfte – beim westdeutschen Wirtschaftswunder mitgeholfen haben. Nach der Öffnung des Eisernen Vorhangs waren es die so genannten „Spätaussiedler", die den Weg in die Bundesrepublik einschlugen. Damit sind Nachkommen von deutschen Siedlern gemeint, also Deutschstämmige aus Osteuropa (Ungarn, Rumänien) oder aus seit dem 18. Jahrhundert deutsch besiedelten Gebieten der ehemaligen Sowjetunion (Russische Föderation oder Kasachstan). Die Rückkehr in die deutsche Heimat war für sie umso verlockender, als sie sich dabei einen viel besseren Lebensstandard erhoffen konnten. Das deutsche Staatsbürgerschaftsrecht spricht den Aussiedlern automatisch die deutsche Staatsbürgerschaft zu, im Namen des Abstammungsprinzips. Trotzdem fiel es den Aussiedlern meistens schwer, sich in die deutsche Gesellschaft zu integrieren. Sie verfügten nämlich oft über geringe Kenntnisse der deutschen Sprache. Heute sind sie über 2 Mio. in der Bundesrepublik. Die Zahl der Aufnahmeanträge ist in den letzten Jahren allerdings sehr stark zurückgetreten.

Immigration sur la base du critère de nationalité allemande

*Si l'on regarde rétrospectivement l'évolution des 50 dernières années, l'Allemagne se révèle un pays d'accueil pour les Allemands de souche venant des territoires cédés après 1945. Il y a eu d'abord les réfugiés allemands expulsés en 1945-46 des territoires cédés à la Pologne et à la Tchécoslovaquie. Puis la République fédérale a accueilli les transfuges de RDA. Entre 1949 et la construction du mur de Berlin en 1961, on estime à 4 millions le chiffre de ceux qui, souvent qualifiés, ont fourni une main-d'œuvre bienvenue au moment du miracle économique à l'Ouest. Après l'ouverture du Rideau de fer, ce furent ceux que l'on nomme les « expatriés tardifs » qui gagnèrent l'Allemagne. Par le terme de « Spätaussiedler », il faut entendre les Allemands de souche descendant des colons allemands installés en Europe de l'Est (Hongrie, Roumanie) ou dans des territoires de l'ex-URSS (Fédération Russe ou Kazakhstan), où le peuplement allemand remonte au XVIII*e *siècle. Le retour dans la mère-patrie était d'autant plus attrayant pour eux qu'ils avaient l'espoir d'y voir leur niveau de vie s'améliorer notablement. Le code de la nationalité allemand leur reconnaît automatiquement la nationalité allemande, au nom du droit du sang. Malgré cela, il leur a été la plupart du temps difficile de s'intégrer dans la société allemande, car leurs connaissances de la langue allemande étaient souvent lacunaires. Ils sont désormais plus de deux millions en Allemagne. Le chiffre des nouvelles demandes d'accueil a toutefois nettement chuté ces dernières années.*

Wirtschaftliche Zuwanderung und Asylbewerber

Wie alle Industrienationen Westeuropas war die Bundesrepublik in den Jahren 1960-70 auf fremde Arbeitskräfte angewiesen, weil das Wirtschaftswachstum immer mehr Arbeiter in der Baubranche und in der Industrie erforderte. So kamen aus der Türkei, aus Jugoslawien, Italien und Griechenland Millionen solcher Gastarbeiter, wie sie damals genannt wurden. 2012 lebten in Deutschland rund 1,6 Mio. Türken und 470 000 Polen. Aber nicht alle nach Deutschland Zuwandernden bleiben langfristig auf deutschem Boden. Dies gilt insbesondere für die Saisonarbeiter, die die Oder passieren zur Spargel- oder Erdbeerenrente.

Die Zuwanderung von Arbeitsimmigranten ist also wesentlich zurückgegangen und beschränkt sich heute fast auf Familiennachzügler. Dagegen stieg bis 1992 die Zahl der Asylbewerber und Bürgerkriegsflüchtlinge erheblich. 1992 nahm Deutschland rund 80% aller Asylbewerber auf, die sich in der EU niederlassen wollten. Aber nach dem September 2001 wurde das Asylrecht verschärft. Die Zuwanderung bleibt jedoch nach wie vor ein beliebtes Wahlkampfthema. Manche Politiker halten die Grenzen der Belastbarkeit Deutschlands für überschritten und schlagen populistische Töne an, wenn sie von einer „Überschwemmung" sprechen oder ein Motto wie „Kinder statt Inder" in den Mund nehmen.

Immigration économique et demandeurs d'asile

Comme tous les grands pays industrialisés d'Europe de l'Ouest dans les années 1960-1970, la République Fédérale a dû recourir à la main-d'œuvre étrangère car la croissance requérait de plus en plus de bras dans le bâtiment et l'industrie. C'est ainsi qu'ont afflué de Turquie, de Yougoslavie, d'Italie et de Grèce des millions de « travailleurs invités », pour reprendre le terme employé à cette époque. En 2012, il y avait en Allemagne quelque 1,6 millions de Turcs et 470 000 Polonais. Mais tous les immigrés ne restent pas durablement sur le territoire allemand. Cela vaut particulièrement pour les travailleurs saisonniers qui franchissent l'Oder pour la récolte des asperges ou des fraises.

L'immigration pour des raisons économiques est donc en net recul et se limite aujourd'hui pratiquement au regroupement familial. Elle est relayée en revanche par le nombre des demandeurs d'asile et des réfugiés politiques voulant échapper aux guerres civiles. En 1992, l'Allemagne a accueilli presque 80 % de tous les demandeurs d'asile désireux de s'installer dans l'Union. Mais après septembre 2001, le droit d'asile a été restreint. L'immigration demeure quoi qu'il en soit un sujet de prédilection dans les campagnes électorales. Certains hommes politiques considèrent que les limites du supportable sont atteintes et se laissent aller à des accents populistes pour parler de « raz-de-marée » ou forger un slogan comme « Des enfants, pas des Indiens ».

Ein neues Staatsbürgerschaftsrecht

Nach dem Abstammungsprinzip konnten deutschstämmige Aussiedler automatisch die deutsche Staatsbürgerschaft erhalten, während auf deutschem Boden geborene Kinder von ausländischen Arbeitsimmigranten keinen Anspruch auf einen deutschen Pass hatten. Dem setzt das neue Staatsbürgerschaftsrecht ein Ende, das am 1. Januar 2000 in Kraft trat. Dieses Staatsbürgerschaftsrecht nimmt ein von der FDP ausgearbeitetes Modell wieder auf. Das neue Staatsbürgerschaftsrecht sieht vor, dass Kinder ausländischer Eltern, die sich schon über 8 Jahre rechtmäßig in Deutschland aufhalten, bei der Geburt die deutsche Staatsangehörigkeit erhalten. Die doppelte Staatsangehörigkeit ist bis zum 23. Lebensjahr möglich. Dann soll man sich für den einen oder den anderen Pass entscheiden. Mit diesem Staatsbürgerschaftsrecht, das in vieler Hinsicht dem französischen Staatsbürgerschaftsrecht ähnelt, hofft Deutschland, die Integration der neuen Generation von Gastarbeiterkindern zu fördern.

Un nouveau Code de la nationalité

En fonction du droit du sang, la nationalité allemande était octroyée automatiquement aux Allemands de souche nés hors d'Allemagne, alors que le droit à un passeport allemand était refusé aux enfants nés en Allemagne de parents immigrés économiques. Le nouveau code de la nationalité entré en vigueur le 1 janvier 2000 met fin à cette situation. Il reprend à son compte sur un projet élaboré par le parti libéral (FDP). Le nouveau Code de la nationalité stipule que les enfants nés en Allemagne de parents étrangers résidant légalement dans le pays depuis au moins 8 ans reçoivent la nationalité allemande à la naissance. La double nationalité est acceptée jusqu'à l'âge de 23 ans. Il convient ensuite de se déterminer en faveur de l'une des deux nationalités. Par ce Code de la nationalité, qui se rapproche sur plus d'un point du modèle français, l'Allemagne espère répondre aux attentes d'une jeune génération désireuse de s'intégrer.

Das Zuwanderungsgesetz

Vor dem Hintergrund einer alternden Bevölkerung kommt man in Deutschland um die Frage nicht herum, wie die verhältnismäßig immer weniger werdenden Erwerbstätigen für die Renten der immer zahlreicher werdenden Bundesbürger mit über 60 Jahren werden aufkommen können. Inzwischen ist man auch in den Reihen der Rechtskonservativen der Überzeugung, dass Deutschland ein Zuwanderungsland ist und sein muss. Die Integration der Nichtdeutschstämmigen wird aber durch die Spannungen erschwert, die nach dem 11. September aufgetreten sind.

La loi sur l'immigration

Confrontée au vieillissement de sa population, l'Allemagne ne peut éluder la question de savoir comment un nombre proportionnellement décroissant d'actifs peut subvenir aux retraites d'un nombre croissant de personnes de plus de 60 ans. Ces derniers temps, même les partis de droite se sont convaincus de l'idée que l'Allemagne est et doit être une terre d'immigration. Mais l'intégration des immigrés qui ne sont pas de souche allemande est rendue plus difficile par les tensions qui sont apparues après le 11 septembre.

Frühere rotgrüne Bundesregierung und Opposition waren zu einem Kompromiss gekommen. Nach langem Gezerre in Bundestag und Bundesrat konnte am 1. Januar 2005 das Zuwanderungsgesetz in Kraft treten. Zur Gewährleistung der öffentlichen Sicherheit ist die Möglichkeit der Überwachung und eventuell auch der Abschiebung staatsfeindlicher Gruppierungen und Menschen gesetzlich verankert. Diese Maßnahme ist nicht nur auf potenzielle Terroristen gemünzt. Sie gilt auch den so genannten „Schleusern", die illegale Zuwanderer ins Land bringen, und den „Hasspredigern", die in den Moscheen zu Gewalttaten gegen vermeintliche Feinde des Islams aufrufen.

Als „Zuckerbrot" sieht das Gesetz eine Förderung der Integration durch Sprachkurse und durch eine Einführung in das Rechtssystem der Bundesrepublik vor.

Wer sich zur freiheitlich demokratischen Grundordnung bekennt, seinen Lebensunterhalt und den seiner Angehörigen decken kann und über ausreichende Kenntnisse der deutschen Sprache verfügt, kann nach Ablegen eines Einbürgerungstests eingebürgert werden. Auf diese Weise wurden seit Inkrafttreten des neuen Staatsangehörigkeitsgesetzes über eine Million Menschen eingebürgert.

Le précédent gouvernement SPD-Verts et l'opposition étaient parvenus à un compromis. Après bien des tiraillements au Bundestag et au Bundesrat, la loi sur l'immigration a pu entrer en vigueur le 1.01.2005. Pour assurer la sécurité publique, la loi garantit la possibilité d'une surveillance et le cas échéant de l'expulsion de groupuscules et d'individus qui menacent la sécurité de l'État. Cette mesure ne vise pas seulement d'éventuels terroristes. Elle s'applique aussi aux « passeurs » qui font rentrer illégalement des immigrants dans le pays, et aux « prédicateurs de la haine », qui, dans les mosquées, incitent à la violence contre de supposés ennemis de l'islam.

Pour faire passer la pilule, la loi prévoit une incitation à l'intégration par le biais de cours de langue et d'une initiation au système juridique de la République fédérale.

Une personne qui adhère aux principes fondamentaux de la démocratie libérale, qui peut subvenir à ses besoins et à ceux de sa famille et possède une connaissance suffisante de la langue allemande peut, après avoir passé un test de naturalisation, obtenir la nationalité allemande. Depuis l'entrée en vigueur du nouveau Code de la nationalité, plus d'un million ont obtenu cette nationalité de cette façon.

Vocabulaire

Arbeitskräfte (pluriel)	*la main-d'œuvre*
Asylbewerber (der, -)	*le demandeur d'asile*
Ausländer (der, -)	*l'étranger*
Aussiedler (der, -)	*l'émigrant (de souche allemande)*
Ballungsgebiet (das, e)	*l'agglomération*
Bevölkerung (die)	*la population*
Bürgerkrieg (der, e)	*la guerre civile*
ein Deutschstämmiger (adj. subst.)	*un Allemand de souche*
Einwohner (der, -)	*l'habitant*
Flüchtling (der, e)	*le réfugié*
Fruchtbarkeit (die)	*la fécondité*
Gastarbeiter (der, -)	*le travailleur « invité » (= immigré)*
Lebenserwartung (die)	*l'espérance de vie*
Nachkomme (der, n, n)	*le descendant*
Pass (der, ¨e)	*le passeport*
Prognose (die, n)	*le pronostic*
Rate (die, n)	*le taux (inflation, croissance)*
Staatsbürgerschaftsrecht (das)	*le code de la nationalité*
Übersiedler (der, -)	*le transfuge*
Unterschied (der, e)	*la différence*
Türke (der n, n)	*le Turc*
ein Vertriebener (adj. subst.)	*expulsé*
Ziel (das, e)	*le but, l'objectif*
Zuwanderer (der, -)	*l'immigré*
besorgniserregend	*inquiétant*
deutlich	*clair, net*
düster	*sombre (sens figuré)*
im Vergleich (zu+D)	*en comparaison avec*
immerhin (adverbe)	*malgré tout, cependant*
umso+comparatif…, als	*d'autant plus… que*
vergleichsweise (adverbe)	*comparativement*
wesentlich	*essentiel, pour l'essentiel*
zahlreich	*nombreux, abondant*
ähneln (+D)	*ressembler à*
liegen (a, e) (bei+D)	*s'élever à (introduit une valeur*
schätzen (auf+A)	*estimer à*
vertreiben (ie, ie)	*expulser*
vor/sehen (a, e, ie)	*stipuler (dans le cas d'une loi), prévoir*
zählen	*compter*

Lexique en situation 9

Die Deutschen haben dem Marshall-Plan viel zu verdanken

Les Allemands doivent beaucoup au plan Marshall.

Die Inflationsrate der Eurozone wird auf 2,3% geschätzt.

On estime le taux d'inflation de la zone euro à 2,3 %.

Die Aufgabe ist umso schwieriger, als es an qualifizierten Arbeitskräften fehlt.

La tâche est d'autant plus difficile qu'on manque de main-d'œuvre qualifiée.

Ich erhoffe mir von der Regierung, dass sie mehr für die Umwelt tut.

J'attends du gouvernement qu'il fasse plus pour l'environnement.

Zwischen Deutschland und Frankreich lassen sich viele Gemeinsamkeiten ausmachen.

On peut déceler de nombreux points communs entre l'Allemagne et la France.

Was die Exporte betrifft, kann sich kein EU-Land mit Deutschland messen.

En ce qui concerne les exportations, aucun pays de l'Union européenne ne peut se mesurer à l'Allemagne.

Jedes Kind unter 5 hat im Prinzip Anspruch auf einen Kindergartenplatz.

Tout enfant de moins de 5 ans a droit en principe à une place de jardin d'enfant.

Die Eltern können nicht immer für den Lebensunterhalt ihrer studierenden Kinder aufkommen.

Les parents ne peuvent pas toujours subvenir aux besoins de leurs enfants qui font des études.

Menschenhändler haben Asylbewerber aus Afrika in die Bundesrepublik geschleust.

Des trafiquants esclavagistes ont fait passer clandestinement des demandeurs d'asile africains en Allemagne.

1989 ist sie mit ihren Eltern nach Deutschland übergesiedelt.

Elle est venue s'installer en Allemagne avec ses parents en 1989.

Die EU-Bürger fürchten sich vor einem Zustrom von Billigarbeitern aus Osteuropa.

Les citoyens de l'UE redoutent un afflux massif de main-d'œuvre bon marché en provenance des pays de l'Est.

Nach der Flutwelle blieben die Touristen in Südostasien lange aus.

Après le tsunami, les touristes ont été longtemps absents d'Asie du Sud-Est.

Er fühlt sich von der Gruppe ausgeschlossen.

Il se sent exclu du groupe.

Rückblickend erweisen sich die 60er Jahre als „fette Jahre".

Rétrospectivement, les années 60 s'avèrent avoir été des années de vaches grasses.

Es fällt mir schwer, in der Öffentlichkeit das Wort zu ergreifen.

J'ai du mal à prendre la parole en public.

DOSSIER 10

Religionsgemeinschaften in Deutschland

Im Vergleich zum laizistischen Frankreich ist Deutschland ein Land, in dem Glaube und Kirchen eine derart große Rolle spielen, dass die Trennung von Staat und Kirche nicht immer offensichtlich ist. Sieht man doch prominente Politiker zu öffentlichen Anlässen Bibelverse vorlesen und eine der großen Volksparteien das Wort „christlich" im Namen führen. Selbst die SPD eröffnet ihre Parteitage mit einem ökumenischen Gottesdienst. 2013 kennzeichnen sich etwa 75% der Deutschen als konfessionell gebunden.

L'Allemagne et la religion

À la différence de la France, pays laïque, l'Allemagne est une terre où la foi et les Églises jouent un rôle tellement grand que la séparation entre Église et État n'y est pas toujours manifeste. Que dire d'un pays où des hommes politiques de premier plan donnent lecture de versets de la Bible et où l'un des grands partis politiques se réclame ouvertement du christianisme ? Même le SPD ouvre ses congrès par un service religieux œcuménique. En 2013, environ 75 % des Allemands déclarent appartenir à une communauté religieuse.

Kirchen und Staat

Kirche und Staat sind schon seit der Weimarer Verfassung von 1919 rechtlich getrennt, d. h. dass es keine deutsche Staatskirche besteht. Die freie Religionsausübung und die Freiheit des Glaubens sind in der Verfassung (Artikel 4 des Grundgesetzes) verankert. Aber im Gegensatz zur Weimarer Verfassung ist das Grundgesetz keine laizistische Verfassung. In der Präambel des Grundgesetzes wird an die Verantwortung der Deutschen „vor Gott und den Menschen" erinnert. Zwar ist damit nicht nur das Christentum gemeint: In religiösen Dingen ist der Staat verfassungsgemäß verpflichtet, sich neutral zu verhalten. Aber durch die staatliche Anerkennung von „etablierten Religionen" ist dennoch das Verhältnis zwischen christlichen Kirchen und Staat sehr eng.

Als „etablierte Religionen" gelten die Evangelische Kirche in Deutschland (EKD), die römisch-katholische Kirche und die jüdische Glaubensgemeinschaft.

Église et État

Dès la constitution de Weimar (1919), Église et État sont juridiquement séparés, c'est-à-dire qu'il n'y a pas de religion d'État en Allemagne. La liberté de culte et la liberté de confession sont inscrites dans la constitution (article 4 de la Loi fondamentale). Mais à la différence de la constitution de Weimar, la Loi fondamentale n'est pas une constitution laïque. Dans son préambule, il est rappelé la responsabilité des Allemands « devant Dieu et les hommes ». Il ne s'agit pas d'une allusion exclusive au christianisme : l'État est tenu par la constitution à un comportement neutre dans le domaine religieux. Mais la reconnaissance par l'État de « religions établies » implique cependant l'existence de relations très étroites entre Églises et État.

Sont considérées comme « religions établies » l'Église luthérienne (EKD), l'Église catholique et la communauté juive. Cela confère à ces trois religions le statut juridique de « personne morale de droit public », et

Das gewährt diesen drei Religionen den Rechtsstatus einer „Körperschaft des öffentlichen Rechts", womit wichtige Privilegien verbunden sind. Das Hauptprivileg ist wohl der Erhalt der so genannten „Kirchensteuer", die der Staat für diese Religionsgemeinschaften bei den ihnen angehörenden Steuerzahlern erhebt. Nur wer beim Standesamt offiziell seinen Austritt erklärt oder sich schon immer als konfessionslos bezeichnet hat, kann die Kirchensteuer umgehen. Der Austritt muss durch Verwaltungsakt vollzogen werden. Der Kirchensteuer-Satz liegt durchschnittlich bei 9 Prozent der Einkommenssteuer.

de ce fait un certain nombre de privilèges importants. Le principal privilège est sans doute le bénéfice de ce qu'on appelle « l'impôt d'Église », prélevé par l'État pour ces trois religions auprès des contribuables qui s'en déclarent membres. Seul le fait de déclarer officiellement son abandon de la religion auprès de l'état-civil ou ne sa religion ou d'avoir de tout temps déclaré être « sans confession », permet d'échapper à cet impôt. Cette décision doit nécessairement être entérinée par un acte administratif. « L'impôt d'Église » s'élève en moyenne à 9 % de l'impôt sur le revenu.

Ein weiteres Privileg ist das im Grundgesetz festgeschriebene Recht, an staatlichen Schulen Religionsunterricht anzubieten. Der Religionsunterricht ist ordentliches Schulfach. An der Teilnahme am Religionsunterricht entscheiden aber allein die Erziehungsberechtigten. Schließlich gibt es auch für die drei etablierten Religionen die Möglichkeit, über Vertreter in den Räten der öffentlich-rechtlichen Rundfunksender zu verfügen.

Autre privilège : le droit inscrit dans la constitution d'offrir des cours d'éducation religieuse dans les établissements scolaires publics. Le cours d'éducation religieuse est une matière scolaire obligatoire. Mais la participation de l'élève à ce cours est du ressort exclusif de ses responsables légaux. Enfin, les trois religions établies ont également de la possibilité de disposer de représentants au sein des conseils de surveillance des radios publiques.

Die christlichen Kirchen

Die Bedeutung dieser Kirchen lässt sich am besten mit ein paar Zahlen ermessen: Trotz eines nicht geringen Rückgangs in der Zahl der Kirchenmitglieder gibt es in der Bundesrepublik rund 23,6 Millionen evangelische Protestanten und über 24,5 Millionen Katholiken. Rein zahlenmäßig machen die Christen (wozu die Angehörigen der orthodoxen Kirchen auch gehören) etwa 62 Prozent der Bevölkerung aus. Das bedeutet nicht, dass alle Mitglieder regelmäßige Kirchgänger sind. Meistens besuchen die Leute die Kirche bei besonderen Ereignissen (Taufen, Hochzeiten und Beerdigungen) sowie an besonderen Feiertagen (zu Ostern oder Weihnachten). Die Last der

Les Églises chrétiennes

Pour mesurer l'importance de ces religions, quelques chiffres suffisent : malgré un recul non négligeable du nombre de leurs membres, il y a en République fédérale environ 23,6 millions de protestants et plus de 24,5 millions de catholiques. D'un point de vue strictement statistique, les Chrétiens (au nombre desquels il faut également compter les orthodoxes) constituent environ 62 % de la population. Cela ne veut pas dire que tous sont des pratiquants réguliers. La plupart du temps, on va à l'église dans des circonstances particulières (baptêmes, mariages, enterrements) ainsi que certains jours de fête (Pâques, Noël). La pression fiscale explique pour une large part le nombre important de décisions officielles de « quitter »

Kirchensteuer erklärt zum großen Teil die massenhaften Kirchenaustritte der letzten Jahre (jährlich bis zu 300.000 Austritten in den Krisenjahren). Jeder Kirchenaustritt bedeutet natürlich eine Einkommenseinbuße für die Kirchen, worunter die von den Kirchen übernommene Sozialhilfe in erster Linie zu leiden hat.

l'Église survenues ces dernières années (jusqu'à 300 000 abandons par an au plus fort de la crise). Chaque fois que quelqu'un décide de « quitter » l'Église, cela entraîne naturellement une baisse de revenus pour cette Église, ce dont souffrent avant tout celles des œuvres sociales qui incombent en Allemagne aux Églises.

Deutschland – die Geburtsstätte der Reformation – ist seit dem 16. Jahrhundert konfessionell gespalten. Der Norden, der Osten und die Gegend um Stuttgart (Württemberg) sind überwiegend evangelischen Glaubens. Im Westen (Rheinland und Westfalen) und im Süden (Hessen, Franken und vor allem Bayern) ist die Bevölkerung mehrheitlich katholisch. Die neuen Bundesländer sind zwar traditionell evangelisch, aber 40 Jahre DDR haben dort auch Spuren hinterlassen: Wer im atheistischen kommunistischen Staat aufgewachsen ist, ist nach der Wende oft konfessionslos geblieben. Ökumenische Annäherungsversuche streben eine Überwindung der konfessionellen Spaltung des Landes an. Neulich sind sich die beiden Konfessionen in der zentralen Frage der Rechtfertigungslehre einig geworden (vgl. Dossier 2, Luther).

Depuis le XVIe siècle, l'Allemagne, terre d'origine de la Réforme, est divisée du point de vue religieux. Le Nord, l'Est et la région de Stuttgart (Wurtemberg) sont majoritairement protestants. L'Ouest (la Rhénanie) et le Sud (la Hesse, la Franconie et surtout la Bavière) ont une population majoritairement catholique. Les nouveaux Länder ont beau être de tradition protestante, 40 années de RDA y ont aussi laissé des traces : les gens qui ont grandi au sein d'un État communiste athée sont restés sans confession après la chute du Mur. Des tentatives de rapprochement œcuménique s'efforcent de surmonter la partition confessionnelle de l'Allemagne. Les deux Églises ont récemment trouvé un accord sur la question centrale de la doctrine de la justification (cf. Luther, Dossier 2).

Während die evangelisch-lutherische Kirche Frauen in kirchlichen Ämtern fördert – von 2009 bis 2010 war die Bischöfin von Deutschlands bevölkerungsreichstem evangelischem Bistum (Hannover) Ratsvorsitzende der EKD –, bedauert die katholische Kirche einen Mangel an Priestern und vor allem an Nachwuchs auch in den Ordensklöstern. Dazu kommt, dass sie sich in ihrer sozialen Hilfsarbeit durch Eingriffe des Vatikans behindert sieht. So hat Papst Johannes Paul II. unnachgiebig den Rücktritt der katholischen Kirche aus der Schwangerenkonfliktberatung verlangt (vgl. Dossier 12, Die Frau). Nach dem päpstlichen Verbot dürfen die katholischen

L'Église luthérienne encourage la présence des femmes dans l'exercice de fonctions religieuses : de 2009 à 2010, c'est une femme, déjà à la tête de l'évêché protestant le plus peuplé d'Allemagne (Hanovre), qui a exercé la présidence de l'EKD. En revanche, l'Église catholique souffre d'un manque de prêtres et surtout de relève dans les ordres religieux. À cela vient s'ajouter un autre problème : elle se voit entravée dans ses œuvres sociales par des interventions du Vatican. C'est ainsi qu'un Jean-Paul II inflexible a exigé que l'Église catholique se retire des centres de planning familial (cf. Dossier 12). À la suite de l'interdiction papale, les conseillers catholiques n'ont plus le droit d'émettre l'attestation nécessaire en Allemagne pour pouvoir avorter sans

Berater den zur straffreien Abtreibung erforderlichen Schein nicht mehr ausstellen. Das hat zu Verstimmungen und Protesten bei der deutschen öffentlichen Meinung geführt. Auf Grund des konservativen Kurses des Vatikans in gesellschaftlichen Fragen hatten sich manche Katholiken – vor allem Mitglieder von Laienbewegungen – über die Wahl des deutschen Kardinals Joseph Ratzinger zum Nachfolger von Johannes Paul II. kritisch geäußert. Die Mehrheit der deutschen Katholiken hatte sich allerdings Rückenwind von Benedikt XVI. erhofft, dem ersten deutschen Papst seit 480 Jahren. Die Rehabilitierung der traditionell-konservativen Pius-Bruderschaft, der der Holocaust-Leugner Williamson angehört, durch den nun emeritierten Benedikt XVI. hatte eigentlich eine neue Welle der Kirchenaustritte und scharfe Kritik bei den deutschen Bischöfen ausgelöst.

être en infraction. Cette rigueur a entraîné désaccords et protestations dans l'opinion publique allemande. La ligne de pensée conservatrice du Vatican pour ce qui est des questions de société explique pourquoi bon nombre de catholiques (essentiellement les membres d'associations laïques) ont eu des réactions critiques après l'élection du cardinal allemand Joseph Ratzinger comme successeur de Jean-Paul II. Mais la majorité des catholiques espérait tirer profit de la nomination de Benoît XVI, le premier pape allemand en 480 ans. Or la réhabilitation par Benoît XVI (aujourd'hui pape émérite) de la congrégation intégriste de la Fraternité saint Pie X, à laquelle appartient le négationniste Williamson, a déclenché une nouvelle vague d'abandon d'appartenance confessionnelle, et de vives critiques de la part des évêques allemands.

Die Juden in Deutschland

Durch die Zuwanderung von Juden aus der ehemaligen Sowjetunion nahm die Zahl der in Deutschland lebenden Juden erheblich zu. 2013 zählten die um die 110 jüdischen Gemeinden in Deutschland etwa 105.000 Mitglieder. Dazu kommen circa 90.000 Juden ohne Gemeindezugehörigkeit. Selbst wenn sich diese Zahlen im Vergleich zu den über 500.000 Juden, die Deutschland 1933 zählte, noch bescheiden ausnehmen, kann man zweifellos von einem wieder auflebenden jüdischen Leben auf deutschem Boden sprechen.

Seit dem Jahr 321 nach Christi Geburt ist die Anwesenheit der Juden in Deutschland dokumentiert (Urkunde vom römischen Kaiser Konstantin, die den Kölner Juden Rechte gewährt). Lange verfügten die deutschen Juden aber nur über eingeschränkte und jederzeit widerrufliche Rechte. Noch 1825 hatte sich Heinrich Heine zum Christentum bekehrt, mit der

Les juifs en Allemagne

L'immigration de juifs en provenance de l'ex-URSS a permis un accroissement considérable du nombre des juifs vivant en Allemagne. En 2013, les quelque 110 communautés juives qui compte l'Allemagne totalisaient environ 105 000 membres. Il faut rajouter à ce chiffre les quelque 90 000 juifs qui ne sont pas membres d'une communauté. Même si ces chiffres sont modestes en regard des plus de 500 000 juifs que Allemagne comptait en 1933, on peut indéniablement parler d'une renaissance du judaïsme sur le sol allemand.

La présence juive en Allemagne est attestée depuis 321 après J.-C. (acte de l'empereur romain Constantin octroyant des droits aux juifs de Cologne). Mais les droits des juifs ont longtemps étés restreints et révocables à tout instant. En 1825 encore, Heinrich Heine s'était converti au christianisme dans l'espoir (déçu) d'obtenir une chaire à l'université. Il a fallu attendre 1872 et

(enttäuschten) Hoffnung, eine Professorenstelle an der Universität zu erhalten. Erst 1872 unter Fürst Bismarck erhielten sie die formale Gleichberechtigung.

Bismarck pour que s'instaure formellement l'égalité des droits.

Das Judentum ist heute eine der drei etablierten Religionsgemeinschaften in Deutschland und genießt somit alle Privilegien, die auch den etablierten christlichen Kirchen zustehen. Der Wiederaufbau der Oranienburger Synagoge in Berlin wurde als Anzeichen der Versöhnung der Juden mit Deutschland interpretiert. Auch die Entscheidung des Mäzens Heinz Berggruen, seine umfangreiche Sammlung moderner Kunstwerke dem Land Berlin zu vererben, spricht dafür. Berggruen wurde 1914 in Berlin geboren, musste aber 1936 ins amerikanische Exil, um der Verfolgung durch das NS-Regime zu entgehen.

Le judaïsme est aujourd'hui l'une des trois religions établies et jouit à ce titre de tous les privilèges accordés aux religions chrétiennes établies. La reconstruction de la grande synagogue de Berlin (Oranienburgerstraße) a été interprétée comme le signe de la réconciliation des juifs avec l'Allemagne, ce dont témoigne également la décision du mécène Heinz Berggruen de léguer à Berlin sa vaste collection d'art moderne. Berggruen est né en 1914 à Berlin, mais a dû fuir en Amérique en 1936 pour échapper aux persécutions nazies.

Die Dachorganisation der jüdischen Gemeinden ist der Zentralrat der Juden in Deutschland. Um das Ansehen des Zentralrates in der Öffentlichkeit hat sich sein ehemaliger Vorsitzender Ignatz Bubis verdient gemacht. Keiner hätte es gewagt, dem 1999 verstorbenen Bubis ein Mitspracherecht in allen ethischen und sozialen Fragen zu bestreiten. Als der Schriftsteller Martin Walser 1998 in seiner Friedenspreis-Rede von der „Moralkeule" Auschwitz sprach, reagierte Bubis heftig, indem er von „geistiger Brandstiftung" sprach. Heute muss der Vorsitzende des Zentralrats Dieter Graumann noch zu oft antisemitische Ausschreitungen beklagen. Rechtsextreme sorgten im Frühjahr 2005 für einen Eklat im sächsischen Landtag, als sie sich weigerten, sich einer Schweigeminute für die Opfer des NS-Regimes anzuschließen. Sie wollten nur der deutschen Opfer des Krieges gedenken. Es ist also zu befürchten, dass das lange tabu gebliebene Thema des Leidens der Deutschen im Krieg die Erinnerung an das Übel, das den Juden zugefügt wurde, verdrängt. Angesichts der schwindenden Zahl der Überlebenden einerseits und der

L'organe représentatif des juifs allemands est le Conseil central des juifs d'Allemagne (consistoire). S'il jouit d'une grande considération dans l'opinion publique, c'est grâce à son ex-président Ignatz Bubis. Nul n'aurait osé contester à Bubis, décédé en 1999, le droit d'intervenir sur toutes les grandes questions éthiques et sociales. Lorsque dans un discours tenu en 1998 à l'occasion de la remise du prix de la Paix, l'écrivain Martin Walser a parlé d'Auschwitz comme d'une « massue morale », Bubis a violemment réagi en le qualifiant « d'incendiaire moral ». Aujourd'hui, le présidente du Conseil central, Dieter Graumann, a encore trop souvent à déplorer des violences antisémites. Au début de l'année 2005, des membres d'un parti d'extrême droite ont provoqué un scandale au Landtag de Saxe en refusant de s'associer à une minute de silence à la mémoire des victimes du régime nazi. Ils entendaient honorer exclusivement la mémoire des victimes allemandes de la guerre. Il est donc à craindre que la question de la souffrance des Allemands pendant la guerre, longtemps considérée comme un tabou, ne relègue à l'arrière-plan le souvenir des atrocités infligées aux juifs. Au

wachsenden Zahl derjenigen andererseits, die als „Nachgeborene" nicht mehr für die Schuld des „Tätervolkes" einstehen wollen, stellt sich fast 70 Jahre nach der Befreiung des Konzentrationslagers Auschwitz durch die Rote Armee am 27.1.1945 die Frage nach der Form, die das Gedenken des Holocaust annehmen kann bzw. soll.

vu du nombre sans cesse déclinant des survivants d'une part, et d'autre part du nombre croissant de ceux qui, nés après les faits, ne veulent plus prendre en charge la faute d'un « peuple de bourreaux », la question de la façon de commémorer l'holocauste se pose, presque 70 ans après la libération du camp d'Auschwitz par l'Armée rouge le 27.1.1945.

Der Islam in Deutschland

Mit rund 4 Millionen Anhängern ist der Islam die drittgrößte religiöse Gemeinschaft in Deutschland. Die in Deutschland lebenden Muslime sind mehrheitlich türkischstämmige Sunniten, die Töchter und Söhne der so genannten „Gastarbeiter", die ab den 60er Jahren nach Deutschland eingewandert waren.

Langsam wächst der Islam aus dem Status einer „Hinterhof-Religion", d. h. einer Religion, deren Kultstätten öfters kaum sichtbar, in den Hinterhöfen der großstädtischen Mietskasernen zu finden sind, heraus. In allen deutschen Metropolen ist der Bau von Großmoscheen im Gange bzw. schon vollzogen. Insgesamt sind um die hundert Moscheen geplant. Der Islam ist also auf dem Weg zu einer größeren Anerkennung und Sichtbarkeit. Er verfügt jedoch nicht über den rechtlichen Status einer „etablierten" Glaubensgemeinschaft. Das Streben nach einer einheitlichen Vertretung der Muslime in Deutschland, die der erste Schritt zur Anerkennung als „etablierte Religion" wäre, wird durch die Vielfalt der konfessionellen Strömungen erschwert. Von 2009 bis 2013 tagte die vom ehemaligen Bundesinnenminister Wolfgang Schäuble (CDU) ins Leben gerufene Deutsche Islamkonferenz (DIK). Die Konferenz kam einmal im Jahr zusammen und arbeitete unter anderem daran, dass der Islam als reguläres Schulfach (in deutscher Sprache) an öffentlichen Schulen eingeführt werden kann. Aber die größte

L'islam en Allemagne

Avec 4 millions de fidèles, l'islam est numériquement la troisième religion d'Allemagne. Les musulmans vivant en Allemagne sont en majorité des sunnites d'origine turque, les filles et les fils de ce qu'on a appelé les « travailleurs invités », immigrés venus en Allemagne à partir des années 1960.

L'islam émerge lentement de son statut de « religion d'arrière-cour », c'est-à-dire de religion dont les lieux de culte sont souvent peu visibles, cachés dans les arrière-cours des vieux immeubles insalubres des grandes villes. Dans toutes les grandes villes d'Allemagne, de grandes mosquées sont en construction, voire déjà construites. Au total, il en est prévu une centaine. L'islam est donc sur la voie d'une plus grande reconnaissance et visibilité. Il ne dispose cependant pas du statut juridique de « religion établie ». Les efforts visant à parvenir à une représentation unique des musulmans d'Allemagne, qui serait le premier pas vers la reconnaissance en tant que « religion établie », sont entravés par la pluralité de ses courants religieux. La Conférence allemande de l'Islam (DIK), mise en place sous l'égide de Wolfgang Schäuble, ministre de l'intérieur d'alors (chrétien démocrate), a fonctionné de 2009 à 2013. Cette conférence s'est réunie une fois l'an et a travaillé entre autres choses à l'introduction de l'islam comme matière scolaire normale (enseignée en allemand) dans les écoles publiques. Mais la plus grande menace pour l'intégration des musulmans tient aux groupuscules islamistes, comme le « Califat »,

Gefahr für die Integration der Muslime stellen die islamistischen Gruppierungen wie der 2001 verbotene „Kalifatsstaat" des Metin Kaplan, der inzwischen in die Türkei abgeschoben wurde. Auch die nachgewiesene Teilnahme von islamistischen Studenten, welche die Universität in Hamburg besuchten, an den Anschlägen auf die Twin Towers in New York am 11.9.2001 hat dem deutschen Islam Abbruch getan. Der Wunsch vieler Politiker, es möge in der Präambel der Europäischen Verfassung einen Bezug zum christlichen Erbe des alten Kontinents geben, ist vor diesem Hintergrund zu verstehen. Und in der öffentlichen Debatte um das Verhältnis von Staat und Religion geht es heute fast ausschließlich um den Platz des Islams in einem säkularisierten, bekenntnisneutralen Staat.

interdit en 2001, dont le fondateur, Metin Kaplan, a depuis lors été extradé vers la Turquie. La participation avérée d'étudiants islamistes de l'université de Hambourg aux attentats du 11.09.2001 contre les Twin Towers de New York a causé du tort à l'islam allemand. C'est dans ce contexte qu'il faut comprendre le souhait de nombreux hommes politiques de voir figurer dans le préambule de la constitution européenne une référence à l'héritage chrétien de l'Ancien Continent. Et dans le débat public sur le rapport de l'État et de la religion, il est aujourd'hui presque exclusivement question de la place de l'islam dans un État sécularisé et confessionnellement neutre.

Die Kirchen im sozial-karitativen Bereich, in der Politik und im Alltag

Vieles von dem, wofür in Frankreich der Staat sorgt, wird in Deutschland durch die Kirchen gewährleistet. Staat und Kirchen arbeiten im Rahmen von sozialen Wohlfahrtsprogrammen zusammen. Der Deutsche Caritasverband (katholische Kirche), das Diakonische Werk (evangelisch-lutherische Kirche) und die Zentralwohlfahrtsstelle der Juden in Deutschland verwalten Kindergärten für die noch nicht schulpflichtigen Kinder. Altersheime und Pflegeheime für die Bedürftigen sind oft kirchliche Einrichtungen. Die Kirchen bieten Hauspflegedienste für Behinderte an und spielen auch eine wesentliche Rolle im Alltag der Frauen durch die Familienplanungseinrichtungen und Beratungsstellen für Schwangere. Sie entlasten den Staat durch die Aufgaben, die sie in der Aufnahme und Beratung von Flüchtlingen und Asylbewerbern erfüllen.

Les Églises dans le domaine socio-caritatif, en politique et dans la vie quotidienne

Ce qu'en France l'État prend en charge dans bien des cas, est souvent assuré en Allemagne par les Églises. Églises et État collaborent dans le cadre de programmes de bienfaisance. L'association « Caritas » pour l'Église catholique, les œuvres des diaconesses pour l'Église luthérienne et l'organisation centrale de bienfaisance des juifs allemands administrent des crèches pour les enfants qui n'ont pas encore l'âge d'aller à l'école. Foyers de personnes âgées, centres de soin pour les gens dans le besoin sont souvent des institutions religieuses. Les Églises assurent des soins à domicile pour les handicapés et jouent également un rôle important dans la vie quotidienne des femmes par le biais d'organismes de planning familial et de centres de conseil pour les femmes enceintes. Elles soulagent l'État en prenant à leur charge certaines tâches d'accueil et de conseil auprès des réfugiés et des demandeurs d'asile. À cela vient s'ajouter leur engagement dans l'aide au développement.

Dazu kommt noch ihr Engagement in der Entwicklungshilfepolitik im hilfsbedürftigen Ausland.

Die Bedeutung der Kirchen in Deutschland lässt sich auch daran ermessen, dass eine der großen Volksparteien sich offen zum Christentum bekennt. Die Christlich-Demokratische Union (CDU) wurde zusammen von Protestanten und Katholiken gegründet. Auch in der DDR spielte die Kirche eine wichtige Rolle bei der friedlichen Revolution, die zum Fall des SED-Regimes führte. Vor den „Montagsdemonstrationen" auf offener Straße versammelten sich die Gegner des Regimes in der Leipziger Nikolaikirche. Seit den bitteren Erfahrungen der NS-Diktatur und des Kommunismus herrscht Konsens darüber, dass die Kirchen eine Gegenmacht zum totalitären Staat sein können. Es gibt in Deutschland ein ständiges Bedürfnis nach einer Werteorientierung, zu der die Kirchen wesentlich beitragen – wie zum Beispiel in der Diskussion um die Bioethik.

Le fait que l'un des grands partis de masse allemands se réclame ouvertement du christianisme prouve également à quel point la religion est importante en Allemagne. L'Union des Chrétiens-démocrates (CDU) a été fondée communément par des protestants et des catholiques. En RDA aussi, l'Église a pu jouer un grand rôle dans la révolution pacifique qui a mené à la chute du régime communiste. Avant de descendre dans la rue pour les « manifestations du lundi », les opposants au régime se réunissaient dans l'Église Saint Nicolas de Leipzig. Depuis les expériences cruelles de la dictature nazie et du communisme, tout le monde s'accorde sur le fait que les Églises peuvent être un contre-pouvoir face à un État totalitaire. Il y a en Allemagne un besoin constant en points de repère, et les Églises y subviennent pour une bonne part, comme le montre le débat sur la bioéthique.

Nicht alle Bundesländer verhalten sich bekenntnisneutral: So beschloss der überwiegend katholische Freistaat Bayern, dass in allen Klassenräumen der staatlichen Schulen ein Kreuz hängen sollte. Das Bundesverfassungsgericht erklärte 1995 diesen Beschluss für illegal. In Bayern rief das so genannte Kruzifix-Urteil des Bundesverfassungsgerichts Empörung bei den Katholiken hervor. In den Schulräumen hängt weiterhin ein Kruzifix, das auf Wunsch der Eltern oder der Schüler abgehängt werden kann... Dagegen zeigte die öffentliche Meinung bundesweit kaum Verständnis, als eine muslimische Lehrerin aus Baden-Württemberg eine Klage beim BVG einreichte, weil dieses Land das Tragen des Kopftuchs im Unterricht nicht zulassen wollte. Der „Fall Ludin" löste auch eine heftige Debatte in den Medien aus. In der Hälfte der Bundesländer wurde im Zuge dieser Debatte ein

Tous les Länder ne sont pas neutres en matière religieuse : ainsi, le Land de Bavière à majorité catholique a-t-il décidé qu'un crucifix devait être apposé dans toutes les salles de classe de ses écoles publiques. En 1995, la cour constitutionnelle de Karlsruhe a statué dans un jugement que cette décision était illégale. En Bavière, ce que l'on a nommé le « jugement crucifix » de la cour constitutionnelle a été accueilli avec indignation par les catholiques. Mais il y a toujours un crucifix dans les salles de classe, lequel peut être décroché à la demande des parents ou des élèves... En revanche, l'opinion publique a fait preuve de peu de compréhension quand une professeure musulmane de Bade-Wurtemberg a déposé une plainte auprès de la cour parce que ce Land ne lui permettait pas de porter le voile en cours. Le « cas Ludin » a été abondamment discuté dans les media. Dans la foulée de ce débat, la moitié des Länder a adopté une loi interdisant le port du voile dans la fonction publique. Par-delà la question

Gesetz verabschiedet, dass das Tragen des Kopftuchs im Dienst untersagt. Über die religiöse Frage hinaus ging es dabei um das Selbstverständnis Deutschlands als „Multikulti"-Gesellschaft, oder umgekehrt um die Behauptung einer „Leitkultur", die sich die Zuwanderer anzueignen hätten.

religieuse, la vraie question était celle de l'identité de l'Allemagne : société multiculturelle, ou au contraire pays affirmant une culture dominante que les immigrés doivent assimiler ?

Umstritten ist die Behandlung der neuen Formen der Religiosität durch den deutschen Staat. Eine Sekte wie Scientology wird nicht als Kirche, sondern als rein kommerzielles Unternehmen betrachtet. Bis jetzt weicht die Bundesrepublik dem Druck der Vereinigten Staaten nicht, wo Scientology über einflussreiche Verfechter verfügt.

La façon dont l'État allemand traite les nouvelles formes de religiosité est controversée. Il ne considère pas une secte comme la scientologie en tant que religion, mais comme une entreprise purement commerciale. Et l'Allemagne ne cède toujours pas aux pressions des États-Unis, où la scientologie dispose de défenseurs influents.

Vocabulaire

Abtreibung (die) (ab/treiben)	*l'avortement (avorter)*
Anhänger (der, -)	*le partisan, l'adepte*
Anlass (der, ¨e)	*le prétexte, le mobile*
Ansehen (das)	*la considération*
Beerdigung (die, en)	*l'enterrement*
ein Behinderter (adj. Subst.)	*un handicapé*
Christ (der, en, en)	*le chrétien*
Christentum (das)	*le christianisme*
freie Religionsausübung (die)	*la liberté de culte*
Glaube (der, n, ns)	*la foi, la religion, la croyance*
Gleichberechtigung (die)	*l'égalité en droit*
Gottesdienst (der, e)	*le service religieux, la messe*
Jude (der, n, n) (die Jüdin)	*le juif (la juive)*
Katholik (der, en, en)	*le catholique*
Kirchgänger (der, -)	*le pratiquant*
Kloster (das, ¨)	*le couvent, le monastère*
Kultstätte (die, n)	*le lieu de culte*
Laie (der, n, n)	*le laïc*
Moschee (die, n)	*la mosquée*
Muslim (der, e)	*le musulman*
Papst (der, ¨e)	*le pape*
Privileg (das, ien)	*le privilège*
Protestant (der, n, n)	*le protestant*
Reformation (die)	*la Réforme*
Staatskirche (die)	*la religion d'État*
Steuerzahler (der, -)	*le contribuable*
Synagoge (die, n)	*la synagogue*
Urteil (das, e) (ein ~ fällen)	*le jugement (porter un jugement)*
evangelisch	*protestant*
jüdisch	*juif*
laizistisch	*laïque*
muslimisch	*musulman*
ökumenisch	*œcuménique*
über+A... hinaus	*par-delà*
überwiegend	*majoritaire, dominant*
umstritten	*controversé*
aus/treten (a, e, tritt) (ist)	*quitter, sortir de*
besuchen	*rendre visite, mais aussi fréquenter (école, université, église)*
gedenken (achte, acht) (+G)	*commémorer*
genießen (oss, ossen)	*jouir de*
überwinden (a, u)	*surmonter*
verpflichtet sein, etw. zu tun	*être obligé de faire qqch*

Lexique en situation 10

Die Macht des Glaubens

La puissance de la foi

Über die konfessionelle Spaltung hinaus

Par-delà la partition religieuse

Beim Gottesdienst gedachte man des Verstorbenen [G].

Pendant la messe, on a célébré la mémoire du défunt.

Jeder vierte Deutsche gehört keiner Kirche an.

Un Allemand sur quatre n'appartient à aucune confession.

Er hat es gewagt, der Autorität des Staates zu trotzen.

Il a osé défier l'autorité de l'État.

Im Grundgesetz ist die Gleichberechtigung der Glaubensbekenntnisse anerkannt.

La Loi fondamentale reconnaît l'égalité en droit des confessions religieuses.

Das Tragen von religiösen Symbolen in der Schule steht zur Debatte.

Le port de symboles religieux à l'école fait l'objet d'un débat.

Der „Fall Ludin" hat eine Debatte über die religiöse Toleranz entfacht.

Le « cas Ludin » a déclenché un débat sur la tolérance en matière de religion.

Die Bürger sind sich nicht über die Notwendigkeit einer Verfassung einig.

Il n'y a pas d'accord parmi les citoyens sur la nécessité d'une constitution.

Bei diesem Projekt hatte ich allerlei Schwierigkeiten zu überwinden.

Dans ce projet, j'ai eu à surmonter toutes sortes de difficultés.

Das Kind wurde auf den Namen „Peter" getauft.

L'enfant a été baptisé (du nom de) Pierre.

Dieser Einwand tut der [D] Gültigkeit seiner Argumentation keinen Abbruch.

Cette objection n'entame en rien la validité de ses arguments.

Der Autor nimmt sich [D] die Wahl eines deutschen Papstes zum Anlass, um seine Überlegungen über das Verhältnis von Staat und Kirche zu äußern.

L'auteur prend prétexte de l'élection d'un pape allemand pour exprimer ses réflexions sur le rapport de l'Église et de l'État.

Das Frauenpriestertum bleibt ein umstrittenes Thema.

Le sacerdoce des femmes demeure un sujet controversé.

DOSSIER 11

Das Bildungs- und Schulwesen

Gemäß der Kompetenzverteilung zwischen Bund und Ländern, die in Art. 30 und 70 des Grundgesetzes festgeschrieben ist, liegt das Bildungswesen im Hoheitsgebiet der Länder. Es gibt zwar ein Bundesministerium für Bildung und Forschung, aber dieses kann nur Vorgaben erarbeiten, und es steht den Bundesländern frei, diese Vorgaben in die eigene Gesetzgebung umzusetzen oder nicht. Anders als in Frankreich gibt es also keine Zentralstelle zur Verwaltung der Bildungseinrichtungen und zur Bestimmung der Lehrinhalte. In jedem Bundesland gehört der Schulbereich und dessen Finanzierung zu den Zuständigkeiten des Kultusministers. Die Bundesländer entscheiden auch über die Ausbildung der Lehrer, die den Status von Beamten haben. Damit aber die Lehrinhalte von einem Land zum anderen nicht allzu große Unterschiede aufweisen, trifft die Ständige Konferenz der Kultusminister der Länder (KMK) zusammen. Der Bund kann am Neubau von Hochschulen und an der Förderung von Forschung mit überregionaler Bedeutung mitwirken (Art. 91 GG). Im „Hochschulrahmengesetz" regelt der Bund außerdem die Aufgaben und die Organisation der Universitäten.

Das deutsche Bildungssystem erholt sich langsam vom so genannten „Pisa-Schock". In der von der OECD durchgeführten Pisa-Studie hat die Bundesrepublik mehrmals recht mittelmäßig abgeschnitten. Objektiv betrachtet hängen die deutschen Ergebnisse damit zusammen, dass das Auslesefach die Beherrschung der Schulsprache (d. h. des Deutschen) ist. Da manche Kinder in Deutschland erst spät eingeschult werden und Deutsch manchmal nicht die

Le système éducatif

Conformément aux articles 30 et 70 de la Loi fondamentale, qui répartissent les compétences entre Bund et Länder, le système de formation est du ressort des Länder. Il y a certes un ministère fédéral de la formation et de la recherche, mais il ne peut que mettre au point un cahier des charges que les Länder peuvent transposer ou non, selon leur gré, dans leur propre législation. À la différence de la France, il n'y a donc aucune institution centrale pour administrer les institutions d'enseignement et pour fixer les contenus des enseignements. C'est du ministre de l'Éducation de chaque Land que dépend la vie scolaire et son financement. Les Länder sont souverains quant à la formation des enseignants, qui ont le statut de fonctionnaires. Mais pour que le contenu des enseignements ne diffère pas trop d'un Land à l'autre, les « ministres des cultes » (= ministres de l'Éducation, en charge également des cultes) der Länder se réunissent au sein d'une conférence permanente (KMK). Le Bund peut participer à la construction de nouveaux bâtiments universitaires ou soutenir la recherche de niveau national (article 91 de la Loi fondamentale). Par la « loi-cadre sur l'enseignement supérieur », le Bund réglemente également les missions et l'organisation des universités.

Le système éducatif allemand se remet doucement de ce que l'on a appelé le « choc » déclenché par l'étude PISA. Dans cette étude menée sous l'égide de l'OCDE, l'Allemagne a eu à plusieurs reprises des résultats moyens. Objectivement, ces résultats sont liés au fait que le critère retenu pour l'étude est la maîtrise de la langue de l'enseignement (donc de l'allemand). L'âge tardif de la scolarisation pour certains enfants, et le fait que l'allemand ne soit pas toujours la langue maternelle des

Muttersprache der Grundschüler ist, lässt diese Beherrschung zu wünschen übrig. Um dem entgegenzuwirken, werden die Ganztagsschulen ausgebaut. In OECD-Ländern, wo Kinder die Ganztagsbetreuung in Anspruch nehmen, ist die Beherrschung der Grundkompetenzen größer. 2012 waren über die Hälfte aller Schulen Ganztagsschulen. Auch die unionsgeführten Länder, die ursprünglich eher gegen dieses Schulmodell waren, haben umgedacht. Ansonsten gibt es für die eher schlechten Ergebnisse auch wirtschaftliche Gründe: Der BIP-Anteil für Bildung ist in Deutschland verhältnismäßig niedrig. Im Vergleich zur Sekundarstufe und zu den Hochschulen kommt die Primarstufe zu kurz.

Der Schulbesuch ist nämlich erst ab dem sechsten Lebensjahr Pflicht. Er ist gebührenfrei. Zu 95% sind die deutschen Schulen staatliche Einrichtungen.

élèves de l'école primaire ont pour effet une maîtrise insuffisante de la langue. Pour y remédier, on augmente le nombre des écoles fonctionnant toute la journée. Dans les pays de l'OCDE où les enfants sont scolarisés toute la journée, la maîtrise des compétences de base est plus grande. En 2012, plus de la moitié des écoles offraient cours et activités toute la journée. Les Länder gouvernés par une majorité chrétienne-démocrate, qui étaient à l'origine plutôt contre ce modèle d'école, ont eux aussi révisé leur position. Sinon, il y a à ces résultats médiocres également des raisons économiques : la part du PIB consacrée à l'éducation est plutôt faible en Allemagne. L'enseignement primaire est défavorisé par rapport à l'enseignement secondaire et supérieur.

En effet, la scolarité n'est obligatoire qu'à partir de 6 ans. Elle est gratuite. 95 % des établissements d'enseignement allemands sont publics.

Die Primarstufe

Der Kindergarten

Vor dem sechsten Lebensjahr können die Kinder einen Kindergarten besuchen. Ein Kindergarten ist keine Pflichtschule, sondern eher eine Kinderbetreuungsanstalt, wo nicht LehrerInnen, sondern ErzieherInnen arbeiten. Die Eltern müssen meistens selbst für den Kindergartenplatz zahlen. In Deutschland herrschte lange Konsens darüber, dass die Kinder erst mit 5 „schulreif" sind. Bis zum 5. Lebensjahr wurden die meisten Kinder daheim von der Mutter betreut, die dafür einen Erziehungsurlaub beantragen und auf Erziehungsgeld Anspruch erheben konnte. In den letzten Jahren hat sich das Bild im Bereich der frühkindlichen Bildung allerdings deutlich geändert. Jetzt besuchen Kinder im Alter von 3 Jahren

L'enseignement primaire

Le jardin d'enfant

Pour les enfants de moins de 6 ans, il existe la possibilité d'aller au jardin d'enfants. Un jardin d'enfants n'est pas une école obligatoire, mais plutôt un lieu de garde où travaillent non pas des enseignant(e)s, mais des éducateurs. La plupart du temps, les parents doivent prendre en charge eux-mêmes les frais de jardin d'enfants. En Allemagne, on a longtemps considéré unanimement que cinq ans est le « bon âge » pour mettre les enfants à l'école. Jusqu'à 5 ans, la plupart des enfants restaient à la maison auprès de leur mère, laquelle avait droit à un congé parental et à l'allocation correspondante. Or ces dernières années, la situation a considérablement changé dans le domaine de la formation de la petite enfance. Aujourd'hui, 90 % des enfants de 3 ans vont à la crèche. Et l'offre visant les

zu 90% eine Kindertageseinrichtung. Das Angebot für Kinder unter 3 Jahren wird ebenfalls ausgebaut. Es bestehen allerdings oft noch Engpässe in der Kita-Betreuung.

enfants de moins de 3 ans est égalemement étoffée. Il demeure toutefois encore souvent un manque de places en crèche.

Die Grundschule

Die für alle Kinder verpflichtende Grundschule dauert vier Jahre. In Berlin und Brandenburg umfasst sie sechs Klassen. Anders als die französische „école primaire" ist die Grundschule in der Regel keine „Ganztagsschule": Der Schulbesuch begrenzt sich auf den Vormittag. Nachdem festgestellt wurde, dass die OECD-Länder mit Ganztagsschulen bei der Pisa-Studie besser abgeschnitten hatten als Deutschland, wird nun in den meisten Bundesländern versucht, auch am Nachmittag Schulbetreuung anzubieten. Die Lehrinhalte der Grundschule sind zum Teil umstritten. Lehrervereine verlangen bundesweit eine Rückkehr zu den Kernaufgaben der Schule, nämlich zum Erlernen von Schreiben, Lesen und Rechnen.

Am Ende jedes Schuljahres erhalten die Schüler ein Zeugnis, das über die Versetzung in die nächste Klasse entscheidet. Die deutsche Notenskala geht von 1 (sehr gut) bis 6 (ungenügend). Am Ende der Grundschule findet ein wichtiges Ausleseverfahren statt: Jeder Schüler bekommt eine „schriftliche Empfehlung" vom Lehrer, die über das Lernprofil des Schülers Rechenschaft gibt. Auf Grund dieses Lern- und Leistungsprofils wird der Schüler in einen der drei Schultypen der Sekundarstufe verwiesen. Laut OECD ist diese frühe Sortierung der Kinder sozial ungerecht. Sie bremst den sozialen Aufstieg der Kinder aus einkommensschwachen Familien und der Kinder mit Migrationshintergrund.

L'école primaire

L'école primaire obligatoire a une durée de 4 ans, sauf à Berlin et au Brandebourg où elle comporte six classes. À la différence du modèle français d'école primaire, les cours n'y sont pas assurés toute la journée : les enfants ne vont à l'école que le matin. Après avoir constaté que les pays de l'OCDE où les enfants vont à l'école toute la journée s'en sortent mieux que l'Allemagne dans l'étude PISA, la plupart des Länder essaient de proposer des activités l'après-midi aussi. Les contenus des enseignements primaires font partiellement l'objet de contestations. Dans toute l'Allemagne, des associations d'enseignants réclament qu'on en revienne aux missions fondamentales de l'école : apprendre à lire, écrire et compter.

À la fin de chaque année scolaire, les élèves reçoivent un bulletin qui détermine le passage dans la classe supérieure. Les notes vont de 1 (très bien) à 6 (insuffisant). À la fin de la scolarité primaire, il y a un processus de sélection très important : chaque élève reçoit de la part de son instituteur une « recommandation écrite » qui rend compte des aptitudes de l'élève. Sur la base de ces aptitudes et des résultats, l'élève est orienté vers l'un des trois types d'établissements d'enseignement secondaire. Selon l'OCDE, cette sélection précoce des enfants est socialement injuste. Elle entrave l'ascension sociale des enfants issus de milieux défavorisés ou de l'immigration.

Die Sekundarstufe

Ab der 5. Klasse wechseln die Schüler in die Sekundarstufe, mindestens bis zum Ablauf der allgemeinen Pflichtschulzeit von 9 Jahren (10 Jahren in Berlin, Brandenburg, Thürigen und Nordrhein-Westfalen – 12 Jahren in Bremen).

Innerhalb des Sekundarbereiches lassen sich vier Schularten unterscheiden. Laut KMK-Statistik für das Jahr 2011 verteilten sich die Schüler zu 15,3% auf die Hauptschule, zu 24% auf die Realschule, zu 36,6% auf das Gymnasium und zu 11,2% auf die Gesamtschule. Die Zuweisung zu einer Hauptschule, einer Realschule oder einem Gymnasium ist entscheidend, denn nicht alle Schüler werden nach Abschluss der Sekundarstufe eine Hochschule besuchen können. Nur diejenigen, die sich als „theoretisch begabt" erwiesen haben, werden später auf die Uni gehen können. Für die „praktisch begabten" Schüler, welche die Hauptschule absolvieren, ist das nicht möglich. Das bedeutet konkret, dass die deutschen Schüler schon mit 10 getrennte Wege gehen. In manchen traditionell SPD-geführten Ländern – zum Beispiel in Berlin – hat man versucht, diese frühe Trennung aufzuheben und eine „Gesamtschule" nach dem Modell des französischen „collège unique" einzuführen. Die Gesamtschule ermöglicht es theoretisch, zwischen den Lehrgängen Brücken zu schlagen. Aber unter den Besserverdienenden stehen die meisten Eltern diesen Gesamtschulen skeptisch gegenüber. In ihren Augen fördert die Gesamtschule im Vergleich zum Gymnasium die Schulleistung nicht genug, was die Chancen auf ein erfolgreiches Universitätsstudium verringere.

L'enseignement secondaire

Au niveau de la cinquième année de scolarisation, les élèves passent dans l'enseignement secondaire et y restent jusqu'à la fin de la scolarité obligatoire, d'une durée de 9 ans (10 ans à Berlin, dans le Brandebourg, en Rhénanie du Nord-Westphalie et en Thuringe – 12 ans à Brême).

L'enseignement secondaire comprend quatre filières distinctes. Selon les statistiques de la Conférence des ministres des cultes (en charge de l'éducation) pour l'année 2011, 15,3 % des élèves fréquentaient une Hauptschule, 24 % une Realschule, 36,6 % le lycée, et 11,2 % la Gesamtschule. L'orientation vers une « Hauptschule », une « Realschule » ou un « Gymnasium » est déterminante, car tous les élèves, à l'issue du secondaire, ne seront pas admis à l'université. Seuls ceux qui auront fait leurs preuves dans les matières « théoriques » pourront ensuite poursuivre leurs études à l'université. Cela n'est pas possible pour les élèves qui ont des dispositions « pratiques » et auront fréquenté la « Hauptschule ». Concrètement, cela signifie que dès l'âge de 10 ans, les élèves suivent des voies différentes. Dans certains Länder traditionnellement à gauche, comme Berlin, on a essayé de supprimer cette partition précoce en mettant en place une « école globale » (Gesamtschule) d'après le modèle français du « collège unique ». La Gesamtschule permet en principe d'établir des passerelles entre les filières. Mais elles n'ont pas bonne réputation dans les milieux sociaux les plus aisés. On pense qu'elles ne poussent pas assez les élèves, ce qui réduirait les chances de mener à bien ensuite des études universitaires.

Die Hauptschule ist also die am wenigsten anspruchsvolle Schule, was die theoretischen Schulfächer betrifft. Sie umfasst meistens 5 Klassen. Die Kinder aus einkommensschwachen Familien sind an den Hauptschulen übermäßig vertreten. Nach Abschluss der Hauptschule können die Schüler in die Berufsausbildung gehen. In Deutschland wurde das Modell der Dualen Berufsausbildung entwickelt: Die Studierenden absolvieren mit staatlicher Unterstützung die berufliche Ausbildung in einem Betrieb, während sie gleichzeitig am allgemeinbildenden Unterricht an der Schule teilnehmen. Durch dieses Modell soll der Bedarf der Betriebe an geschulten Fachkräften gedeckt werden. So haben die Betriebe Vorrang bei der Bestimmung der Lerninhalte.

La « Hauptschule » est donc la filière la moins difficile en ce qui concerne les matières théoriques. La plupart du temps, elle dure cinq ans. Les enfants des milieux défavorisés sont surreprésentés dans les « Hauptschulen ». À la fin de la scolarité dans une « Hauptschule », les élèves peuvent suivre une formation professionnelle. L'Allemagne est le pays de la formation duale : grâce à un financement public, les apprenants effectuent leur formation professionnelle dans une entreprise tandis qu'ils continuent de recevoir un enseignement général dans un établissement scolaire. Ce modèle a pour but de couvrir les besoins des entreprises en main-d'œuvre qualifiée. Ce sont donc les entreprises qui ont le dernier mot dans le choix des contenus d'enseignement.

Anspruchsvoller als die Hauptschule ist die Realschule, die 6 Jahre dauert. Die Realschule ist im Grunde genommen eine Mischform aus Hauptschule und Gymnasium. Nach Realschulabschluss ist der Besuch einer Technischen Hochschule möglich.

La « Realschule » d'une durée de 6 ans, est plus difficile que la « Hauptschule ». En réalité, cette « Realschule » est un hybride de « Hauptschule » et de « Gymnasium ». À l'issue de la « Realschule », il est possible d'entrer dans une université technique.

Das Studium am Gymnasium dauert in der Regel acht Jahre. Die deutschen Gymnasiasten können die Zusammensetzung der Kurse freier gestalten als die französischen. Natürlich gibt es Grundkurse, d. h. Pflichtfächer wie Deutsch, Mathematik oder die erste Fremdsprache. Aber zusätzlich dazu wählt der Schüler am Ende der 10. Klasse zwei oder drei „Leistungskurse" frei. Der Religionsunterricht ist gemäß Artikel 7 des Grundgesetzes auch an staatlichen Schulen ordentliches Schulfach (vgl. Dossier 10). Diese Unterrichtsstruktur spiegelt sich im Abitur wieder, das in einer drei- bzw. zweijährigen Bewertung der schulischen Leistungen in allen Pflichtfächern und in zwei Leistungskursen besteht. Die Prüfungsthemen werden von den Lehrern selbst vorgeschlagen. Allerdings geht seit einigen Jahren in den meisten Bundesländern der Trend in Richtung

Les études au lycée (« Gymnasium ») durent en général huit ans. Les lycéens allemands disposent d'une plus grande liberté que les Français dans le choix des enseignements suivis. Il y a bien sûr des matières de tronc commun, c'est-à-dire des matières obligatoires, comme l'allemand, les mathématiques ou une langue vivante. Mais en plus de ces matières, l'élève choisit librement deux ans avant le bac deux ou trois cours sous forme d'options renforcées. L'article 7 de la Constitution stipule que les cours d'éducation religieuse sont une matière obligatoire y compris dans les établissements publics (cf. Dossier 10). Cette structure de cours se retrouve au niveau du baccalauréat, qui consiste en une évaluation sur deux ou trois ans des résultats scolaires dans toutes les matières de tronc commun et dans deux options. Ce sont les professeurs eux-mêmes qui choisissent les sujets d'examen. Depuis quelques années, la tendance dans la plupart

Zentralabitur. Und ab 2017 sollen sogar gemeinsame (d. h. bundesweit geltende) Abiturstandards in einzelnen Pflichtfächern wie Deutsch oder aber Mathematik eingeführt werden. Das Abitur ist die Berechtigung zum Hochschulbesuch. Die Immatrikulation an der Universität erfolgt aber nach einem Wahlverfahren, bei dem der beim Abitur erzielte Durchschnitt als Kriterium gilt (Numerus clausus).

des Länder est cependant au baccalauréat centralisé. Et à partir de 2017, des normes communes à tous les Länder doivent même instaurées pour certaines matières obligatoires comme l'allemand ou les mathématiques. Le baccalauréat est la condition de l'accès à l'université. Mais l'inscription à l'université est le résultat d'un processus sélectif sur la base de la moyenne obtenue au baccalauréat (numerus clausus).

Das Hochschulwesen

Im Bereich der Sekundarschulen waltet die Kulturhoheit der Länder. Die Universitäten werden zwar durch die Länder finanziert, aber mit dem 2007 zum letzten Mal geänderten Hochschulrahmengesetz stehen sie auch unter Aufsicht des Bundes und insbesondere des Bundesministeriums für Bildung und Forschung. Das Hochschulrahmengesetz regelt zum Beispiel die Studienzeit, die bis zum ersten berufsqualifizierenden Abschluss höchstens 4 Jahre betragen darf. Die Studiendauer für Hochschulstudenten ist in Deutschland sehr lang. Durchschnittlich beträgt sie über 7 Jahre. Die letzte Änderung des Hochschulrahmengesetzes strebt folglich eine Verkürzung der Studienzeit an. Die Länder sind es aber, die darüber entscheiden, wie viel Erstsemestler eine Universität aufnehmen muss. Der Bund sorgt nur dafür, dass die Zulassung zur Universität unabhängig von der Landeszugehörigkeit bleibt. Der Bund beaufsichtigt zudem die Umsetzung des europäischen „ECTS" (European Credits Transfer System), die mit der gesamteuropäischen Anerkennung der Hochschulstudiengänge einhergeht. Diesem System nach ist auch in Deutschland der Bachelor- oder Bakkalaureusgrad die erste Abschlussstufe. Sie muss nach mindestens 3 und höchstens 4 Jahren absolviert werden. Anschließend kommt der Magister- oder Mastergrad, die Zwischenstufe zur Doktorarbeit.

L'enseignement supérieur

L'enseignement secondaire est placé sous la tutelle des Länder. Les universités sont financées par les Länder, mais la loi-cadre sur l'enseignement supérieur, amendée pour la dernière fois en 2007, les place également sous l'autorité de l'État fédéral, et en particulier du ministère fédéral de la formation et de la recherche. Cette loi-cadre règlemente par exemple la durée des études, qui ne peut excéder 4 ans jusqu'à l'obtention du premier diplôme exploitable professionnellement. En Allemagne, les étudiants font de très longues études. La durée moyenne des études est de plus de 7 ans. Le dernier amendement de la loi-cadre sur l'enseignement supérieur tente en conséquence de réduire la durée des études. Mais ce sont les Länder qui décident du nombre d'étudiants qu'une université doit admettre en première année. Le Bund se contente de vérifier que l'accès à l'université soit indépendant du domicile dans le Land considéré. De plus, le Bund contrôle la transposition du système européen « LMD », qui accompagne la reconnaissance dans toute l'Europe des cursus universitaires. Dans ce système, le premier diplôme est en Allemagne la licence (« Bachelorgrad »). Elle doit être obtenue en un minimum de 3 et un maximum de 4 ans. Puis vient la maîtrise, étape intermédiaire avant le doctorat.

Nachdem 6 unionsgeführte Länder eine Klage gegen das Verbot von Studiengebühren eingereicht hatten, sprach sich im Januar 2005 das Bundesverfassungsgericht für die Aufhebung dieses Verbots. Es steht nun den Ländern frei, Gebühren für Erststudiengänge zu erheben. Die Entscheidung treffen nicht die Universitäten, sondern die Länder. In Bayern waren seitdem Gebühren von 500 € pro Semester erhoben worden. Doch ein Volksbegehren gegen Studiengebühren im Januar 2013 zwang den bayrischen Landtag dazu, diese abzuschaffen. Auch in Baden-Württemberg hat sich das Konzept eines gebührenfreien Studiums wieder durchgesetzt.

À l'issue d'une plainte déposée par 6 Länder (gouvernés par la droite) contre l'interdiction des frais de scolarité, la cour constitutionnelle s'est prononcée en janvier 2005 en faveur de la suspension de cette interdiction. Les Länder ont désormais toute latitude pour rendre payant l'accès à l'université dès la première année. La décision incombe non pas aux universités, mais aux Länder. Depuis lors, la Bavière percevait des droits d'inscription de 500 € par semestre. Or en janvier 2013, un référendum d'initiative populaire contre l'université payante a contraint le parlement de Bavière à supprimer ces frais. Même en Bade-Wurtemberg, l'idée de la gratuité des études supérieures s'est de nouveau imposée.

Um Jugendlichen aus einkommensschwachen Familien den Zugang zur Universität zu ermöglichen, wurde 1971 das Bundesausbildungsförderungs-Gesetz (BaföG) verabschiedet. Gemäß der Neufassung des BaföG-Gesetzes vom 7.12.2010 wurde der Höchstbetrag auf monatlich 670 Euro aufgewertet. Das BaföG ist nur zur Hälfte ein Stipendium. Die andere Hälfte ist ein zinsloses Darlehen, das nach Universitätsabschluss zurückzuzahlen ist. 2013 zählte man rund 960 000 BaföG-Empfänger unter den 15 Millionen, die die Bildungsangebote nutzen.

Pour permettre aux jeunes de milieu modeste d'aller à l'université, il a été promulgué en 1971 une loi fédérale instaurant des bourses d'étude (BaföG). En fonction de l'amendement à la loi Bafög en date du 7.12.2010, le montant maximal en a été revu à la hausse (670 euros). Le BaföG n'est une bourse que pour moitié. 50 % de la somme allouée est un prêt à taux 0 remboursable à la fin des études universitaires. En 2013, on dénombrait 960 000 bénéficiaires du BaföG sur les 15 millions d'utilisateurs de l'offre de formation.

Die Wahl der Universität steht dem Abiturienten nicht völlig frei. Die Aufnahme in die eine oder die andere Universität hängt vom Numerus clausus ab. Je gefragter die Universität, desto höher der zur Aufnahme erforderliche Mindestdurchschnitt beim Abitur. So müssen manche Jugendliche nicht selten mehrere Jahre auf einen Studienplatz im gewünschten Fachbereich warten. Selbst wenn ein leichter Rückgang der Studentenzahl festzustellen ist, gibt es heute immer noch doppelt so wenig Studienplätze wie Bewerber. Der Mangel an Studienplätzen sowie die sich

Les bacheliers ne sont pas entièrement libres de choisir leur université. L'accès à l'université dépend d'un « numerus clausus », une barre d'admission. Plus l'université est demandée, plus la moyenne au baccalauréat exigée pour entrer est élevée. Il n'est ainsi pas rare que des jeunes attendent plusieurs années avant de pouvoir s'inscrire dans la discipline de leur choix. Même si l'on constate un léger recul du nombre des étudiants, il y a aujourd'hui encore deux fois plus de candidats que de places. Le manque de places à l'université ainsi que la dégradation des conditions d'études (par ex. les amphithéâtres combles, les travaux dirigés surpeuplés) ont ces dernières années régulièrement entraîné

verschlechternden Lernbedingungen an den deutschen Universitäten (z. B. überfüllte Hörsäle und Seminare) führten in den letzten Jahren zu ständigen Protesten und Demonstrationen gegen den als unzureichend empfundenen Etat der Hochschulen.

des protestations et des manifestations contre les dotations budgétaires des universités, jugées insuffisantes.

Die deutsche Hochschullandschaft ist recht bunt. Die ehrwürdigen Universitäten der deutschen Philosophen und Philologen bestehen noch und sind über das klassische Modell der vier Fakultäten (Theologie, Philosophie, Jura und Medizin) hinausgewachsen. Die 1386 gegründete Universität Heidelberg gehört immerhin zu den besten fünf deutschen juristischen Fakultäten. Nach der Wiedervereinigung konnte die Humboldt-Universität Berlin ihre Führungsposition in den Geisteswissenschaften und in der Medizin zurückgewinnen. Es gibt aber auch eine Vielzahl von Neugründungen aus den 60er und 70er Jahren – vor allem im Ruhrgebiet (Bielefeld 1969, Essen 1972) – die mit den traditionellen Universitäten Tübingen, Freiburg, Marburg, Göttingen oder Jena mithalten können.

L'enseignement supérieur allemand présente des aspects très diversifiés. Les vénérables universités des philosophes et des philologues allemands sont toujours là et ont évolué par rapport au modèle classique des 4 facultés (théologie, philosophie, droit et médecine). L'université d'Heidelberg, fondée en 1386, reste néanmoins dans les cinq premières universités pour le droit. Après la réunification, la Humboldt de Berlin a retrouvé sa position dominante dans le domaine des sciences humaines et de la médecine. Mais il y a aussi tout un ensemble d'universités récentes (fondées dans les années 1960 et 1970), essentiellement dans la Ruhr (Bielefeld 1969, Essen 1972), qui sont tout à fait capables de soutenir la comparaison avec les universités traditionnelles de Tübingen, Fribourg-en-Brisgau, Marbourg, Göttingen, ou Iéna.

Eine Besonderheit des deutschen Hochschulsystems ist die Bedeutung der Fachhochschulen. Laut Statistischem Bundesamt sind über die Hälfte der deutschen Studenten an einer Fachhochschule immatrikuliert. Dort kann man sich z. B. zum Diplomingenieur ausbilden lassen. Nach Abschluss einer Fachhochschule ist die Beförderung in eine Technische Hochschule möglich.

L'importance des instituts techniques universitaires est une particularité de l'enseignement supérieur en Allemagne. Selon l'Institut fédéral de la statistique, plus de la moitié des étudiants fréquentent un établissement de ce genre. On peut y suivre une formation d'ingénieur, par exemple. Les diplômés de ces instituts peuvent ensuite poursuivre leurs études dans une université technique.

Im Geiste der Europäischen Integration spielt die Zusammenarbeit mit Universitäten in den Nachbarländern eine immer größere Rolle. Im Rahmen des Erasmus-Programms ist es möglich, einige Semester an einer Universität im Ausland zu verbringen. Integrationsvorbild ist das Netz, welches die Universitäten Freiburg, Straßburg und Basel gebildet haben. In diesem Gebiet am Oberrhein können die Studenten im jeweiligen Fachbereich je nach Interesse und Laune die Vorlesungen dieser drei Universitäten besuchen. Doch im Wettbewerb mit internationalen Spitzenuniversitäten wie Harvard sind selbst die führenden deutschen Hochschulen noch zu wenig attraktiv.

Dans le sens de l'intégration européenne, la collaboration avec les universités des pays voisins joue un rôle de plus en plus important. Dans le cadre du programme Erasmus, il est possible de passer un semestre dans une université étrangère. Le réseau formé par les universités de Fribourg, Strasbourg et Bâle (Suisse) fait figure de modèle de ce genre d'intégration. Dans cette région du Rhin supérieur, les étudiants d'une même filière peuvent à leur guise suivre les cours de l'une ou l'autre de ces universités. Mais comparées à l'élite des universités internationales, comme Harvard, même les meilleures universités allemandes manquent d'atouts.

Im Verlauf des Berufslebens gibt es auch für Berufstätige die Möglichkeit, sich weiterzubilden. Im Prinzip kann jeder seine Kenntnisse und beruflichen Qualifikationen auf den neuesten Stand bringen. Ziel der Weiterbildung ist auch der berufliche Aufstieg. Für die Allgemeinbildung für Erwachsene sind die Abendkurse der Volkshochschule zuständig.

Ceux qui sont déjà dans la vie active ont également la possibilité de poursuivre leur formation au cours de leur vie professionnelle. Tout le monde a ainsi la possibilité de se mettre à niveau tant du point de vue théorique que pratique. Cette formation continue a pour but de permettre une évolution dans les carrières. Pour ce qui concerne la culture générale, les « universités populaires » offrent aux adultes des cours du soir.

Die Rechtschreibreform

Die Übergangsfrist für die 1998 beschlossene Rechtschreibreform ist am 1.8.2005 abgelaufen. Seitdem ist die neue Regelung für Schulen und Behörden verbindlich.

La réforme de l'orthographe

Le 1er août 2005, le délai d'application de la réforme adoptée en 1998 est arrivé à son terme. Les nouvelles règles doivent désormais être obligatoirement appliquées dans les établissements scolaires et dans l'administration.

Vocabulaire

Abitur (das)	*le baccalauréat*
Abiturient (der, n, n)	*le bachelier*
Allgemeinbildung (die)	*la culture générale*
Aufgabe (die, n)	*la tâche*
Ausbildung (die)	*la formation (professionnelle)*
Auslese (die, n)	*la sélection*
Bewerber (der, -)	*le candidat*
Bildung (die)	*la formation, l'acquisition d'une culture*
Einrichtung (die, en)	*l'institution*
erwachsen (ein Erwachsener)	*adulte (un adulte)*
Etat (der)	*le budget*
Facharbeiter (der)	*la main-d'œuvre qualifiée, spécialisée*
Forschung (die)	*la recherche*
Fremdsprache (die, n)	*la langue étrangère*
Gebühr (die, en)	*le tarif, les frais*
Gegensatz (der, ¨e)	*le contraire*
Geisteswissenschaft (die, en)	*la science humaine*
Gymnasium (das, en)	*le lycée*
Hoheit (die)	*l'autorité légale*
Hörsaal (der, -säle)	*l'amphithéâtre*
Immatrikulation (die)	*l'inscription*
ein Jugendlicher	*un jeune*
Kenntnis (die, e)	*la connaissance*
Kultusminister (der, -)	*le ministre de l'Éducation et des Cultes d'un Land*
Leistung (die)	*le résultat scolaire, la performance*
Netz (das, e)	*le réseau*
Schulfach (das, ¨er)	*la matière, la discipline*
Stipendium (das, en)	*la bourse*
Studiengang (¨e)	*le cursus*
Verwaltung (die)	*l'administration*
Vorgabe (die, n)	*le cahier des charges*
Wissenschaft (die, en)	*la science*
Zeugnis (das, e)	*le bulletin (dans un autre contexte : le témoignage)*
anspruchsvoll	*exigeant*
sein Studium ab/schließen (oss, ossen)	*terminer ses études (avec un diplôme*
betreuen	*s'occuper de qn, prendre qn en charge*
sich immatrikulieren (an+D)	*s'inscrire à (l'université)*
rechnen	*compter*
weiter / bilden (sich)	*suivre une formation continue*
widmen (sich ~ +D)	*consacrer (se consacrer à)*

Lexique en situation 11

Seine Worte stehen im Gegensatz zu seinen Taten.
Ses propos sont en opposition avec ses actes.
Endlich hat man die Reformen in die Tat umgesetzt!
On a enfin mis les réformes en pratique !
Ich habe die Entscheidung getroffen, das Rauchen aufzugeben.
J'ai pris la décision d'arrêter de fumer.
Wir sind auf unerwartete Schwierigkeiten gestoßen.
Nous nous sommes heurtés à des difficultés imprévues.
In Mathe schneidet er besser ab als in Erdkunde.
Il a de meilleurs résultats en maths qu'en géographie.
Deutschland weist alle Merkmale eines reichen Landes auf.
L'Allemagne présente toutes les caractéristiques d'un pays riche.
Die deutsche Sprache beherrsche ich noch nicht perfekt.
Je ne maîtrise pas encore parfaitement la langue allemande.
Festzustellen ist, dass immer mehr Gymnasiasten Englisch als erste Fremdsprache lernen.
On constate que de plus en plus de lycéens apprennent l'anglais en première langue.
Nach der Pensionierung ist sie in ihre Heimatstadt zurückgekehrt.
À la retraite, elle est retournée dans sa ville natale.
Der Autor verweist auf eine Stelle im Neuen Testament.
L'auteur renvoie à un passage du Nouveau Testament.
In der dialektischen Synthese heben sich die Gegensätze auf.
Dans la synthèse dialectique, les contraires se résorbent.
Den Menschen [D] steht er meistens misstrauisch gegenüber.
La plupart du temps, les êtres humains lui inspirent de la méfiance.
Sie hat alle Prüfungen hervorragend absolviert.
Elle s'est acquittée avec brio de tous ses examens.
Qualität hat Vorrang vor [D] Quantität.
La qualité passe avant (a la priorité sur) la quantité.
Seine Familie ist sehr auf sozialen Aufstieg bedacht.
Sa famille accorde une grande importance à l'ascension sociale.

DOSSIER 12

Die Frau in der deutschen Gesellschaft

Frauenfrage im Rückblick

Anfang des 20. Jahrhunderts galten als vorgegebene Lebensziele für Frauen die Ehe und die Familie. Mit Beginn des 1. Weltkrieges wurden Frauen zur Arbeit in der Rüstungsindustrie gezwungen. Aber sie forderten schon die gleichen Rechte wie die Männer. Am 12. November 1918 wurde in Deutschland das allgemeine und gleiche Wahlrecht für beide Geschlechter eingeführt und 1919 in der Weimarer Verfassung verankert.

Die Frau im Nationalsozialismus

Das nationalsozialistische Frauenbild war ein traditionelles Mutterbild. Der Nationalsozialismus wies die Frau auf die „ihr durch ihre natürlichen Anlagen gegebenen Berufe und Aufgaben" hin. Gebärfreudige Mütter erhielten das Ehrenkreuz mit der Aufschrift „Das Kind adelt die Mutter".

Mit Kriegsbeginn war das „Heimchen am Herd" allerdings nicht mehr gewünscht, die Frauen nahmen nun Arbeitsplätze von Männern ein, die im Krieg waren. Beim Wiederaufbau ab 1945 leisteten die Trümmerfrauen Unvorstellbares. Viele Ehemänner und Väter waren im Krieg gefallen und so lastete die Verantwortung fast ausschließlich auf den Müttern. Allein sorgten sie für den Lebensunterhalt und erzogen ihre Kinder.

La femme dans la société allemande

Brève rétrospective de la question de la femme

Au début du XXe siècle, on considérait que les objectifs fixés aux femmes dans la vie étaient le mariage et la famille. Lorsqu'a éclaté la Première Guerre mondiale, les femmes ont été contraintes de travailler dans l'industrie de l'armement. Mais elles revendiquaient déjà les mêmes droits que les hommes. Le 12 novembre 1918 a été introduit en Allemagne le droit de vote général et égalitaire entre les deux sexes, droit ancré dans la Constitution de Weimar en 1919.

La femme sous le national-socialisme

L'image national-socialiste de la femme était le modèle traditionnel de la femme perçue comme mère. Le national-socialisme renvoyait la femme aux « professions et tâches que lui conféraient ses dispositions naturelles ». Les mères heureuses de mettre des enfants au monde recevaient la croix du mérite où figurait l'inscription : « L'enfant anoblit la mère ».
Au début de la guerre, la femme en tant que « brave petite ménagère » n'était à vrai dire plus ce que l'on souhaitait, les femmes devaient désormais occuper les emplois laissés vacants par les hommes partis à la guerre. Lors de la reconstruction, à partir de 1945, les Trümmerfrauen (« femmes qui ont déblayé les décombres ») se sont surpassées. Beaucoup d'époux et de pères étaient morts à la guerre, si bien que les responsabilités pesaient presque exclusivement sur les mères. Elles gagnaient seules de quoi nourrir leur famille et élevaient seules leurs enfants.

Die westdeutsche Frau in den Jahren des Wirtschaftswunders

Die traditionelle Rollenverteilung kehrte nach dem Krieg zurück. Das Lebensziel hieß Familie. Eine berufstätige Frau galt oft als „Rabenmutter". Der Ehemann schaffte das nötige Geld für den Lebensunterhalt heran und die Gattin hatte ganz Hausfrau und Mutter zu sein. Bereits in der Schule wurden die Mädchen im Hauswirtschaftsunterricht auf ihre spätere Rolle als Hausfrauen und Mütter vorbereitet.

La femme ouest-allemande pendant le Miracle économique

L'attribution traditionnelle des rôles reprit ses droits après la guerre. Le but de la vie, c'était désormais la famille. Une femme active sur le plan professionnel passait souvent pour une mère indigne. Le mari allait gagner l'argent nécessaire à la subsistance de sa famille et l'épouse se devait d'être totalement femme au foyer et mère. À l'école déjà, les jeunes filles étaient préparées à leur futur rôle de femme au foyer et de mère pendant les cours d'enseignement ménager.

Die Frau in der DDR

In der Verfassung der DDR war die Gleichberechtigung von Frauen und Männern sowie die Förderung von Frauen in Beruf und Gesellschaft verankert. Die Erwerbstätigkeit galt als Voraussetzung für die Emanzipation der Frau. In der DDR galt die Integration der weiblichen Bevölkerung in den Arbeitsprozess als Nachweis verwirklichter Gleichstellung. Walter Ulbricht, der Staats- und Parteichef, sagte 1962: „Man kann den Sozialismus nicht mit Friseusen aufbauen."

Die typisch sozialistische Frau stand an der Werkbank. Nebenbei erzog sie die Kinder und begann manchmal auch ein Abendstudium. Diese Doppelbelastung führte zu Maßnahmen zum Schutz der Frau und Mutter, wie Schwangerschafts- und Wochenurlaub. Überall waren Krippen, Kindergärten, Dauer- und Wochenheime zu finden. In den 80er Jahren waren in der DDR 90 Prozent der Frauen berufstätig. Während die Vollzeiterwerbstätigkeit der Frauen über 30 Jahre in der BRD recht niedrig lag, war sie in der ehemaligen DDR die Regel. Die verordnete Gleichberechtigung brachte ihnen Errungenschaften, deren Verlust nach der Wende viele Frauen als schmerzlich empfanden.

La femme en RDA

Dans la Constitution de la RDA étaient ancrées l'égalité des droits entre hommes et femmes ainsi que la promotion des femmes dans le milieu professionnel et dans la société. L'activité professionnelle passait pour la condition indispensable de l'émancipation de la femme. En RDA, l'intégration de la population féminine dans le monde du travail était considérée comme la preuve d'une égalité devenue réalité. Walter Ulbricht, chef de l'État et du parti, a déclaré en 1962: « On ne peut pas construire le communisme avec des coiffeuses ».

La femme typiquement représentative du communisme est-allemand se tenait devant un établi dans une usine. En parallèle, elle élevait ses enfants, suivant parfois également des cours du soir. Cette double tâche a incité à des mesures de protection de la femme et de la mère, comme le congé de maternité et le congé hebdomadaire. On pouvait partout trouver crèches, jardins d'enfants, foyers d'accueil pour longue durée ou durée limitée. Au cours des années 1980, 90 % des femmes de RDA exerçaient une activité professionnelle. Alors que le taux de femmes âgées de plus de 30 ans travaillant à plein temps était assez faible en RFA, la règle était de travailler en ex-RDA. L'égalité des droits prescrite par la Constitution leur a procuré des acquis dont la perte, après la Réunification, a été ressentie comme douloureuse par bien des femmes.

Frauenbewegung in Westdeutschland

Ab 1957, mit Inkrafttreten des Ersten Gleichberechtigungsgesetzes, war die Frau nicht mehr auf die Zustimmung ihres Ehemannes angewiesen, wenn sie erwerbstätig sein wollte. Ende der 60er Jahre wurde der Protest gegen die Benachteiligung der weiblichen Arbeitskräfte lauter, da der Verdienst für die gleiche Arbeit um einiges niedriger lag. Im Mittelpunkt der Frauenbewegung standen Themen aus allen Lebensbereichen, z. B. privates und öffentliches Leben, Familie und Beruf.

In den 70er Jahren entstand ein neues Frauenbild. Frauenbewegung und Frauenzeitschriften wollten weg vom „schönen Weibchen", von Frauenrollen, die Männer festgeschrieben hatten. 1977 wurde die feministische Zeitschrift „Emma" von Alice Schwarzer gegründet. 1979 kam das Gesetz zur Einführung eines 4-monatigen Mutterschaftsurlaubs. Ein Kündigungsverbot sicherte den Arbeitsplatz. Aber die Zahl der Frauen in einem Beschäftigungsverhältnis lag deutlich unter der der DDR.

Erst in den 80er Jahren erfolgte eine Steigerung durch Anstieg der Teilzeitarbeit. Erziehungsgeld und Erziehungsurlaub wurden eingeführt.

Le mouvement féministe en Allemagne de l'Ouest

À partir de 1957, avec l'entrée en vigueur de la première loi sur l'égalité des droits, la femme n'avait plus l'obligation d'obtenir l'accord de son mari pour exercer une activité professionnelle. À la fin des années 1960, les protestations contre les préjudices causés à la main-d'œuvre féminine se sont élevées avec plus de force, les femmes gagnant moins que les hommes à travail égal. Au centre du mouvement féministe figuraient des thèmes concernant tous les domaines de la vie - privée et publique -, famille et vie professionnelle par exemple.

Au cours des années 1970 est née une nouvelle image de la femme. Le mouvement féministe et les revues féminines voulaient s'écarter de la « jolie petite femme » et des rôles dictés par les hommes. En 1977 a vu le jour le magazine féministe « Emma », créé par Alice Schwarzer. La loi introduisant un congé de maternité d'une durée de 4 mois a été votée en 1979. L'interdiction des licenciements abusifs est venue garantir l'emploi. Mais le nombre de femmes actives restait nettement en deçà de celui de femmes actives en RDA.

Ce n'est que dans les années 1980 que ce nombre a augmenté grâce à la progression du travail à temps partiel. Les allocations parentales et le congé parental d'éducation ont fait leur apparition.

Nach der Wende

Die Gleichberechtigung hat Fortschritte gemacht, nach wie vor sind jedoch Haushalt und Kindererziehung in den meisten Familien „Frauensache". Aber für Frauen in Deutschland hat sich seit der Wiedervereinigung manches geändert.

Die Annäherung zwischen Ost- und West-Frau erwies sich als problematisch, deshalb fanden in ganz Deutschland viele Veranstaltungen statt, bei denen Frauen

Après le Tournant

L'égalité des droits est allée de l'avant, cependant, dans la majorité des familles, s'occuper du foyer et élever les enfants reste aujourd'hui comme hier une « affaire de femmes ». Pourtant, pour les femmes allemandes, bien des choses ont changé depuis la Réunification.

Le rapprochement entre femmes de RFA et femmes de RDA s'est avéré problématique, ce qui explique nombre de manifestations dans toute l'Allemagne où les

aus den neuen und den alten Bundesländern über ihre Erfahrungen berichteten. So fühlten sich manche Ost-Frauen benachteiligt, wie in der Frage der Abtreibung. Da war nämlich das DDR-Gesetz den Frauen viel günstiger als das entsprechende Gesetz in der BRD.

femmes des nouveaux Länder et celles des anciens Länder ont pu échanger leurs expériences. Beaucoup de femmes de l'ex-RDA se sont senties lésées, sur la question de l'avortement par exemple. Sur ce point en effet, la loi est-allemande était beaucoup plus favorable aux femmes que son équivalent en RFA.

Frage der Abtreibung

1972 wurde die Einführung der Fristenregelung in der DDR gesetzlich eingeführt (jede Frau konnte über die Unterbrechung der Schwangerschaft in den ersten zwölf Wochen selbst entscheiden). Die Kosten eines Abbruchs zahlte die Kasse. Die Antibaby-Pille wurde kostenlos abgegeben. In der BRD hingegen folgte 1976 die gesetzliche Einführung der restriktiveren Indikationenregelung (der Abbruch der Schwangerschaft war nur unter bestimmten Voraussetzungen nicht mehr strafbar). Schließlich wurde 1995 eine gesamtdeutsche Regelung von Aufklärung, Verhütung und Abbruch einer Schwangerschaft durch das „Schwangeren- und Familienhilfeänderungsgesetz" verabschiedet.

Es entfachte sich dann ein Streit um die so genannte Schwangerenkonfliktberatung. Seit der Änderung des Schwangerschaftsrechts müssen sich Frauen vor einer Abtreibung beraten lassen. Nur wenn eine Schwangere die Bestätigung einer so genannten Konfliktberatung (die kostenlos ist und ergebnisoffen geführt werden muss) vorweist, darf der Arzt nach Paragraph 218 des Strafgesetzbuches eine Abtreibung vornehmen. In den staatlich anerkannten Beratungsstellen werden den Schwangeren Beratungsscheine ausgegeben. Möglich ist eine Abtreibung nach Konfliktberatung bis zur zwölften Schwangerschaftswoche. Straflos bleiben Abtreibungen nach Paragraph 218a jedoch im gesamten Schwangerschaftszeitraum, wenn eine Gefahr für das Leben oder die

La question de l'avortement

En 1972, la loi a introduit en RDA un délai réglementant l'IVG (toute femme pouvait décider elle-même d'une interruption de grossesse pendant les douze premières semaines). Les frais occasionnés par un avortement étaient assumés par la caisse maladie. La pilule anticonceptionnelle est devenue gratuite. Mais en RFA, la loi a introduit en 1976 une réglementation plus restrictive de l'avortement axée sur la notion d'indication stricte (l'interruption de grossesse n'était plus illégale qu'à certaines conditions). Enfin, en 1995, un texte réglementant sur tout le territoire allemand éducation sexuelle, contraception et interruption de grossesse a été adopté sous la forme de « l'amendement sur l'aide aux femmes enceintes et aux familles ».

Un conflit concernant ce que l'on appelle la consultation obligatoire sur l'avortement s'est alors déclenché. Depuis la modification de la législation sur la grossesse, les femmes ont l'obligation de consulter avant un avortement. Ce n'est que lorsqu'une femme enceinte présente le certificat délivré lors d'une consultation obligatoire (qui est gratuite et dont le résultat doit être ouvert) que le médecin a le droit, en vertu de l'article 218 du Code pénal, de pratiquer une interruption de grossesse. Dans les centres de conseils agréés par l'État sont remises aux femmes enceintes des attestations de consultation. Une interruption de grossesse est possible, après consultation, jusqu'à la douzième semaine de grossesse. Cependant, selon l'article 218a, les avortements restent légaux pendant toute la durée de la grossesse lorsqu'il existe un danger pour la vie ou la santé de la

Gesundheit der betroffenen Frau besteht. Eine Abtreibung bleibt bis zur zwölften Woche ebenfalls generell straffrei, wenn die Frau nach einer Vergewaltigung schwanger geworden ist. Abtreibungen wegen einer zu erwartenden Behinderung des Kindes sind nicht mehr möglich.

femme concernée. De la même manière, un avortement n'est en règle générale pas une infraction si la femme se trouve enceinte suite à un viol. Les avortements tenant à un handicap prévisible de l'enfant ne sont plus possibles.

Papst Johannes Paul II. hat Mitte 1999 den Ausstieg der katholischen Kirche aus dem staatlichen Beratungssystem gefordert. Diese Linie wurde von Kardinal Ratzinger, inzwischen Papst Benedikt XVI., entscheidend mitgeprägt. Seit Anfang 2001 stellt die katholische Kirche keine Beratungsscheine mehr aus. Eine katholische Laienorganisation, Donum Vitae (Geschenk des Lebens), wurde im September 1999 ins Leben gerufen. Sie definiert ihre Rolle als „Schwangerenkonfliktberatung mit Schein und ohne Bischof". Sie übernimmt in der Tat die Beratung, was von den katholischen Bischöfen respektiert wird.

Le pape Jean-Paul II a exigé mi 1999 que l'Église catholique se retire du système de consultation agréé par l'État. Le cardinal Ratzinger, devenu depuis le pape Benoît XVI, a largement influencé cette décision. Depuis le début de l'année 2001, l'Église catholique ne délivre plus de bulletins de consultation. Une organisation de conseils laïque fondée par des catholiques, Donum Vitae (Don de la Vie), a été créée en septembre 1999. Elle définit son propre rôle comme un « conseil avec certificat et sans évêque ». Elle assume les consultations, ce que respectent les évêques catholiques.

Frauen in der Bundeswehr

Durch eine Grundgesetzänderung hat am 27. Oktober 2000 der Deutsche Bundestag (gegen die Stimmen der PDS) die Weichen für eine tiefgreifende Öffnung der deutschen Streitkräfte für Frauen gestellt. Weibliche Soldaten sind nicht mehr auf den Einsatz im Sanitäts- oder Militärmusikdienst beschränkt. Es stehen ihnen von nun an auch andere Laufbahnen in der Bundeswehr offen. Die Änderung von Artikel 12a des Grundgesetzes verbietet Frauen nicht mehr grundsätzlich den Dienst an der Waffe, sondern schließt lediglich eine Wehrpflicht für Frauen aus. Was für die Männer Pflicht ist, bleibt Freiwilligkeit für die Frauen. Seit dem 2. Januar 2001 können Frauen uneingeschränkt, also in sämtlichen Verwendungen, ihren Dienst bei der Bundeswehr versehen.

Les femmes dans l'armée allemande

Grâce à un amendement constitutionnel le 27 octobre 2000, le Bundestag, contre les voix du PDS, a préparé le terrain à une vaste ouverture des forces militaires allemandes aux femmes. Les soldats féminins ne sont plus cantonnés au service sanitaire ou à la musique militaire. Désormais, d'autres carrières leur sont ouvertes au sein de la Bundeswehr. La modification de l'article 12a de la Loi fondamentale n'interdit plus fondamentalement aux femmes de porter les armes, mais se contente d'exclure le service militaire obligatoire pour les femmes. Ce qui est obligatoire pour les hommes reste volontaire pour les femmes. Depuis le 2 janvier 2001, les femmes peuvent accomplir leur service dans la Bundeswehr sans restrictions, c'est-à-dire à toutes les fonctions. Si elles remplissent les conditions requises, les femmes-soldats sont

Unter der Bedingung, dass sie die entsprechenden Voraussetzungen erfüllen, werden die Soldatinnen zu Kampfschwimmerinnen, Panzergrenadierinnen, Fallschirmjägerinnen oder Pilotinnen ausgebildet. 2012 zählt man 18 000 weibliche Soldaten. Das entspricht gut 8,6 % aller Berufs- und Zeitsoldaten.

formées pour devenir plongeurs de combat, fantassins portés, parachutistes ou pilotes. En 2012, on dénombre 18 000 femmes dans l'armée. Cela correspond environ à 8,6 % de tous les militaires de carrière ou engagés.

Frauenquote in Politik, Verwaltung und Wirtschaft

Les quotas de femmes dans la politique, l'administration et l'économie

Seit Ende 1989 werden Quotenregelungen auf allen Parteiebenen (schon 1979 bei den Grünen, 1988 in der SPD) und für alle Funktionen und Mandate, sowie flexible, familienorientierte Arbeitszeiten gefordert. Eine Chancengleichheit von Männern und Frauen wird angestrebt. Hintergrund ist die Annahme, dass Frauen in der Gesellschaft bei politischen Entscheidungsprozessen und anderen Ereignissen (Einstellungsverfahren, beruflicher Aufstieg usw.) aufgrund ihrer Geschlechtszugehörigkeit benachteiligt seien. Als Beispiel für die Quotenregelung gilt die bevorzugte Einstellung und Beförderung von Frauen, vor allem in den Bereichen des öffentlichen Dienstes mit einem lange geringen Anteil weiblicher Beschäftigter. In den vergangenen Jahren ist der Anteil der Frauen im öffentlichen Dienst gestiegen. Knapp über 40% Bundesbedienstete sind Frauen. Ihr Anteil in Führungspositionen ist ebenfalls steigend, beläuft sich aber durchschnittlich nur auf 27% (2013). Noch immer nur jeder fünfte Lehrstuhl wird von einer Frau besetzt, obwohl sich die Zahl seit 2002 verdoppelt hat. Von den 229 Auslandsvertretungen der Bundesrepublik werden auch weniger als 20 von Frauen geleitet.

Depuis fin 1989, une réglementation établissant des quotas de femmes à tous les niveaux des partis politiques (dès 1979 chez les Verts, en 1988 au sein du SPD), ainsi que pour toutes les fonctions et tous les mandats est attendue ; on demande aussi un temps de travail flexible et compatible avec la vie de famille. L'objectif est l'égalité des chances entre hommes et femmes. En effet, les femmes sont désavantagées en raison de leur sexe lors de processus décisionnaires politiques ou autres (embauche, ascension professionnelle, etc.)

On peut illustrer la réglementation des quotas par le fait d'engager et de promouvoir de préférence des femmes, surtout dans les différents secteurs du service public où la proportion de femmes est restée longtemps assez faible. Ces dernières années, le nombre de femmes au service de l'État a augmenté (environ 40 %). Leur représentation dans de hautes fonctions augmente aussi, mais ne dépasse guère le chiffre de 27 % (2013). Il n'y a toujours qu'un poste de professeur d'université qui soit occupé par une femme, même si leur nombre a doublé depuis 2002. Parmi les 229 représentations diplomatiques de la RÉépublique Fédérale, moins de 20 seulement sont dirigées par des femmes.

Les positions dirigeantes de l'économie, des médias et de la science sont encore entre les mains des hommes, à la différence de la France, de la Scandinavie ou des pays

Die Spitzenpositionen in Wirtschaft, Medien und Wissenschaft sind noch fest in Männerhand, anders als in Frankreich, Skandinavien oder den angelsächsischen Ländern. Das Wirtschaftsführermilieu ist im internationalen Vergleich besonders konservativ.

anglo-saxons. Comparé aux autres pays, le milieu dirigeant de l'économie est très conservateur.

1972 wurde die erste Frau Bundestagspräsidentin (Annemarie Renger, SPD, 2008 gestorben). Seitdem ist der Anteil weiblicher Abgeordneter im Deutschen Bundestag von 8,4 Prozent im Jahr 1980 auf 2013 36,3% gestiegen. Unter den 630 Abgeordneten befinden sich 229 Frauen. Die Steigerungsraten sind sehr unterschiedlich: so bilden die Frauen die Mehrheit der Linkspartei- und Grünen-Abgeordneten, aber sie sind in den anderen Parteien unterrepräsentiert. Den höchsten Frauenanteil haben die Grünen, bei denen mit 35 Frauen über die Hälfte der Abgeordneten weiblich sind, und die Linke mit 36 weiblichen zu 28 männlichen Mitgliedern. Von den Sozialdemokraten sind 81 der Abgeordneten Frauen, die Union ist mit 77 Frauen im Bundestag vertreten.

Pour la première fois en 1972, une femme est devenue présidente du Bundestag (Annemarie Renger, SPD, décédée en 2008). Depuis, la proportion de députées au Bundestag est passée de 8,4 % en 1980 à 36,3 % en 2013. On compte 229 femmes parmi les 630 députés. Le taux d'augmentation du nombre de députées n'est pas uniforme : ainsi, les femmes sont en majorité parmi les députés du Parti de gauche ou des Verts, mais elles sont sous représentées dans les autres partis. Ce sont les Verts qui ont la plus forte représentation féminine (avec 35 députées, soit plus de la moitié des élus) et le Parti de gauche (36 femmes contre 28 hommes). 81 femmes représentent le SPD et l'Union compte 77 députées.

Angela Merkel ist heute die mächtigste Politikerin Deutschlands: als erste Vorsitzende einer Volkspartei und natürlich als erste Bundeskanzlerin der deutschen Geschichte. Nach einem Physikstudium in Brandenburg war sie als wissenschaftliche Mitarbeiterin am Zentralinstitut für Physikalische Chemie an der Ost-Berliner Akademie der Wissenschaften tätig. Sie setzte sich dann aktiv in den Politikbereich ein. 1990 trat sie der CDU bei und im selben Jahr wurde sie – bei den ersten gesamtdeutschen Bundestagswahlen – Mitglied des Bundestags. Zwischen 1994 und 1998 war sie Bundesministerin für Frauen und Jugend, und dann Bundesministerien für Umwelt, Naturschutz und Reaktorsicherheit. Als die CDU-Spendenaffäre 1999 wochenlang mit immer neuen Enthüllungen über das „System Kohl" die Schlagzeilen

Angela Merkel est aujourd'hui la femme politique la plus puissante d'Allemagne : première présidente d'un parti de masse et bien sûr première chancelière de l'Histoire allemande. Après des études de physique dans le Brandebourg, elle a travaillé à l'Institut central de Chimie Physique (Académie des Sciences de Berlin-Est) en tant que collaboratrice scientifique. Elle s'est ensuite engagée de façon active en politique. Entrée à la CDU en 1990, elle est devenue députée la même année (lors des premières élections législatives dans l'Allemagne réunifiée). Entre 1994 et 1998, elle a exercé les fonctions de ministre des Femmes et de la Jeunesse, puis de ministre en charge de l'Environnement et des questions nucléaires. Lorsque l'affaire des caisses noires de la CDU a défrayé la chronique en 1999, accompagnée de révélations incessantes sur le « système Kohl », Angela Merkel s'est prononcée

dominierte, drängte Merkel von Anfang an auf eine schonungslose Aufklärung der Affäre und des Finanzgebarens des Altbundeskanzlers. Nach Kohls Rücktritt galt Angela Merkel in der Öffentlichkeit als „Ikone der Glaubwürdigkeit" (so kommentierte „die Welt" Merkels Rolle in der bisher schwersten Krise der Union). Nachdem sie von 1998 bis 2000 Generalsekretärin der CDU war, wurde sie schließlich Vorsitzende der CDU im Jahre 2000. Sie leitete die Opposition zwischen 2002 und 2005 und baute ihre Machtposition aus. Als Bundeskanzlerin der Großen Koalition (2005-2009), der schwarz-gelben Koalition (2009-2013) und der neuen Großen Koalition ab 2013 fragt sich nun, ob sie für Frauen in Deutschland ein Vorbild, ein Symbol sein kann, dass auch sie es schaffen können, dass Frauen potenziell jede Tür offen steht. Ihre Wahl und ihre Wiederwahl zur Kanzlerin zeigen sicher einen Kulturbruch an. Nach 7 männlichen Amtsvorgängern ist sie ja die erste Frau im Amt des Bundeskanzlers, aber sie war auch mit 51 Jahren die jüngste Amtsinhaberin und die erste Person aus den neuen Ländern, dieses Amt zu bekleiden.

d'emblée pour une totale transparence sur l'affaire financière et les agissements de l'ancien chancelier en ce domaine. Après la démission de Kohl, l'opinion publique a considéré Angela Merkel comme « l'icône de la crédibilité » (selon le journal « die Welt » à propos du rôle joué par Merkel pendant la crise la plus grave que l'Union ait eu à traverser). Après avoir occupé les fonctions de secrétaire générale de la CDU entre 1998 et 2000, elle a finalement pris la présidence de la CDU en 2000. Chancelière de la Grande Coalition (2005-2009) puis de la coalition noire-jaune (2009-2013) et de la nouvelle grande Grande Coalition à partir de 2013, peut-elle désormais être un modèle, un symbole pour les Allemandes, leur prouvant que chacune peut atteindre ses objectifs et que toutes les portes leur sont théoriquement ouvertes ? Son élection et sa réélection au poste de chancelière marquent très certainement une rupture historique et culturelle. Après 7 prédécesseurs masculins, elle est en effet la première femme à ce poste, la plus jeune aussi lors de sa prise de fonctions (51 ans) et la première personnalité est-allemande à y accéder.

Frauen steigen in Deutschland nach wie vor seltener in die Chefetage auf als Männer. Besonders bei den 30- bis 44-jährigen Frauen zeigt sich, dass die Frauen beruflich besonders gut positioniert sind, wenn sie keine Kinder betreuen. In dieser Altersgruppe sind 21 Prozent der erwerbstätigen Frauen ohne Kinder Führungskräfte. Da erweist sich noch die Unvereinbarkeit von Familie und Beruf als ein wesentliches Hindernis in der Karriere der deutschen Frauen.

En Allemagne, les femmes accèdent toujours moins que les hommes aux postes de direction. C'est en particulier chez les 30-44 ans que les femmes occupent les postes-clés, quand elles n'ont pas d'enfants à charge. Dans cette tranche d'âge, 21 % des femmes actives sans enfants sont cadres. C'est là que se manifeste encore la difficulté pour les Allemandes de concilier famille et activité professionnelle.

Vor allem wird kritisiert, die gesetzliche Bevorzugung („positive Diskriminierung") der weiblichen Bevölkerung widerspreche dem Grundsatz der Gleichberechtigung und damit dem Grundgesetz. Die faktische Benachteiligung von Frauen werde nämlich durch eine gesetzliche Bevorzugung ausgeglichen.

On critique surtout le fait de favoriser légalement la population féminine (« discrimination positive ») en contradiction avec le principe de l'égalité et ainsi avec la Loi fondamentale. En effet, on compenserait le désavantage des femmes par des privilèges légaux.

Quoten sind gleichwohl von vielen Frauen nicht erwünscht, da ihnen ein nachteiliger Effekt zugeschrieben wird, der mit der Stigmatisierung von „Quotenfrauen" im Erwerbsleben einhergeht.

Es bleibt nicht alles beim Alten in der Rollenverteilung zwischen den Geschlechtern. Der tiefgreifende Wandel der Rolle, des Selbstverständnisses und der Lebenssituation von Frauen gehört zu den gravierenden gesellschaftlichen Umbrüchen dieses Jahrhunderts in Deutschland und in den anderen Industriestaaten. Unbestreitbar ist eine Trendwende seit der Nachkriegszeit. Aber derzeit müssen die Frauen ihre Ansprüche noch geltend machen. 2009 sehen 79 Prozent der Frauen Ungleichheiten bei den beruflichen Aufstiegsmöglichkeiten, und fühlen sich im Berufsleben diskriminiert, als billige Arbeitskräfte eingesetzt. Der Zugang zu bestimmten Teilen des Arbeitsmarkts und zu Aus- und Weiterbildung ist für sie mitunter schwer. Bundes- und europaweit werden deshalb konkrete Aktionen zum Abbau geschlechtsspezifischer Unterschiede bearbeitet.

Les quotas sont néanmoins peu appréciés de bon nombre de femmes, quotas auxquels elles attribuent un effet négatif stigmatisé par la notion de « femmes-quota » dans la vie professionnelle.

Beaucoup de choses changent dans la répartition des rôles entre les deux sexes. La profonde modification du rôle, de l'image et de la situation des femmes fait partie des importants bouleversements de ce siècle en Allemagne et dans les autres pays industrialisés. Il est indiscutable que les tendances ont changé depuis l'après-guerre. Aujourd'hui, les femmes doivent cependant encore faire valoir leurs exigences. En 2009, 79 % des femmes constatent des inégalités en ce qui concerne les chances de promotion professionnelle et se sentent victimes de discriminations dans le milieu professionnel, utilisées comme main-d'œuvre à bon marché. L'accès à certaines parties du marché du travail, à la formation et à la formation continue est encore souvent difficile pour elles. C'est pourquoi l'Allemagne et l'Europe travaillent à des actions concrètes qui doivent abolir ces différences liées au sexe.

Vocabulaire

Abbruch der Schwangerschaft, (der, ¨e)	*l'interruption de grossesse*
Anteil, (der, e, an + D)	*la part, la proportion*
Arzt, (der, ¨e)	*le médecin*
Aufstieg, (der, e)	*l'ascension, la montée*
Erfahrung, (die, en)	*l'expérience*
Fortschritt, (der, e)	*le progrès*
Gattin, (die, nen)	*l'épouse*
Geschlecht, (das, er)	*le sexe*
Gesellschaft, (die, en)	*la société*
Grundgesetzänderung, (die, en)	*l'amendement constitutionnel*
Hausfrau, (die, en)	*la femme au foyer*
Kindergarten, (der, ¨)	*le jardin d'enfants*
Krippe, (die, n)	*la crèche*
Laie, (der, masc. faible)	*le laïc*
Laufbahn, (die, en)	*la carrière*
Lebensunterhalt, (der)	*la subsistance, l'entretien du foyer*
Lohn, (der, ¨e)	*le salaire*
Mutterschaftsurlaub, (der)	*le congé de maternité*
Strafe, (die, n)	*la punition, la peine*
Veranstaltung, (die, en)	*la manifestation, la rencontre*
Vergewaltigung, (die, en)	*le viol*
Verhütung, (die)	*la contraception*
Verlust, (der, e, + G ou an + D)	*la perte*
Weiche, (die, n) (die Weichen stellen für+A)	*l'aiguillage, préparer le terrain pour*
allerdings	*toutefois*
bereits	*déjà*
berufstätig	*actif, ayant une activité professionnelle*
freiwillig	*volontaire*
lediglich	*seulement*
nebenbei	*accessoirement, à côté*
weiblich	*féminin*
ändern	*modifier, changer*
angewiesen sein (auf + A)	*dépendre de, avoir besoin de*
benachteiligen	*désavantager*
beraten (ie, a)	*conseiller*
ein/führen (in + A)	*introduire*
sich entfachen	*se déclencher*
erfolgen	*avoir lieu, se produire*
erziehen, (og, ogen)	*élever, éduquer*
kündigen (+ D)	*licencier*

Lexique en situation 12

Durch die Wahl dieses Studiengangs hat sie die Weichen für ihre Zukunft gestellt.

En choisissant cette filière d'études, elle a posé les jalons pour son avenir.

Er ist trotz Arbeit auf Unterstützung angewiesen.

Malgré son travail, il a besoin d'être aidé.

Viele Jugendliche studieren und jobben nebenbei.

Beaucoup de jeunes font leurs études et travaillent à côté.

Es ist rechtlich unmöglich, einer schwangeren Frau zu kündigen.

Il est illégal de licencier une femme enceinte.

Der Politiker erlebte einen schmerzlichen Verlust an Glaubwürdigkeit.

L'homme politique a connu une douloureuse perte de crédibilité.

Ein Rechtsanwalt berät zu allen Fragen.

Un avocat donne des conseils sur toutes les questions qu'on lui pose.

Er kann sich seinen Lebensunterhalt nur mit Mühe bestreiten.

Il ne parvient pas à gagner suffisamment bien sa vie.

Sie ist in Mutterschaftsurlaub gegangen.

Elle a pris son congé maternité.

Das ist allerdings auch nicht viel besser.

Ce n'est quand même pas beaucoup mieux.

Sozialer Aufstieg ist ein Ausdruck der Mobilität.

L'ascension sociale est un signe de mobilité.

Sein Anteil an unserem Projekt ist höchst interessant.

Sa participation à notre projet est très intéressante.

Das Digital-TV wurde in Deutschland erfolgreich eingeführt.

L'introduction de la télévision numérique en Allemagne a été un succès.

Unter technischem Fortschritt versteht man alle Innovationen.

Le progrès technique, ce sont toutes les innovations.

Ich tue lediglich, was ich für richtig halte!

Je ne fais que ce que je trouve bien !

Wie ist seine Laufbahn verlaufen?

Comment s'est déroulée sa carrière ?

Die Lieferung erfolgt innerhalb von zwei Tagen.

La commande doit être livrée sous deux jours.

Der Steuerhinterzieher meldete sich freiwillig bei den Steuerfahndern.

Le fraudeur s'est présenté spontanément à l'administration fiscale.

Viele unserer Kunden sind bereits in der Schweiz tätig.

Nombre de nos clients exercent déjà une activité en Suisse.

Die Löhne wurden nicht erhöht.

Il n'y a pas eu d'augmentation des salaires.

DOSSIER 13

Die Medien in Deutschland

Die Medienvielfalt

„Jeder hat das Recht, seine Meinung in Wort, Schrift und Bild frei zu äußern und zu verbreiten und sich aus allgemein zugänglichen Quellen ungehindert zu unterrichten. Die Pressefreiheit und die Freiheit der Berichterstattung durch Rundfunk und Film werden gewährleistet. Eine Zensur findet nicht statt." So lautet Artikel 5, Absatz 1 des Grundgesetzes der Bundesrepublik Deutschland. Die Medienvielfalt gilt als Voraussetzung für Meinungs- und Informationsfreiheit. Aber man hört oft von der ständigen Berieselung oder von Manipulation durch die Medien oder auch von Gefahren durch erhöhten Medienkonsum. Was hat es eigentlich mit der viel beschworenen Medienvielfalt auf sich und welche allgemeinen Tendenzen gibt es in der deutschen Medienlandschaft? Im Folgenden soll ein Überblick über die aktuelle Medienlandschaft in Deutschland angeboten werden. Es gilt auch, ihre Zukunftsfähigkeit zu bewerten.

Die Presse

Deutschland ist ein Zeitungsland. 2012 erscheinen 333 Tageszeitungen in einer Gesamtauflage von 18,4 Millionen Exemplaren pro Erscheinungstag. Die rund 2300 Titel der Publikumszeitschriften erreichen zusammen eine Auflage von mehr als 120 Millionen. Allerdings sagt das noch nichts über die tatsächliche Vielfalt aus, denn diese Zeitungen und Zeitschriften gehören nur rund 350 Verlagen.

Les médias en Allemagne

La diversité des médias

« Chacun a le droit d'exprimer et de diffuser librement son opinion par des mots, des écrits ou des images, ainsi que de s'informer grâce à un libre accès aux sources ouvertes à tous. La liberté de la presse et la liberté d'information par la radiodiffusion et le cinéma sont garanties. Aucune censure ne peut s'exercer » : c'est ce que dit l'article 5, paragraphe 1 de la Loi fondamentale de la République fédérale d'Allemagne. La diversité des médias est considérée comme indispensable à la liberté d'opinion et d'information. Mais on entend souvent parler d'incessant matraquage, de manipulation par les médias, ou encore des dangers qu'engendre l'augmentation de leur consommation. Qu'en est-il de cette diversité souvent évoquée et quelles sont les tendances générales qui s'y dessinent ? On peut proposer un aperçu de l'actuel paysage médiatique allemand. Il s'agit aussi de juger de ses perspectives d'avenir.

La presse

L'Allemagne est un pays où l'on aime lire le journal. En 2012 paraissent 333 quotidiens avec un tirage global de 18,4 millions d'exemplaires par jour de parution. Les 2300 titres de magazines pour le grand public atteignent le chiffre de 120 millions d'exemplaires. À dire vrai, cela est peu significatif quant à la réelle diversité des journaux, car journaux et magazines n'appartiennent qu'à environ 350 maisons d'édition.

Die lokalen Nachrichten interessieren die Leser in ihrer Zeitung ganz besonders. Auf den nächsten Plätzen in der Beliebtheitsskala folgen politische Meldungen und Berichte aus Deutschland und dem Ausland sowie die Anzeigen. Besonders wichtig finden die Leser ferner Leitartikel, Tatsachenberichte aus dem Alltag, und Sportnachrichten. Dahingegen liest nur jeder dritte Leser regelmäßig das Feuilleton, das sich aus Rezensionen von Büchern, Filmen, Ausstellungen und Theateraufführungen zusammensetzt.

Vorgaben und Vorbilder kamen nach dem Ende des 2. Weltkrieges von den alliierten Siegermächten. Die USA, Großbritannien und Frankreich waren in ihren Besatzungszonen zuständig für den Wiederaufbau der Medien. Im Osten des Landes prägte die sowjetische Auffassung die Medienlandschaft. So kristallisierte sich sehr schnell auch für die Medien ein Widerspruch zwischen den politischen Blöcken heraus. Für den Westen war dies das Ideal einer unabhängigen Presse- und Rundfunkorganisation, der so genannten vierten Gewalt, dem staatlichen Einfluss entzogen und vor politischer Propaganda geschützt. Für den Osten sollten die Medien im Leninschen Sinne der gesellschaftlichen Erziehung dienen.

Les nouvelles locales intéressent particulièrement les lecteurs de journaux. Suivent ensuite sur l'échelle des rubriques les plus appréciées les informations et les commentaires politiques rédigés en Allemagne et à l'étranger, ainsi que les petites annonces. Les lecteurs aiment par ailleurs les éditoriaux, les articles documentaires sur la vie quotidienne et les informations sportives. En revanche, seul un tiers des lecteurs lit régulièrement les pages culturelles consacrées aux critiques de livres, de films, d'expositions ou de pièces de théâtre.

Après la seconde guerre mondiale, consignes et modèles sont venus des puissances victorieuses. Les USA, la Grande-Bretagne et la France étaient en charge de la reconstruction des médias dans leurs zones d'occupation. À l'Est du pays, c'est la conception soviétique qui a marqué le paysage médiatique. Ainsi s'est cristallisée dans le domaine des médias aussi très rapidement une contradiction entre les blocs politiques. Pour l'Ouest, il s'agissait de l'idéal d'une presse et d'un système audiovisuel indépendants, de ce que l'on appelle le quatrième pouvoir, à l'abri de l'influence de l'État et de la propagande politique. Pour l'Est, les médias devaient être mis au service de l'éducation du peuple dans l'esprit léniniste.

Die wichtigsten überregionalen Tageszeitungen

Das politische Spektrum der überregionalen Tageszeitungen in Deutschland reicht von liberal-neutral („Die Welt") über linksliberal („Frankfurter Rundschau") bis zu weit links-außen („Junge Welt"). Als die beiden wichtigsten meinungsbildenden Tageszeitungen Deutschlands gelten allerdings die „Süddeutsche Zeitung" (eher sozialdemokratisch-links) und die „Frankfurter Allgemeine Zeitung" (eher liberal-konservativ).

Les principaux quotidiens suprarégionaux

Le spectre politique des quotidiens suprarégionaux allemands va du neutre-libéral (« Die Welt ») à l'extrême gauche (« Junge Welt ») en passant par le libéral de gauche (« Frankfurter Rundschau »). On considère que les deux principaux quotidiens allemands, formateurs d'opinion, sont la « Süddeutsche Zeitung » (plutôt proche de la social-démocratie) et la « Frankfurter Allgemeine Zeitung » (de tendance plutôt libéral-conservatrice).

Die mit nur knappem Vorsprung auflagenstärkste Tageszeitung ist die seit 1945 in München erscheinende „Süddeutsche Zeitung" (Süddeutscher Verlag). Die „Süddeutsche" steht nach eigenen Angaben „ein wenig links von der Mitte" und legt Wert auf kritische Redakteure und kritische Leser. Kennzeichnend für sie sind die großen Reportagen, Korrespondentenberichte aus aller Welt und Serien zu aktuellen Themen. Spezifisch ist auch das Gewicht, das sie der Kultur einräumt (in dem Feuilleton, der direkt nach dem politischen Teil zu finden ist). Fast täglich bezieht die politische Prominenz in Wortinterviews Stellung. Diese Stellungnahmen können durchaus im Gegensatz zur linksliberalen oder zur liberalen wirtschaftspolitischen Grundhaltung der Zeitung stehen.

Le quotidien au plus fort tirage, même si ce n'est qu'avec une courte avance, est la « Süddeutsche Zeitung », qui paraît depuis 1945 à Munich (éditeur : Süddeutscher Verlag). Selon ses propres dires, la « Süddeutsche » se situe « un peu à gauche du centre » et attache de l'importance à l'esprit critique de ses journalistes et de ses lecteurs. Ce journal se distingue par ses grands reportages, les commentaires de ses correspondants à l'étranger et ses séries consacrées à des thèmes actuels. Le poids qu'il donne à la culture (par le biais de ses pages littéraires, situées juste après la partie politique) est aussi caractéristique. Presque tous les jours, les personnalités marquantes de la politique y prennent position sous forme d'interviews. Ces prises de parti peuvent se trouver tout à fait à l'opposé de la ligne libérale de gauche du journal ou libérale dans le domaine économique.

Die „Frankfurter Allgemeine Zeitung" (FAZIT-Stiftung), die seit 1949 erscheint, verfügt über ein weites Korrespondentennetz und ist daher weithin unabhängig von Nachrichtenagenturen. In ihrer politischen Linie gilt die FAZ als liberal-konservativ. Unter allen deutschen Zeitungen bringt sie die umfangreichste Berichterstattung zu außenpolitischen Themen. Besondere Beachtung verdient ihr Wirtschaftsteil; unter den führenden Geschäftsleuten steht sie beispielsweise als Informationsquelle an erster Stelle, übrigens noch weit vor speziellen Wirtschaftsblättern wie dem „Handelsblatt". Sie spielt in vielen gesellschaftspolitischen Diskussionen eine meinungsbildende Rolle. So veröffentlichte sie zum Beispiel wesentliche Debattenbeiträge des Historikerstreits 1986/87 über die Einordnung der nationalsozialistischen Judenvernichtung in ein identitätsstiftendes Geschichtsbild der BRD.

La Frankfurter Allgemeine Zeitung *(éditeur : FAZIT-Stiftung), publiée depuis 1949, dispose d'un vaste réseau de correspondants et, de ce fait, est en grande partie indépendante des agences de presse. Pour ce qui est de sa ligne politique, la FAZ passe pour un journal libéral-conservateur. Parmi tous les journaux allemands, c'est celui qui apporte la plus ample information sur les sujets de politique étrangère. Sa partie économique requiert une attention particulière ; dans le monde des affaires, le journal est par exemple la première source d'information, devançant d'ailleurs très largement les journaux économiques spécialisés comme le « Handelsblatt ». Il joue un rôle décisif dans bien des discussions sociopolitiques. Ainsi a-t-il publié en 1986/87 d'importantes contributions dans le cadre de la querelle des historiens portant sur l'extermination des Juifs comme élément constituant de l'identité allemande.*

Als „links-alternativ" (mit oft ironischem oder kritisch-subversivem Ton) gilt „die tageszeitung" (taz), eine der ganz wenigen Tageszeitungsneugründungen in Westdeutschland. Sie erschien erstmals 1979. Die in Berlin ansässige Zeitung mit Lokalteilen in Hamburg und Bremen war lange ein selbstverwaltetes Unternehmen. Nach finanziellen Krisen bildete die taz 1992 eine Verlagsgenossenschaft, deren Anteile von gegenwärtigen und früheren Mitarbeitern sowie Lesern gehalten werden. So soll die wirtschaftliche und publizistische Unabhängigkeit der Zeitung gesichert werden.

Die Financial Times Deutschland (FTD) wurde im Februar 2000 gegründet. Sie war eine börsentäglich erscheinende Wirtschaftszeitung mit Hauptsitz in Hamburg. Die FTD bestand aus vier Druckbögen: Unternehmen, Politik und Wirtschaft, Finanzen und Agenda (Kommentar, Analyse, Sport, Kultur). Seit ihrer Gründung machte aber die Wirtschaftszeitung durchgehend nur Verluste. Sie stellte 2012 die Veröffentlichung ein.

La « tageszeitung », l'un des rares quotidiens créés récemment en Allemagne de l'Ouest, est considérée comme un journal « alternatif de gauche » au ton souvent ironique, voire subversif. Il a paru pour la première fois en 1979. Ce journal établi à Berlin avec des chroniqueurs installés à Hambourg et à Brême a longtemps été une entreprise administrée de façon autonome. Après des crises financières, la taz a constitué une maison d'édition cogérée par d'actuels et d'anciens collaborateurs ainsi que par des lecteurs. L'indépendance financière et idéologique du journal est ainsi censée être garantie.

Le Financial Times Deutschland *a été fondé en février 2000. C'est un journal économique qui paraissait chaque jour d'ouverture de la Bourse et dont le siège était à Hambourg. Le FTD était composé de quatre parties : entreprises, politique et économie, finances et agenda (commentaires, analyses, sport, culture). Le journal économique, cependant, n'a cessé d'enregistrer des pertes depuis sa fondation. Il a cessé de paraître en 2012.*

Die wichtigsten Wochenzeitungen

Die Wochenzeitungen bemühen sich darum, die Tagesereignisse in größere Zusammenhänge einzuordnen, Hintergrundinformationen zu vermitteln und Nachrichten zu analysieren. Meinungsbildend sind „Die Zeit" und „Der Spiegel".

„Die Zeit" (Erscheinungsort: Hamburg, Gründung 1946, Dieter von Holtzbrinck Medien GmbH) nimmt unter den Wochenzeitungen eine Spitzenstellung ein. Sie versteht sich als ein liberales Blatt, das bei kontroversen Themen auch mehrere Autoren mit unterschiedlichen Standpunkten zu Wort kommen lässt.

Les principaux hebdomadaires

Les hebdomadaires s'efforcent de replacer les événements quotidiens dans de plus larges contextes, de donner des informations sur l'arrière-plan de l'actualité et d'analyser les nouvelles. Die Zeit *et* Der Spiegel *sont formateurs d'opinion.*

Die Zeit, *qui paraît à Hambourg depuis 1946 (éditeur : Dieter von Holtzbrinck Medien GmbH), occupe la position de tête parmi les hebdomadaires. Ce journal se définit comme libéral et donne la parole à différents auteurs dont les points de vue divergent sur des sujets controversés.*

Bis zum Jahre 1993, als der Münchner Burda-Verlag „Focus" herausbrachte, hatte „Der Spiegel" als einziges unangefochtenes Nachrichtenmagazin eine Monopolstellung. Das 1947 von Rudolf Augstein gegründete Magazin verarbeitet Nachrichten mit kommentierendem Akzent. „Der Spiegel" deckt Skandale und Affären auf, die für die Öffentlichkeit von Bedeutung sind. 1962 brach die „Spiegel-Affäre" aus. Interne Dokumente der Bundeswehr wurden zitiert und „der Spiegel" kam zu dem Schluss, die NATO und die Bundesrepublik könnten einem sowjetischen Angriff nicht standhalten. Nachdem der Verdacht auf Landesverrat auf Grund von Beweismangel abgewiesen wurde, engagierten sich weite Kreise, insbesondere Angehörige der jungen Generation und der kritischen Intelligenz, für das Magazin als Garant der Meinungsfreiheit.

Jusqu'en 1993, moment où la maison d'édition munichoise Burda a édité « Focus », le « Spiegel » a exercé un monopole en tant que seul magazine d'information incontesté. Fondé en 1947 par Rudolf Augstein, il traite les informations en les commentant. Le « Spiegel » révèle des scandales et des affaires importantes pour le public. En 1962 a éclaté l' « affaire du Spiegel ». Le magazine, citant des documents internes de la Bundeswehr, concluait que l'Otan et la RFA ne pourraient pas résister à une attaque soviétique. Après le rejet de l'accusation de haute trahison par manque de preuves, de larges franges de la population, jeunes et intellectuels en tête, se sont engagées pour le magazine perçu comme garant de la liberté d'opinion.

Ähnlich wie der „Spiegel" stellt auch „Focus" Informationen in einen Handlungszusammenhang und betreibt investigativen Journalismus. Das Magazin, nach dem „Stern" und dem „Spiegel" das Blatt mit den drittgrößten Werbeumsätzen, legt aber größeren Wert auf graphische Gestaltung und kurze Beiträge. Die Frage des Erscheinungsbilds stellte sich gleich und ein großzügigeres Layout stand von Anfang an im Dienste der kommunikativen Aufgabe.

Tout comme le « Spiegel », « Focus » replace lui aussi les informations dans un contexte plus général et pratique un journalisme d'investigation. Mais ce magazine, dont les recettes publicitaires se situent en troisième position après celles de « Stern » et du « Spiegel », met un accent sur sa mise en forme graphique et sur la brièveté de ses articles. La question de l'apparence s'est posée d'emblée et la mise en forme plus souple a d'office été utilisée comme nouveau moyen de communication.

Pressekonzentration

Seit mehr als drei Jahrzehnten ist im Pressewesen ein Trend zu größeren Betriebseinheiten zu beobachten. Gruner und Jahr (75% gehören dem Haus Bertelsmann, die übrigen 25% der Familie Jahr), Springer, Bauer und Burda, das sind die vier großen Konzerne, von denen die meisten auflagestarken Tageszeitungen und Zeitschriften stammen. Diese vier sind es auch, die zusammen mit der Kirch-Gruppe und der Holtzbrinck-Gruppe den privaten Hörfunk- und Fernsehmarkt beherrschen.

Concentration de la presse

Depuis plus de trente ans, on peut noter une tendance à la formation de gros trusts dans la presse. Gruner und Jahr (dépendant à 75 % de Bertelsmann, la famille Jahr détenant le reste), Springer, Bauer et Burda, tels sont les quatre groupes importants à l'origine de la plupart des quotidiens et des revues à grand tirage. Ces quatre maisons d'édition dominent également le marché audiovisuel privé avec le groupe Kirch et le groupe Holtzbrinck.

Der Axel Springer Verlag ist der größte Zeitungsverlag in Europa. Springer ist Herausgeber der auflagenstärksten überregionalen Boulevardzeitung, der 1952 gegründeten „Bild-Zeitung" mit einer Auflage von über vier Millionen. Dieser Velag besitzt auch „Die Welt", oder die Fernsehzeitschrift „Hörzu".

La maison d'édition Axel Springer est la plus grande d'Europe. Springer publie le journal à sensation suprarégional dont le tirage est le plus élevé d'Allemagne, la Bild-Zeitung *(plus de 4 millions d'exemplaires). Il possède aussi* Die Welt *ou le magazine de télévision* Hörzu.

Mit Abstand größter Medienkonzern Europas ist Bertelsmann. Der Gigant begann mit Büchern und Schallplatten, kaufte Großdruckereien und Verlage auf (wie Gruner und Jahr, Verleger von „Stern") und stieg auch ins Funk-, Fernseh- und Filmgeschäft ein (unter anderem UFA Filmproduktion und RTL).

Le plus grand groupe de médias d'Europe est de loin Bertelsmann. Ce géant a débuté avec des livres et des disques, a acheté de grandes imprimeries et des maisons d'édition (comme Gruner und Jahr, éditeur de Stern*) et a également fait son entrée dans le monde de la radio, de la télévision et du cinéma (productions cinématographiques UFA et chaîne RTL, entre autres).*

Pressekrise

Crise de la presse

Seit vielen Jahren schreiben viele überregionale Zeitungen rote Zahlen: das hängt damit zusammen, dass die großen Zeitungen wie die „Süddeutsche" und die „Frankfurter Allgemeine Zeitung" mehr Leser und damit erheblich mehr Anzeigen wegen ihres größeren Informationsangebots haben. Für die Tageszeitung „Die Welt", die dem bürgerlich-konservativen Spektrum zugerechnet wird, ist auch zum Beispiel problematisch, dass ihr Image unter dem mehrfachen politischen Kurswechsel gelitten hat. Ihre politische Linie hat sich mehrmals gewandelt. In den sechziger Jahren stand sie den von Adenauer geführten Bundesregierungen recht kritisch gegenüber und von 1969 bis 1982 bekämpfte sie entschieden die sozialliberal geführten Bundesregierungen, insbesondere deren Ostpolitik.

Depuis plusieurs années, nombre de journaux suprarégionaux subissent des pertes financières : cela tient au fait que les grands journaux comme la Süddeutsche *et la* Frankfurter Allgemeine Zeitung *attirent plus de lecteurs et donc beaucoup plus d'annonceurs en raison de leur offre d'informations plus étendue. L'image du quotidien* Die Welt, *qui fait partie du paysage bourgeois-conservateur a souffert d'une orientation politique souvent fluctuante. Il a en effet changé à plusieurs reprises de ligne politique. Dans les années 1960, le journal était très critique à l'égard des gouvernements conduits par Adenauer, et de 1969 à 1982, il a résolument combattu les gouvernements social-libéraux, en particulier leur politique d'ouverture à l'Est.*

Die linksliberale Tageszeitung „Frankfurter Rundschau" ist wie andere große Zeitungen durch die jahrelange Flaute im Anzeigengeschäft in die Krise geraten.

Le quotidien libéral de gauche Frankfurter Rundschau *est comme bien d'autres grands journaux en crise depuis des années en raison du marasme dans la branche des petites annonces.*

Die DDVG, eine Medienholding der SPD, beteiligte sich deshalb 2004 an der finanziell angeschlagenen Zeitung. Sie übernahm 90 Prozent des Druck- und Verlagshauses

La DDVG, une holding du SPD, a ainsi pris une participation dans le journal atteint par une crise financière. Elle a repris 90 % de l'imprimerie et maison d'édition de Francfort-

Frankfurt am Main, in der die „FR" erscheint. Zur Sanierung wurden etwa 400 Stellen gestrichen. Die erste SPD-Beteiligung an einer bislang unabhängigen überregionalen Zeitung hat erhebliche Proteste ausgelöst. Es werden seither Gesetzesinitiativen diskutiert, um den Parteieneinfluss auf die Presse zu beschränken.

sur-le Main où paraît la FR. *L'assainissement a fait disparaître 400 emplois. La première participation du SPD à un journal suprarégional jusqu'alors indépendant a déclenché de nombreuses protestations. Depuis, on discute des projets de lois afin de limiter l'influence des partis politiques sur la presse.*

Privatisierung der DDR-Presse

Außer dem von der SED in Millionenauflage herausgegebenen „Neuen Deutschland" gab es überregionale Tageszeitungen der Massenorganisationen sowie regionale Tageszeitungen in den 15 DDR-Bezirken.

Auf dem Höhepunkt der Staatskrise hatten die Chefredakteure der Zeitung „Neues Deutschland" an ihren alten Methoden des Verschweigens der Wahrheit festgehalten und sich für den Fortbestand der SED-Diktatur eingesetzt. Sie verloren binnen kürzester Zeit ihre einflussreichen Positionen. Schon bald nach dem Fall der Mauer versuchten Verlage aus der Bundesrepublik, mit unterschiedlichen Strategien auf dem ostdeutschen Zeitungsmarkt Fuß zu fassen. Es begann damit, dass einige überregionale Zeitungsverlage ihre westdeutschen Ausgaben in die DDR lieferten. Damit reagierten sie auf das anfänglich große Interesse an westlichen Presseerzeugnissen. Wesentlich risikoreicher war dagegen die Gründung neuer Zeitungsverlage in der ehemaligen DDR nach der Wende.

Privatisation de la presse de RDA

Hormis le journal Neues Deutschland, *organe du SED tiré à des millions d'exemplaires, il existait des quotidiens suprarégionaux publiés par des organisations de masse ainsi que des quotidiens régionaux dans les 15 districts de RDA.*

Au plus fort de la crise de l'État, les rédacteurs en chef du journal Neues Deutschland *s'en étaient tenus à leurs anciennes méthodes, passant la vérité sous silence, et ils s'étaient engagés pour le maintien de la dictature du SED. En l'espace de très peu de temps, ils ont perdu leurs positions influentes. Peu après la chute du Mur déjà, des maisons d'édition ouest-allemandes ont essayé de s'imposer sur le marché de la presse est-allemande en adoptant diverses stratégies. Quelques maisons d'édition de journaux suprarégionaux ont ainsi commencé à distribuer leurs éditions ouest-allemandes en RDA. Ainsi, elles réagissaient à l'intérêt, au début très grand, porté aux produits de la presse de l'Ouest. En revanche, la création de nouvelles maisons d'édition dans l'ancienne RDA, après le Tournant, s'est révélée bien plus risquée.*

Das Hör- und Rundfunksystem

Nach 1945 fiel die Entscheidung für die Organisation des Rundfunks zugunsten der Rechtsform öffentlich-rechtlicher Anstalten aufgrund von zwei Erfahrungen: Es sollte verhindert werden, dass der Rundfunk wie zur Zeit des nationalsozialistischen Regimes zentral gesteuert wurde. Abgelehnt wurde auch ein Rundfunk wie in den USA, der sich wegen der Werbefinanzierung am

Le système audiovisuel

Après 1945, on a choisi d'organiser le système audiovisuel sous la forme juridique d'un service public, et ce sur la base de deux expériences : il fallait éviter que le système audiovisuel soit dirigé de manière centralisée comme pendant le régime national- socialiste. On rejetait également un système comparable à celui des USA, obligé de se conformer trop fortement au goût de la masse en raison de son financement par les recettes

Massengeschmack zu stark orientieren muss. Um der einseitigen politischen Ausrichtung und Kommerzialisierung vorzubeugen, errichteten also Länder und Bund öffentlich-rechtliche Rundfunkanstalten nach dem Vorbild der BBC.

publicitaires. Pour prévenir orientation politique univoque et commercialisation, les Länder et le Bund ont donc mis en place des stations de radiodiffusion de droit public sur le modèle de la BBC.

Alle Landesrundfunkanstalten schlossen sich 1950 in der Arbeitsgemeinschaft der öffentlich-rechtlichen Rundfunkanstalten der Bundesrepublik Deutschland (ARD) zusammen, um gemeinsame Hörfunk- und Fernsehprogramme zu veranstalten. Die heutigen 19 Landesrundfunkanstalten verbreiten eigene Programme (Dritte Fernsehprogramme). Es wird auch ein Gemeinschaftsprogramm der ARD ausgestrahlt (das Erste), zu dem die Landesrundfunkanstalten je nach Gebührenaufkommen Programm-Leistungen erbringen.

Toutes les stations de radiodiffusion des Länder se sont réunies en 1950 pour former la Communauté de travail des organismes de droit public de radiodiffusion d'Allemagne (ARD) afin d'organiser des programmes communs de radio et de télévision. Dans les Länder, les 19 stations de radiodiffusion émettent leurs propres programmes (les Troisièmes Programmes). Est diffusé également un programme réalisé en commun par toutes les stations de l'ARD (Premier programme), programme auquel chacune contribue en fonction du montant des redevances qu'elle perçoit.

Anfang der 80er Jahre gab es mit ARD und ZDF (Zweites Deutsches Fernsehen) lediglich zwei nationale Fernsehprogramme und acht Dritte Programme. Aber heute noch hat Deutschland das breiteste Angebot öffentlich-rechtlicher Fernsehsender in Europa.

Au début des années 1980, avec ARD et ZDF (Deuxième programme), il n'y avait que deux programmes de télévision nationaux et huit « Troisièmes programmes ». Mais aujourd'hui encore, l'Allemagne dispose de la plus grande offre de chaînes de service public d'Europe.

Erst Anfang der Neunziger fiel in Deutschland der Startschuss für die Einführung des privaten kommerziellen Rundfunks. Sie wurde in Deutschland erst möglich, als via Kabel und Satellit die Meinungsvielfalt durch eine Vielzahl von Programmen zu gewährleisten war. Vor 1984 gab es in der BRD ausschließlich ein öffentlich-rechtliches Rundfunksystem, seitdem spricht man in Deutschland vom so genannten dualen Rundfunksystem. Einerseits öffentlich-rechtliche, vor allem durch Gebühren finanzierte Hörfunk- und Fernsehsender; daneben haben sich eine Reihe privater, überwiegend kommerzieller Programme, fest etabliert.

Ce n'est que dans les années 1990 que le signal a été donné en Allemagne pour lancer des chaînes privées. L'introduction des chaînes commerciales n'a été rendue possible qu'avec la garantie, via le câble et le satellite, de la diversité d'opinions par le biais de nombreux programmes. Avant 1984, la RFA disposait exclusivement d'un système audiovisuel public, depuis, on parle en Allemagne de « système duel ». D'un côté des émetteurs de radio et de télévision du service public, essentiellement financés par des redevances ; par ailleurs une série de chaînes privées en grande partie commerciales se sont depuis lors solidement installées.

Die Privatsender, die oft als entpolitisierte Programme kritisiert werden, haben einen großen Marktanteil auf dem Werbemarkt,

Les stations de diffusion privées, souvent critiquées comme apolitiques, occupent une importante part du marché publicitaire car leur taux d'audience a de nettes répercussions

denn die Zuschauerquote wirkt sich deutlich auf die Werbung aus. 2013 liegen die Sender ZDF, RTL und ARD an der Spitze der Zuschauergunst und sind die Marktführer. Trotz hoher Anlaufverluste vieler Privatsender (Ausnahme RTL, Pro7, n-tv) entstehen noch immer neue Sender, vor allem Spartensender (wie der Nachrichtensender N24). Weniger erfolgreiche Sender sind inzwischen wieder vom Markt verschwunden (Nickelodeon, Wetterkanal). Pay-TV (Bezahlfernsehen) und Video on demand haben bis jetzt wenig Erfolg in Deutschland (Premiere World schreibt rote Zahlen und bestimmte Internetportale wie T-Online bieten bereits Filmdownloads im Internet an). Insgesamt ist der private Markt äußerst konzentriert, im Wesentlichen aufgeteilt auf zwei Gruppen (die Kirch-Gruppe und Bertelsmann CLT-UFA). Zuletzt hat der australische Medienmogul Rupert Murdoch mit seinem Einstieg bei Kirchs digitaler Pay-TV-Senderfamilie Premiere World für Aufsehen gesorgt.

sur la publicité. En 2013, ZDF, RTL et ARD sont les chaînes qui jouissent le plus de la faveur du public et sont leaders sur le marché. Malgré les fortes pertes réalisées à leur lancement par de nombreux émetteurs privés (sauf RTL, Pro7, n-tv), apparaissent sans cesse de nouvelles chaînes, surtout des chaînes spécialisées (comme la chaîne d'information N24). Des chaînes moins chanceuses ont disparu depuis du marché (Nickelodeon, Wetterkanal). La télévision à péage et la vidéo sur demande ont jusqu'ici peu de succès en Allemagne (Premiere World est dans le rouge, certains portails Internet comme T-Online offrent déjà des films à télécharger). Dans l'ensemble, le marché privé est extrêmement concentré et surtout divisé en deux groupes (le groupe Kirch et la Bertelsmann CLT-UFA). Dernièrement, le ponte australien des médias Rupert Murdoch s'est fait remarquer en entrant dans la famille de chaînes à péage numériques de Kirch, Premiere World.

Der Münchener Medienmagnat Leo Kirch – mit Alt-Bundeskanzler Kohl seit Jahrzehnten befreundet, dem er nach der CDU-Spendenaffäre finanziell half – schuf in mehr als 40 Jahren den größten europäischen Film- und Fernsehkonzern. Der Programmumfang der Kirch-Gruppe wurde mit mehr als 16.600 Filmtiteln und 52.500 Stunden Serien angegeben. Die Gruppe besaß 50 Prozent der Sportrechtenagentur ISPR, die unter anderem die TV-Rechte der Fußball-Bundesliga hält. Zudem kaufte Kirch für 1,7 Mrd. € (3,4 Mrd. DM) die Übertragungsrechte der Fußball-Weltmeisterschaften für Europa in den Jahren 2002 und 2006. Aber mit der Pleite der KirchMedia am 8. April 2002 brach das Imperium zusammen. Als Gründe des Scheiterns wurden Investitionen in unprofitable Geschäftsfelder und der milliardenteure Versuch, mit Premiere ein funktionierendes Bezahlfernsehen in Deutschland zu etablieren, genannt.

En plus de 40 ans, le magnat des médias Leo Kirch (ami du chancelier Kohl qu'il aida financièrement après l'affaire de dons de la CDU) a construit le plus grand groupe européen de cinématographie et de radiodiffusion. Les chiffres de 16 600 titres de films et de 52 500 heures de séries ont été avancés pour décrire l'ampleur de ses programmes. Le groupe possédait 50 % de l'agence de gestion de droits sportifs, l'ISPR, qui détient entre autres les droits concernant la retransmission des matchs de football de la Bundesliga. En outre, Kirch a acheté pour 1,7 milliard d'euros (3,4 milliards DM) les droits européens de diffusion des coupes du monde de football pour 2002 et 2006. Mais avec la faillite de la KirchMedia le 8 avril 2002, l'Empire Kirch s'est effondré. On invoque comme raisons de cet échec des investissements dans des secteurs peu rentables et la tentative – qui a englouti des milliards – d'installer en Allemagne, grâce à Premiere, une télévision à péage qui

2002 war die Gruppe mit mindestens 6,5 Mrd. Euro verschuldet. Die Kirch-Gruppe wurde zerschlagen und zum größten Teil dem Axel Springer-Verlag und dem US-Investor Haim Saban verkauft.

Die neuen Medien

Das Internet

Die rasante Entwicklung der Informations- und Kommunikationstechnologien hat die Medienlandschaft in den letzten Jahrzehnten grundlegend verändert. Durch die digitale Revolution hat die alte Industriegesellschaft in eine moderne Informationsgesellschaft umgebaut. Es gibt Stimmen, die das Veränderungspotential der Medienrevolution höher einschätzen als die Erfindung des Buchdrucks vor ca. 500 Jahren. Etwa 77% der deutschen Haushalte verfügen im Jahre 2012 über einen privaten Internet-Anschluss. Trotz fallender Tarife sind aber die Zugangskosten zum Internet in Deutschland immer noch deutlich höher als zum Beispiel in den USA.

Das Internet steht auf dem vierten Platz hinter Fernsehen (75 %), Zeitungen (50%) und Radio (36 %) mit 31% als wichtigste Quelle für aktuelle Informationen. Dabei sinkt die Bedeutung der Zeitung, die vom Internet stark betroffen ist. Das Internet hat die Tageszeitungen bei der Mediennutzung abgehängt. Im Internet erwies sich „Die Welt" als Vorreiter, als sie 1995 als eine der ersten großen überregionalen Tageszeitungen online ging. Heute ist aber das Paradebeispiel für den Erfolg der online-Zeitungen „Spiegel-Online". Es ist ein stundenaktuelles Nachrichtenmedium, das die Grenzen der traditionellen Medien gesprengt hat. Im Angebot sind nicht nur geschriebene Texte, sondern auch Nachrichtenvideos und Töne. Die Zahl der Leser liegt im Monatsdurchschnitt bei rund

fonctionne. En 2002, le groupe avait une dette de plus de 6,5 milliards d'euros. Le groupe a été dissous et vendu à Axel Springer et à l'investisseur américain Haim Saban.

Les nouveaux médias

Internet

Le développement fulgurant des technologies d'information et de communication a profondément bouleversé le paysage médiatique au cours des dernières décennies. La révolution numérique a transformé l'ancienne société industrielle en société moderne de l'information. Certains estiment que le potentiel de transformation qui accompagne la révolution des médias est plus important que l'invention de l'imprimerie il y a à peu près 500 ans. Environ 77 % des foyers allemands disposent en 2012 d'une connexion à Internet chez eux. Malgré la baisse des tarifs, les frais d'accès à Internet restent cependant nettement plus élevés qu'aux USA, par exemple.

Internet occupe la 4ᵉ place derrière la télévision (75 %), les journaux (50 %) et la radio (36 %) comme source essentielle d'information (31 %. L'importance des journaux diminue, fortement touchés par la concurrence avec Internet. C'est le journal Die Welt *qui a ouvert la voie en 1995 en étant l'un des premiers grand journaux suprarégionaux à paraître en ligne. Mais le succès du* Spiegel *est exemplaire dans ce domaine.* Spiegel-Online *est un magazine d'information actualisé heure par heure qui a fait exploser les limites des médias traditionnels. Il offre non seulement des textes écrits, mais aussi des vidéos et des documents sonores. Le site compte en moyenne chaque mois environ 11 millions de lecteurs. Par ailleurs, 35 % des utilisateurs d'Internet reconnaissent passer moins de temps devant leur téléviseur grâce à Internet. Les avantages d'Internet, selon*

11 Millionen. Zudem geben 35 Prozent der Internet-User an, als Folge der Internet-Nutzung weniger Zeit vor dem Fernseher zu verbringen. Als Vorteile des Internet werden Aktualität, Zeiteffizienz und beste Möglichkeiten, die Information zu finden, die gesucht wird, angegeben.

Die digitale Spaltung in Deutschland vollzieht sich nicht nur zwischen Internetnutzern und Nicht-Nutzern, sondern auch zwischen Schmalband- und Breitband-Nutzern. Deutschland markiert in Europa das Schlusslicht der Breitbandentwicklung – trotz niedrigen Preisniveaus. Die schleppende Marktdurchdringung verhindert auch das Wachstum in angrenzenden Industrien. Die digitale Spaltung hat Folgen: Fehlender Anschluss an das Breitband-Internet ist in der digitalen Wirtschaft, in der immer mehr Güter und Dienstleistungen im Internet bestellt und vertrieben werden, zu einem Standortnachteil für Menschen und Unternehmen geworden. Menschen in ländlichen Gebieten und in vielen Gebieten im Osten Deutschlands sind wegen der mangelnden Breitband-Verfügbarkeit von modernen Internetanwendungen abgeschnitten.

Digitale Revolution und Erziehung

Internet und Multimedia sind nicht nur Motor der Wirtschaft, sie sind auch die treibende Kraft der Bildungsreform. Mit Laptop und Server sollen Schüler und Studenten „die Verbindung zur Wissenswelt knüpfen", so das Bundesbildungsministerium. Im Computer können komplizierteste Vorgänge simuliert werden, im globalen Netz entsteht zudem ein neuer Bildungsmarkt. Deutschland will deshalb das Internet-Potential für die Schul- und Hochschulentwicklung nutzen. Im Rahmen der Initiative „Schulen ans Netz" des Bundesministeriums für Bildung und Forschung läuft seit dem Schuljahr 1997/98 die Sonderfördermaßnahme „Nutzung elektronischer und multimedialer

eux, sont l'actualité, le gain de temps et de meilleurs moyens d'accéder aux informations recherchées.

La division de l'Allemagne sur le terrain du numérique ne s'opère pas seulement entre utilisateurs et non-utilisateurs d'Internet, mais aussi entre les utilisateurs du bas et du haut débit. L'Allemagne est la lanterne rouge européenne en matière de développement de l'ADSL, malgré des prix bas. Cette hésitante pénétration du marché handicape aussi la croissance des industries dérivées. Cette séparation dans le domaine numérique a des conséquences : ne pas avoir accès au réseau haut débit dans une économie numérique où l'on commande de plus en plus de marchandises et de services par le Net défavorise individus et entreprises. Bien des habitants de la campagne et de nombreuses régions de l'Est sont coupés des applications modernes d'Internet, ne disposant pas de l'accès au haut débit.

Révolution numérique et éducation

Internet et le multimédia sont non seulement le moteur de l'économie, mais aussi la force motrice de la réforme de l'enseignement. Grâce à un ordinateur portable et à un fournisseur d'accès, les écoliers et les étudiants sont censés « établir un lien avec le monde du savoir » selon le ministère fédéral de l'Education et de la Recherche. L'ordinateur permet de simuler les processus les plus compliqués ; de plus apparaît sur le réseau un nouveau marché de l'éducation. C'est pourquoi l'Allemagne veut tirer profit du potentiel offert par Internet dans sa politique de développement des écoles et des universités. Dans le cadre de l'initiative « Les écoles sur le Net », initiative du ministère de le Formation et

Informationsquellen in Schulen". Die geförderten Projekte sollen zeigen, wie elektronische und multimediale Informationsquellen im Unterricht und beim selbständigen Arbeiten der Schüler im Kontext mit anderen (gedruckten) Lehr- und Lernmaterialien sinnvoll eingesetzt werden können. Mit diesem Programm soll der raschen Entwicklung in den Bereichen Multimedia, Globale Vernetzung und virtuelle Realität Rechnung getragen werden.

de la Recherche, un programme spécial est appliqué depuis l'année scolaire 1997/1998 : « L'utilisation des sources d'information électroniques et des multimédias dans les écoles ». Les projets ainsi encouragés doivent montrer comment faire intervenir de façon sensée ces sources d'information dans l'enseignement ou pour le travail autonome des élèves confrontés à d'autres matériaux pédagogiques (imprimés). Ce programme doit permettre de tenir compte du développement très rapide des multimédias, de la mise en réseau globale et de la réalité virtuelle.

Die deutschen Medien bleiben weitgehend unabhängig, wenn auch große Anbieter in Presse und Rundfunk hinter der vordergründigen Vielfalt stehen. Es kann von einer echten Ausgewogenheit zwischen Medien mit Qualitätsanspruch gesprochen werden. Die wahre Gefahr für Sender und Printmedien droht einerseits vom Vordringen des Internet, andererseits von der wachsenden Leseunlust der Jugendlichen. Das Internet setzte auch eine Spirale des Niveauverlusts in Gang und wirft die Frage der Glaubwürdigkeit der Medien auf mit der möglichen Verbreitung unbewiesener oder falscher Informationen, insbesondere durch interaktive, leicht zugängliche Internet-Enzyklopädien. Handys und Taschencomputer werden als weitere Medien experimentiert und können das Problem nur noch akuter machen.

Les médias allemands restent très largement indépendants même si se trouvent de grands groupes derrière l'apparente pluralité. On peut parler d'un réel équilibre entre des médias de qualité. Le véritable danger pour l'audiovisuel et la presse écrite vient d'une part de la percée d'Internet, d'autre part du désintérêt croissant de la jeunesse pour la lecture. Internet a aussi déclenché une spirale en termes de perte de niveau du contenu informatif et pose la question de la crédibilité des médias par la possible transmission d'informations non vérifiées ou fausses, en particulier via des encyclopédies en ligne interactives et faciles d'accès. Les téléphones portables et les ordinateurs de poche sont de nouveau médias expérimentaux ne pouvant qu'aggraver la situation.

Vocabulaire

Anzeige, (die, n)	*la petite annonce*
Auflage, (die, n)	*le tirage*
Computer, (der, -)	*l'ordinateur*
Fernsehen, (das)	*la télévision*
Geschäftsmann, (der, -leute)	*l'homme d'affaires*
Herausgeber, (der, -)	*l'éditeur*
Hör- und Rundfunksystem, (das)	*le système audiovisuel*
Internet-Anschluss, (der, ¨e)	*la connexion à Internet*
Laptop, (der, s)	*l'ordinateur portable*
Magazin, (das, e)	*le magazine*
Medien, (die)	*les médias*
Nachricht, (die, en)	*la nouvelle*
Quelle, (die, n)	*la source*
Sender, (der, -)	*l'émetteur, la chaîne*
Tageszeitung, (die, en)	*le quotidien*
Übertragungsrechte, (die)	*les droits de retransmission*
Verlag, (der, e)	*la maison d'édition*
Vorbild, (das, er)	*l'exemple, le modèle*
Wahrheit, (die, en)	*la vérité*
Werbung, (die, en)	*la publicité*
Wochenzeitung, (die, en)	*l'hebdomadaire*
Zuschauerquote, (die, n),	*l'audimat, le taux d'audience* Einschaltquote, (die, n)
beispielsweise	*par exemple*
erst	*seulement (point de départ dans le temps)*
grundlegend	*fondamentalement*
inzwischen	*depuis*
öffentlich-rechtlich	*du service public, de droit public*
umfangreich	*vaste*
zugänglich	*accessible*
zuletzt	*finalement*
ab/lehnen	*rejeter*
aus/strahlen	*émettre, diffuser*
von Bedeutung sein, (war, gewesen, ist)	*avoir de l'importance*
Stellung beziehen, (og, ogen)	*prendre position*
erscheinen, (ie, ie, ist)	*paraître*
fern/sehen (a, e)	*regarder la télévision*
heraus/bringen, (achte, acht)	*publier*
Wert legen, (auf + A)	*attacher de l'importance à*
rechtfertigen	*justifier, légitimer*
vermitteln	*transmettre, communiquer*
verschweigen, (ie, ie)	*passer sous silence, taire*

Lexique en situation 13

In einem Brief wird gegen Studiengebühren Stellung bezogen.
Dans une lettre, on prend position contre les frais universitaires.
Das Dokument ist im Internet frei zugänglich.
Ce document est en libre accès sur Internet.
Der Lehrer legt viel Wert auf Kreativität.
Le professeur attache beaucoup d'importance à la créativité.
Immer mehr Geschäftsleute trainieren Fremdsprachen.
De plus en plus d'hommes d'affaires s'entraînent à parler des langues étrangères.
Stasi-Akten über Kohl wurden herausgegeben.
Les dossiers concernant les rapports de Kohl avec la Stasi ont été publiés.
Sie ist vom elterlichen Vorbild geprägt.
Elle est imprégnée du modèle de ses parents.
Diese Tatsache ist von untergeordneter Bedeutung.
Ce fait est de moindre importance.
Deutschland braucht eine zukunftsfähige Energiepolitik.
L'Allemagne a besoin d'une politique énergétique porteuse d'avenir.
Die Einschaltquote ist nach Programmen differenzierbar.
Le taux d'audience dépend des programmes.
Der Arzt hat ihm seine Krankheit verschwiegen.
Le médecin lui a caché sa maladie.
Der Erfinder ist erst 20 Jahre alt.
L'inventeur n'a que 20 ans.
Existiert die eine Wahrheit?
Existe-t-il une seule vérité ?
Hier gibt es die zuletzt geänderten Dateien.
Ici, il y les fichiers modifiés dernièrement.
Der Internet-Anschluss von Krankenhäusern ist weit verbreitet.
La mise en réseau des hôpitaux est très répandue.
Satelliten strahlen Filme in Kinoqualität aus.
Les satellites émettent des films d'une qualité égale au cinéma.
SMS sind inzwischen bei Jugendlichen beliebter als Telefonieren.
Les SMS sont devenus plus prisés par les jeunes que les appels téléphoniques.
Dieser Organismus vermittelt Auslandspraktika.
Cet organisme s'occupe de proposer des stages à l'étranger.
Mit Ihrem Laptop schließen Sie sich an das Netz.
Vous vous connectez au réseau avec votre portable.
Ich weiß es aus zuverlässiger Quelle.
Je le sais de source sûre.
Das Gesetz wurde im Bundesrat abgelehnt.
La loi a été rejetée par le Bundesrat.

DOSSIER 14

Umweltprobleme und Umweltschutz

Die Deutschen stehen in dem Ruf, besonders umweltbewusst zu sein. Östlich des Rheins fallen einem gleich nach dem Passieren der Grenze die vielen Solarplatten auf den Dächern auf. Die deutschen Haushalte sortieren ihr Hausmüll gründlich. Die Bundesrepublik will auf internationaler Ebene eine Vorreiterrolle in Sachen Klimaschutz spielen. Doch das geht nicht ohne eine gewisse Widersprüchlichkeit, denn die Deutschen sind zum Beispiel auch leidenschaftliche Autofahrer. Und die fossilen Energien (Mineralöl, Erdgas, Kohle) sichern sich heute noch den Löwenanteil der in Deutschland verbrauchten Energie. Es heißt oft, Deutschland hänge am Gas-Tropf der Russen. Die Bundesrepublik ist dicht bebaut und dicht bewohnt, und die steigende Umweltbelastung gefährdet den Wohlstand der Bevölkerung deutlich. Unter dem Druck von Bürgerinitiativen und Umweltschützern, aber auch auf Grund der internationalien Einbindung der Bundesrepublik, die das Kyoto-Protokoll ratifiziert hat, wird versucht, umweltfreundliche Politik und Verteidigung des Standortes Deutschland zu vereinbaren. Man sucht nach Wegen, den deutschen Energie-Mix umweltfreundlicher zu gestalten.

Problèmes et protection de l'environnement

Les Allemands ont la réputation d'avoir une conscience aiguë des questions environnementales. Outre-Rhin, on remarque dès qu'on a passé la frontière les nombreuses panneaux solaires sur les toits. Les ménages allemands trient leurs déchets domestiques avec soin. Au plan international, la République Fédérale veut jouer un rôle moteur en matière de d'objectifs climatiques. Mais cela ne va pas sans une certaine contradiction, car les Allemands sont par exemple aussi fous de conduite. Et les énergies fossiles (pétrole, gaz naturel et charbon) s'octroient aujourd'hui encore la part du lion de l'énergie consommée en Allemagne. On dit souvent que l'Allemagne est dépendante de la perfusion gazière des Russes. La République Fédérale est un pays densément construit et densément peuplé, et la détérioration croissante de l'environnement constitue un danger perceptible pour le bien-être de la population. Sous la pression d'associations et de militants écologistes, mais aussi en raison des engagements internationaux de la République Fédérale, qui a ratifié le protocole de Kyoto, on tente de concilier une politique respectueuse de l'environnement et la défense de la compétitivité allemande. On cherche des moyens de rendre le bouquet énergétique allemand plus écologique.

Umweltprobleme in Deutschland

Unter „Umweltproblemen" versteht man allgemein die Boden- und Luftverschmutzung sowie die Verunreinigung des Trinkwassers. Die meisten Umweltprobleme werden durch den Ausstoß von Schadstoffen verursacht.

Les problèmes environnementaux en Allemagne

Par le terme de « problèmes environnementaux », on entend généralement la pollution des sols et de l'air ainsi que l'altération de l'eau potable. La plupart des problèmes environnementaux ont pour cause l'émission de substances toxiques.

Die drastische Zunahme des Auto- und Luftverkehrs hat die gefährliche Überlastung der Straßen und Luftwege zur Folge: Die deutschen Straßen sind derartig verstaut, dass man von einem „Verkehrsinfarkt" spricht. Die Einführung einer LKW-Maut am 1.1.2005 für über 12 Tonnen schwere Lastkraftwagen – die LKWs werden durch ein satellitengestütztes System überwacht – hat jedoch nicht die Entlastung der deutschen Straßen zum Zweck. Die LKW-Maut ist ein Beitrag zur Instandhaltung der Verkehrswege, und insbesondere der Autobahnen.

La croissance rapide du trafic automobile et aérien entraîne une saturation dangereuse des routes et des couloirs aériens. Les routes allemandes sont tellement congestionnées qu'on parle d'un « infarctus de la circulation ». La mise en place d'un péage pour les poids-lourds de plus de 12 tonnes (contrôlés par satellite) n'a toutefois pas pour but de faire baisser le trafic sur les routes allemandes. Le péage pour les poids lourds est une contribution à l'entretien des voies de circulation, et en particulier des autoroutes.

Besonders besorgniserregend ist die Verschmutzung der Luft durch Abgase. Dieses Phänomen wird noch verstärkt durch die Stickoxid-Emissionen der Industrie und der privaten Haushalte. Während gesetzliche Maßnahmen zur Entstickung von Kraftwerkabgasen ab 1980 zur erheblichen Senkung der Emissionen in diesem Bereich haben führen können, bleiben die PKW- und LKW-Abgase für über ein Drittel aller Stickoxid-Emissionen verantwortlich. Seit der Einführung von neuen EU-Grenzwerten für den Ausstoß von Feinstaub (d. h. von nicht sichtbaren Partikeln) am 1.1.2005 sorgten die deutschen Ballungsgebiete regelmäßig für Schlagzeilen in den Medien. Nicht selten hat allerdings die Verteidigung der eigenen Wirtschaftsinteressen Vorrang vor Umweltschutz: Im Juni 2013 blockierte die Bundesregierung die Durchsetzung von strengeren EU-Klimaauflagen für Neuwagen. Das hätte der deutschen Autoindustrie geschadet, die vornehmlich Fahrzeuge der Oberklasse mit hohem Kohlendioxid-Austoß herstellt.

La pollution de l'air du fait des gaz d'échappement est particulièrement préoccupante. À cela s'ajoutent les émissions de dioxyde de carbone imputables aux industries et aux particuliers. Tandis que des mesures légales visant à rendre les centrales énergétiques propres ont conduit à partir de 1980 à une réduction importante des émissions de ces substances, les gaz d'échappement des véhicules de tourisme et des poids-lourds restent responsables de plus du tiers de toutes les émissions de dioxyde de carbone. Depuis le 1.01.2005 et l'entrée en vigueur de nouveaux seuils dans l'UE pour les émissions de particules fines (particules invisibles), les agglomérations allemandes ont régulièrement fait les gros titres. Il n'est toutefois pas rare que la défense des intérêts économiques allemands l'emporte sur les considérations environnementales : En juin 2013, le gouvernement fédéral a bloqué l'adoption de contraintes écologiques européennes plus fortes pour les véhicules neufs. Cela aurait nui à l'industrie automobile allemande, qui produit essentiellement des véhicules haut de gamme à forte émission de dioxyde de carbone.

Zur Bodenverseuchung und Wasserverschmutzung tragen abgelagerte Industrieabfälle und verseuchte Industriestandorte (so genannte „Altlasten") bei. Sie stellen eine ernsthafte Bedrohung für die menschliche Gesundheit und die Umwelt dar. Am leichtesten lassen

La contamination des sols et la pollution de l'eau sont partiellement imputables au stockage des déchets industriels et aux sites industriels pollués (appelés « déchets anciens »). Ils représentent une sérieuse menace pour la santé et pour l'environnement. L'exemple le plus parlant des consé

sich die Auswirkungen der Umweltverschmutzung am Beispiel der deutschen Wälder beobachten. Man geht davon aus, dass jeder vierte Baum geschädigt ist. Diese Erkrankung, die ganze Wälder erfasst und das Wachstum der Bäume beeinträchtigt, wird gewöhnlich mit dem Begriff „Waldsterben" bezeichnet.

quences de cette pollution est celui des forêts allemandes. On estime qu'un arbre sur quatre est endommagé. Cette maladie, qui frappe des forêts entières et empêche la croissance des arbres, est communément désignée par le terme de Waldsterben *(dépérissement des forêts).*

Entsorgung und Wiederaufarbeitung von Müll

Ein hoher Lebensstandard bringt als Nebenerscheinung eine erhöhte Müllmenge mit sich. Die Abfallbeseitigung wird zunehmend problematisch. Die umweltbewussten Deutschen waren 2011 für rund 450 kg Hausmüll pro Kopf verantwortlich. Zur Entsorgung setzt man auf die Förderung von Recycling-Verfahren, damit zumindest ein Teil des Abfalls wieder verwertet werden kann. So werden die durch den „Grünen Punkt" gekennzeichneten Verpackungen seit 1993 gesammelt, sortiert und schließlich einem Recycling zugeführt. Dieses Duale System hat schon zu einer deutlichen Senkung der Hausmüllmenge und zu einer Steigerung der Recyclingquote beigetragen. Am 1.1.2003 trat das so genannte „Dosenpfand" in Kraft. Das Konzept hatte die CDU-geführte Koalition unter Helmut Kohl schon vor 1998 erarbeitet. Es geht dabei um die Verpfändung von Einwegverpackungen von Getränken. Die Einführung des „Dosenpfands" rief Unmut bei den Bundesbürgern hervor. Sie wird nicht als Beitrag zur Entsorgung der Umwelt angesehen, sondern als rein bürokratisches Konzept und Fall der Überregelung.

Élimination et retraitement des déchets

La production d'ordures est corrélée au niveau de vie. Il devient de plus en plus difficile de venir à bout des ordures. Malgré leur souci de l'environnement, les Allemands ont produit en 2011 450 kg d'ordures ménagères par habitant. On mise sur le développement de divers procédés de recyclage pour pouvoir réutiliser ne serait-ce qu'une partie de ces ordures. Ainsi les emballages arborant le « point vert » sont-ils depuis 1993 collectés, puis triés pour être finalement recyclés. Ce système duel a déjà permis de diminuer sensiblement la quantité d'ordures ménagères en augmentant le taux de recyclage. Le 1.01.2003, la consigne des canettes de boisson est entrée en vigueur. L'idée avait déjà été mise au point avant 1998 par le gouvernement de droite d'Helmut Kohl. Il s'agit de prélever une consigne sur les boissons à emballage jetable. La mise en place de cette consigne a provoqué le mécontentement des Allemands. Elle est pas perçue comme une contribution à la réduction de la pollution, mais comme une idée purement bureaucratique, comme un cas de « sur-régulation ».

Klimaerwärmung und Maßnahmen zur Bekämpfung globaler Umweltprobleme - Energiewende

Allgemein wird der Verbrauch, ja die Verschwendung von Energie als Ursache der Umweltprobleme anerkannt. Je mehr der Ausstoß von Treibhausgasen weiter ansteigt, umso knapper werden die fossilen Energieträger wie Kohle, Erdöl und Erdgas. Anders als in den USA wird in Deutschland daran nicht gezweifelt, dass die Erwärmung des Weltklimas menschenbedingt- und verursacht ist. Wie versucht man diesem Klimaproblem entgegenzuwirken?

Das Kyoto-Protokoll vom Jahre 1997 sah vor, die Emissionen von Treibhausgasen bis 2012 um 21 Prozent gegenüber 1990 zu reduzieren. Deutschland hat diese Vorgaben erfüllt, indem die Emissionen von CO_2 schon Ende 2010 um 25 Prozent gegenüber 1990 gesunken waren. Um dieses Ziel zu erreichen, hat der Staat seinen Teil geleistet, z. B. durch die Sanierung von veralteten Kraftwerken. Der Verbraucher wird seinerseits aufgefordert, Energie zu sparen: Erhebliche Sparpotenziale gibt es beim Autofahren und Heizen. Die Entwicklung von verbrauchsarmen PKWs etwa kann zur Reduzierung des Energieverbrauchs beitragen. Man setzt auf eine als „Energiewende" bezeichnete alternative Energiepolitik: Die Bundesregierung fördert saubere Energien wie Wind, Sonne oder Biomasse, sowie die regenerative Energieerzeugung. Das alles lässt sich durch den Sammelbegriff „erneuerbare Energie" zusammenfassen, d. h. durch den Rückgriff auf Energiequellen, die nach menschlichen Maßen unerschöpflich sind. Am 21.7.2004 trat das erste „Erneuerbare-Energien-Gesetz" in Kraft. Zweck der Energiewende ist es, den Anteil der erneuerbaren Energien am

Réchauffement climatique et mesures de lutte contre les problèmes environnementaux globaux – Tournant énergétique

On considère généralement que la consommation, et surtout le gaspillage d'énergie est la cause des problèmes environnementaux. Plus on continue à émettre de gaz à effet de serre, plus on amoindrit les ressources en énergies fossiles comme le charbon, le pétrole et le gaz naturel. À la différence des États-Unis, on n'a pas de doute en Allemagne sur le fait que le réchauffement du climat de la planète est conditionné et causé par l'homme. Par quels moyens tente-t-on de lutter contre ces problèmes climatiques ?

Le protocole de Kyoto (1997) stipulait qu'en 2012 les émissions de gaz à effet de serre devraient avoir baissé de 21 % par rapport à 1990. L'Allemagne a rempli ces obligations dans la mesure mesure où fin 2010 ses émissions de CO_2 avaient déjà baissé de 25 % par rapport à 1990. Pour réaliser cet objectif, l'État a fait sa part du travail, par ex. en rendant « propres » les anciennes centrales électriques. Quant au consommateur, il est prié d'économiser l'énergie : On peut sans doute faire des économies substantielles en roulant moins et en chauffant moins. En mettant au point, par exemple, des automobiles consommant peu, on peut contribuer à réduire la consommation d'énergie. On table aussi sur une politique énergétique originale appelée « tournant énergétique » : Le gouvernement fédéral encourage les énergies propres telles que l'énergie éolienne, l'énergie solaire, la biomasse et la production d'énergie sur la base de la récupération. Tout ceci peut être résumé par le concept d' « énergies renouvelables », ce par quoi on entend le recours à des sources d'énergie qui sont inépuisables à l'échelle humaine. La première loi sur les énergies renouvelables est entrée en vigueur le 21.07.2004. Le but du tournant énergétique est d'augmenter progressivement

Energieverbrauch allmählich anzuheben. 2013 liegt er bei rund 25%. Er soll bis 2050 auf 80% des Energiemixes erhöht werden.

la part des énergies renouvelables dans la consommation d'énergie. En 2013, on en est à environ 25 %. Cette part doit être portée à 80 % du bouquet énergétique à l'horizon 2050.

Es entwickelt sich ein neuer Wirtschaftssektor, der schon über 250 000 Menschen beschäftigt. Das deutsche Landschaftsbild ist zunehmend von den „Windparks" geprägt, die sowohl auf dem Lande als auch als „Offshore-Anlagen" vor allem an der Nordseeküste Niedersachsens und Schleswig-Holsteins errichtet werden. Durch den Ausbau dieser Anlagen hat die Windenergie die Wasserkraft bereits an Leistung überholt. Da aber die Windenergie-Produktion vor allem im Norden angesiedelt ist, ergeben sich neue Probleme: Neue Hochspannungsleitungen quer durchs Land sollen gebaut werden, um die süddeutschen Industriestandorte mit Strom zu versorgen. Nicht selten stoßen diese Baupläne auf die Ablehnung der betroffenen Anwohner. Zudem sorgen der deutsche Energiemix und die Zulieferungsstruktur für hohe Strompreise. Was die Stromrechnung angeht, rangiert die Bundesrepublik hinter Dänemark auf Platz 2 in der EU.

Dans le même temps, il se développe un nouveau secteur économique, qui emploie déjà plus de 250 000 personnes. Le paysage allemand est de plus en plus marqué par les parcs d'éoliennes, que l'on construit aussi bien à la campagne que sous la forme d'installations « offshore », essentiellement sur les côtes de la mer du Nord, en Basse-Saxe et au Schleswig-Holstein. Du fait de l'ampliation de ces parcs, le secteur éolien produit d'ores et déjà plus que l'énergie hydraulique. Mais dans la mesure où l'énergie éolienne est essentiellement produite dans le nord, de nouveaux problèmes apparaissent : Il faut construire de nouvelles lignes à haute tension à travers tout le pays pour approvisionner en électricité les sites industriels du sud de l'Allemagne. Il n'est pas rare que ces projets se heurtent au refus des riverains. De plus, le bouquet énergétique allemand et sa structure de distribution entraînent un prix de l'électricité élevé. La facture d'électricité des Allemands est la plus chère d'Europe, juste après celle des Danois.

Das Kyoto-Protokoll sah zur Bekämpfung der Umweltverschmutzung eine marktwirtschaftliche Lösung vor, etwa nach dem Motto: „Wer die Luft verschmutzen will, muss in die Tasche greifen". Seit 2005 verfügt jedes Land in der EU entsprechend den Ausstoßwerten von 1990 über so genannte „Emissionsrechte" oder „Zertifikate". Die Unternehmen bekommen diese Zertifikate vom Staat zugeteilt. Wer sauber produziert, kann seine Emissionszertifikate an weniger umweltfreundliche Firmen verkaufen. Und Unternehmen, die mehr Treibhausgas ausstoßen als erlaubt, müssen sich Zertifikate zukaufen und erhöhen damit ihre Produktionskosten. So erhofft man sich, dass Wettbewerbsfähigkeit mit Umweltfreundlichkeit Hand in Hand geht.

Pour combattre la pollution, le protocole de Kyoto mettait en avant une solution d'économie de marché, qui tient du principe du « pollueur payeur ». Depuis 2005, chaque pays dispose de « droits d'émission » ou de « certificats » établis sur la base de ses émissions de 1990. L'État répartit ces certificats entre les entreprises. Les entreprises propres peuvent vendre leurs certificats à celles qui le sont moins. Et les entreprises qui dépassent les émissions permises de gaz à effet de serre sont obligées d'acquérir des certificats supplémentaires et augmentent de ce fait leurs coûts de production. On espère ainsi faire aller de pair compétitivité et écologie.

Unternehmer und manchmal auch der Wirtschaftsminister selbst bezweifeln, dass der Schutz des Wirtschaftsstandortes Deutschland mit den aus dem Kyoto-Protokoll hervorgehenden Verpflichtungen verträglich sei. Um diese Bedenken Lügen zu strafen wurde unter Aufsicht des Bundesministeriums für Umwelt zwischen 1999 und 2002 eine dreistufige „Ökologische Steuerreform" durchgesetzt. Zwar wurde eine Stromsteuer eingeführt. Die Mineralölsteuer wurde ebenfalls erhöht. Durch eine stärkere Besteuerung werden die fossilen Brennstoffe also teurer. Davon erhofft man sich eine Senkung des Energieverbrauchs. Aber die zusätzlichen Ausgaben, welche die Erhöhung der Energiekosten für die Firmen darstellen, werden durch Entlastungen in Form einer Senkung der Sozialversicherungsbeiträge ausgeglichen. Die Senkung der Lohnnebenkosten soll ein Beitrag zur Wettbewerbsfähigkeit Deutschlands sein.

Certains chefs d'entreprise, et parfois aussi le ministre de l'économie lui-même, doutent de la compatibilité d'une défense de la compétitivité de l'Allemagne avec les obligations qui résultent du protocole de Kyoto. Pour infliger un démenti à ces doutes, une réforme fiscale écologique en trois étapes a été mise en place entre 1999 et 2002 sous la houlette du ministère fédéral de l'environnement. Certes, on a introduit une taxe sur l'électricité. On a également augmenté la taxation des dérivés du pétrole. L'augmentation de la pression fiscale a donc fait monter le prix des énergies fossiles, ce dont on espère une baisse de la consommation d'énergie. Mais les dépenses supplémentaires entraînées pour les entreprises par la hausse du coût de l'énergie sont compensées par des allègements sous la forme d'une baisse des cotisations sociales. L'abaissement du coût du travail est censé profiter à la compétitivité allemande.

Die Befürworter dieser Ökologischen Steuerreform fordern gleichzeitig eine Reihe von Begleitmaßnahmen, wie zum Beispiel den Abbau der Subventionen für die Kohleförderung. Im Bereich der Agrarwirtschaft, wo der Einsatz von Chemikalien und Dünger zur Bodenverschmutzung beiträgt, soll der ökologische Anbau und die ökologische Umstrukturierung der Agrarbranche verstärkt gefördert werden.

Les partisans de cette réforme fiscale écologique réclament en même temps une série de mesures d'accompagnement comme par exemple l'arrêt des subventions octroyées à l'exploitation du charbon. Dans l'agriculture, où l'usage de produits chimiques et d'engrais contribue à la pollution des sols, il est question de soutenir davantage la culture biologique et la restructuration ce secteur agricole dans un plus grand respect de l'écologie.

„Nachhaltiges Deutschland"

« Une Allemagne durable »

Der aus dem Bereich der Forstwirtschaft stammende Begriff „Nachhaltigkeit" kennzeichnet die zweckmäßige Nutzung der natürlichen Ressourcen. Damit ist ein Verhalten gemeint, das auch auf die Interessen der Nachwelt Rücksicht nimmt, und nicht bloß eigennützig denkt. Zur Nachhaltigkeit oder nachhaltigen Entwicklung bekannten sich die Teilnehmer am Erdgipfel vom Juni 1992 in

Le concept de « durabilité » provient de l'exploitation des forêts, il renvoie à l'utilisation à bon escient des ressources naturelles. Il s'agit d'adopter un comportement qui tienne compte des intérêts des générations futures et ne se limite pas à des raisonnements égoïstes. La durabilité ne se limite pas à l'écologie. Elle repose sur trois piliers : en plus du pilier écologique, il y a le pilier économique et le pilier social. À la différence

Rio. Die Nachhaltigkeit ist nicht nur umweltbezogen, sondern beruht auf drei Säulen: Neben der ökologischen Säule bestehen die wirtschaftliche Säule und die soziale Säule. Anders als die traditionelle Wirtschaftsproduktion setzt die wirtschaftsbezogene Nachhaltigkeit unbedingt auf umweltentlastende Innovationen. Sie strebt ein Gleichgewicht zwischen reduziertem Energieeinsatz, geringer Materialnutzung, geringen Umweltbelastungen und hoher Wirtschaftlichkeit an.

de la production économique traditionnelle, la durabilité, dans son aspect économique, fait impérativement le choix d'innovations qui bénéficient à l'environnement. Elle vise à obtenir un équilibre entre une moindre consommation d'énergie, de faibles besoins en matières premières, un minimum de nuisances pour l'environnement et une forte rentabilité économique.

Im Rahmen der Nachhaltigkeit hat der Staat als regulierende Instanz einzugreifen. Der Verbraucher soll seinerseits sein Konsumverhalten ändern. Nachhaltig kaufen geht zum Beispiel über das bloße Stromsparen hinaus. Beim Kauf eines Elektrogerätes soll auch an die für die Herstellung und den Transport des Geräts nötige Energie gedacht werden.

Dans une économie durable, l'État doit intervenir en tant qu'instance de régulation. De son côté, le consommateur doit changer ses habitudes de consommation. Par exemple, acheter durable dépasse le simple fait d'économiser du courant. Quand on achète un appareil électroménager, il faut aussi prendre en compte l'énergie nécessaire à sa fabrication et à son transport.

Die ungelöste Frage der Kernenergie

La question non résolue de l'énergie nucléaire

Dass das Betreiben von Atomkraftwerken und die Atommülltransporte nicht ohne Gefahr sind, liegt auf der Hand. Trotz hoher Sicherheitsstandards ist eine Verstrahlung von Mensch und Umwelt immer möglich. Das hat der Super-GAU im japanischen Fukushima 2011 zur Genüge gezeigt. Im Zuge der Fukushima-Katastrophe beschloss die Bundesregierung unter Kanzlerin Merkel eine endgültige Abschaltung der deutschen Kernkraftwerke bis zum Jahr 2022, und dies, obwohl die Atomenergie 2012 noch für rund 16% der Stromerzeugung aufkam.

Que l'exploitation des centrales atomiques et le transport des déchets nucléaires ne sont pas sans danger est une évidence. Malgré des normes de sécurité élevées, un risque de contamination radioactive des personnes et de l'environnement est toujours possible. L'accident nucléaire majeur de Fukushima au Japon en 2011 en a largement apporté la preuve. À la suite de la catastrophe de Fukushima, le gouvernement fédéral, sous la direction d'Angela Merkel, a décidé la fermeture définitive de toutes les centrales nucléaires allemandes d'ici à 2022, et ce bien que l'énergie nucléaire fournisse encore 16 % de la production d'électricité en 2012.

Der Ausstieg aus der Atomenergienutzung war von dem rot-grünen Bundeskabinett Gerhard Schröders in die Wege geleitet worden. Ein „Gesetz zur geordneten Beendigung der Kernenergienutzung" wurde in Zusammenarbeit mit den vier größten Energieunternehmen Deutsch-

La « sortie du nucléaire » avait été initiée par le gouvernement alliant sociaux-démocrates et Verts sous le chancelier Schröder. En accord avec les quatre plus grands fournisseurs d'électricité d'Allemagne, une « loi sur la cessation raisonnée de l'usage du nucléaire » fut élaborée. Elle

lands erarbeitet. Es trat am 26.4.2002 in Kraft. Neben dem Neubauverbot für Kernkraftwerke sah es vor, die Laufzeit der Kraftwerke (oder Meiler) auf 32 Jahre seit Inbetriebnahme zu beschränken. Die deutschen Umweltschützer, aus deren Reihen die Partei der Grünen hervorgegangen ist, gehören von jeher zu den Verfechtern des Ausstiegs aus der Atomkraft.

Doch mit dem Regierungswechsel im Herbst 2009 wurde dieser Ausstieg in Frage gestellt. Im Einvernehmen mit der Industrie wollte die schwarz-gelbe Koalition die Laufzeit der als sicher geltenden Meiler verlängern. Dabei galt Kernenergie als eine „Brückentechnologie", auf die nur so lange zurückgegriffen werden sollte, bis Deutschland völlig auf die erneuerbaren Energien umstellen kann.

Entsorgung und Wiederaufarbeitung von Atommüll bleiben eine umstrittene Frage. Auf Transporte zur Wiederaufarbeitung von Atommüll im Ausland sollte vom 1. Juli 2005 an verzichtet werden. Doch Jahr für Jahr tobt der Protest, wenn Castortransporte aus der französischen Wiederaufarbeitungsanlage La Hague nach dem Zwischenlager Gorleben in Niedersachsen rollen. Ungelöst bleibt die Frage der Endlager und der Entsorgung. Geplant ist die Umgestaltung der stillgelegten Meiler in Zwischenlager für abgebrannte Brennstoffe. Ob dies dem höchsten Sicherheitsstandard entspricht, bleibt unsicher.

est entrée en vigueur le 26.04.2002. Hormis l'interdiction de construire de nouvelles centrales, elle prévoyait la limitation de la durée de fonctionnement des centrales à 32 ans à partir de leur mise en service. Les militants écologistes allemands font partie depuis toujours de ceux qui préconisent l'abandon du recours à l'énergie nucléaire. C'est de leurs rangs qu'est né le parti des Verts.

Le changement de gouvernement à l'automne 2009 avait entraîné une remise en cause de l'abandon du nucléaire. En accord avec l'industrie, la coalition entre chrétiens démocrates et libéraux entendait prolonger la durée d'utilisation des centrales considérées fiables. En même temps, l'énergie nucléaire était considérée comme une « technologie de transition » à laquelle il convenait de ne recourir que jusqu'à ce que l'Allemagne se convertisse intégralement aux énergies renouvelables.

L'élimination et le retraitement des déchets atomiques reste un point contesté. Il avait été question de cesser de transporter le combustible irradié pour le faire retraiter à l'étranger à partir du premier juillet 2005. Mais année après année, la protestation fait rage quand les convois de combustible retraité venant de l'usine de retraitement de La Hague en France roulent vers le site de stockage provisoire de Gorleben en Basse-Saxe. Il reste à résoudre la question du stockage définitif et de l'élimination de ces déchets. La transformation des centrales éteintes en sites de stockage provisoires pour le combustible irradié est en projet. On ne sait pas encore si cela correspond aux normes de sécurité les plus strictes.

Vocabulaire

Abfall (der, ¨e)	*les ordures*
Ausgabe (die, n)	*la dépense*
Ausstoß (der)	*l'émission, le rejet*
Entsorgung (die)	*l'élimination, le nettoyage*
Erdöl (das)	*le pétrole*
Gesundheit (die)	*la santé*
jeder fünfte (jeder vierte Deutsche)	*un sur cinq (un Allemand sur quatre)*
Klimaerwärmung (die)	*le réchauffement climatique*
Kraftwerk (das, e)	*la centrale électrique*
LKW (der, s)	*le poids-lourd*
Luftverschmutzung (die)	*la pollution atmosphérique*
Maut (die)	*le péage*
Müll (der)	*le(s) déchet(s)*
Nachhaltigkeit (die)	*la durabilité*
PKW (der, s)	*le véhicule léger, l'automobile*
Politiker (der, -)	*l'homme politique*
Schadstoff (der, e)	*la substance toxique*
Stickoxid (das)	*l'oxyde d'azote*
Strom (der)	*ici : l'énergie, le courant électrique*
Treibhausgas (das, e)	*le gaz à effet de serre*
Um- préfixe utilisé dans Umgestaltung, Umorientierung, Umstrukturierung	*paradigme du changement (ex : transformation, réorientation restructuration)*
Umwelt (die)	*l'environnement*
Umweltschutz (der)	*la protection de l'environnement*
Verfahren (das)	*le procédé*
Verhalten (das)	*le comportement*
Verschwendung (die)	*le gaspillage*
Wiederaufarbeitung (die)	*le retraitement*

besorgniserregend	*préoccupant*
circa	*environ, approximativement*
gesetzlich	*légal*
heikel	*délicat, épineux*
langfristig (die Frist)	*à long terme (le délai)*
letzten Endes	*en fin de compte*
zweckmäßig	*approprié à l'objectif fixé*

aus/gleichen (i, i)	*équilibrer, compenser*
heizen	*chauffer*
senken	*abaisser, faire baisser*
sortieren	*trier*
sparen	*épargner*
still/legen	*mettre hors service, cesser d'utiliser*
sich verhalten, ie, a, ä	*se comporter*
verursachen (die Ursache)	*causer (la cause)*
zweifeln (an+D) (der Zweifel)	*douter de (le doute)*

Lexique en situation 14

Fernsehen ist oft eine Zeitverschwendung.

Regarder la télévision est souvent une perte (= un gaspillage) de temps.

Rauchen gefährdet die Gesundheit.

Fumer nuit à la santé.

Die Befreiung der Geiseln hat Jubel ausgelöst.

La libération des otages a provoqué/déclenché l'allégresse.

Bei der Union hat der Ausstieg aus der Kernenergie Bedenken hervorgerufen.

Dans les partis de droite, l'abandon du nucléaire a suscité des réactions sceptiques.

Die Dürre hat Waldbrände zur Folge gehabt.

La sécheresse a eu comme conséquence des feux de forêt.

Der anhaltende Regen hat eine Überschwemmung mit sich gebracht.

La pluie continue a entraîné une inondation.

Bei starker Luftverschmutzung werden die Autofahrer aufgefordert, das Tempo zu reduzieren.

En cas de pic de pollution, les automobilistes sont (fermement) invités à réduire leur vitesse.

Die Verteuerung des Ölpreises verringert die Chancen, bald aus der Atomkraft auszusteigen.

L'augmentation du prix du pétrole diminue les chances d'un abandon prochain de l'énergie nucléaire.

Die Menschenrechtsfrage belastet die Beziehungen zwischen China und dem Westen.

La question des droits de l'homme pèse sur les relations entre la Chine et l'Occident.

Der bedenkliche Zustand des Badewassers schädigt den Ruf dieses sonst beliebten Ferienorts.

L'état douteux des eaux de baignade nuit à la réputation de ce lieu de villégiature sinon apprécié.

Die Luftqualität wird heute mit „mittelmäßig" bewertet.

Aujourd'hui, la qualité de l'air est jugée moyenne.

Nitraten und Pestiziden beeinträchtigen die Grundwasserqualität.

Les nitrates et les pesticides portent atteinte à la qualité des nappes phréatiques.

Das Münchner Olympiastadion wird mit Videokameras überwacht.

Le stade olympique de Munich est surveillé par des caméras vidéo.

Die Untersuchung hat die Gerüchte [A] Lügen gestraft.

L'enquête a infligé un démenti aux rumeurs.

Du musst mehr Rücksicht nehmen auf meine Wünsche.

Il faut que tu prennes davantage en compte mes désirs.

DOSSIER 15

Die Bundeswehr

Der Begriff Bundeswehr bezeichnet die Streitkräfte der Bundesrepublik Deutschland seit 1955. Vom Kalten Krieg über die Wiedervereinigung hin zu ihrer Umstrukturierung zu einer Armee im Einsatz hat die Bundeswehr innerhalb von knapp 60 Jahren eine wechselvolle Geschichte erlebt.

Nach dem Zweiten Weltkrieg beschließen die 4 Besatzungsmächte im Potsdamer Abkommen (1945) die vollständige Entmilitarisierung des vormaligen Deutschen Reichs. Wehrmacht, Waffen-SS sowie alle weiteren deutschen Militärverbände werden 1946 aufgelöst, noch vorhandene Waffenvorräte vernichtet oder aus Deutschland weggeschafft. Zudem muss die deutsche Rüstungsindustrie ihren Betrieb einstellen. Die Alliierten sind sich nicht einig über den Umgang mit dem besiegten Nazi-Deutschland, wobei die USA auf den schnellen wirtschaftlichen Aufbau drängen, um Westdeutschland als antikommunistische Bastion zu etablieren.

Die Diskussion um die Wiederbewaffnung

Nach Gründung der BRD am 23. Mai 1949 ist die Frage nach einem eigenen Militär eine der größten Debatten im Bundestag und ein großer Konflikt zwischen Staat und Zivilgesellschaft. Bundeskanzler Adenauer (CDU) will Deutschland fest im westlichen Bündnissystem verankern und strebt auch die militärische Beteiligung der BRD am Nordatlantik-Pakt an. Er weiß, dass der von den Alliierten gewünschte Verteidigungsbeitrag Voraussetzung für die Westintegration ist. Die außerparlamentarische „Ohne mich!"-

La Bundeswehr

Le terme de Bundeswehr désigne les forces armées de la République Fédérale d'Allemagne depuis 1955. De la Guerre Froide, en passant par la Réunification, jusqu'à sa restructuration en une armée d'intervention, la Bundeswehr a subi une véritable mutation en à peine 60 ans.

À la fin de la Seconde Guerre mondiale, les 4 puissances victorieuses décident dans le Traité de Potsdam (1945) la démilitarisation totale de l'ancien Reich allemand. La Wehrmacht, la Waffen-SS et toutes les autres organisations militaires sont dissoutes en 1946, les réserves d'armes encore présentes détruites ou retirées du territoire allemand. En outre, l'industrie de l'armement est contrainte de cesser son activité. Les Alliés sont en désaccord sur la manière de traiter l'Allemagne nazie défaite, les USA faisant pression pour qu'une reconstruction économique soit rapidement entreprise afin de faire de l'Allemagne de l'Ouest un bastion anticommuniste.

La discussion sur le Réarmement

Après la naissance de la RFA le 23 mai 1949, la question de savoir si le pays peut se doter de sa propre armée est l'objet d'un des plus grands débats du Bundestag et révèle un conflit important entre l'État et la société civile. Le Chancelier Adenauer (CDU) souhaite ancrer solidement l'Allemagne dans le système d'alliances occidental et aspire aussi à la participation militaire de la RFA aux opérations de l'OTAN. Il sait que la contribution à la défense souhaitée par les Alliés est la condition préalable à l'intégration à l'Ouest.

Bewegung gegen die Wiederaufrüstung etabliert sich: Wiederbewaffnung und Westintegration der Bundesrepublik rückten das Ziel eines vereinten Deutschlands in weite Ferne. Sowohl in der Opposition als auch innerhalb der Regierung sind Adenauers Pläne umstritten.

Bundesinnenminister Gustav Heinemann (CDU), der auch in der evangelischen Kirche als Wortführer des Protestes hervortritt, erklärt 1950 seinen Rücktritt, nachdem Adenauer in einem Memorandum den Westalliierten einen deutschen Wehrbeitrag angeboten hat, ohne eine ausreichende Diskussion mit dem Kabinett geführt zu haben.

Der Kalte Krieg lässt aber die Ängste vor Kämpfen auf deutschem Boden wachsen und ändert die Einstellung vieler Deutscher zur Wiederbewaffnung. 1952 wird mit den westlichen Siegermächten der Deutschlandvertrag geschlossen, der dem Land „die volle Macht eines souveränen Staates über ihre inneren und äußeren Angelegenheiten" ab Mai 1955 gewährleistet. Gleichzeitig tritt die Bundesrepublik Deutschland der NATO bei. Der Weg für das Wichtigste, eine eigene Armee, ist nun frei.

Pour le mouvement extraparlementaire Ohne mich! *(Sans nous !) qui prend corps, le réarmement rejetterait, tout comme l'intégration à l'Ouest de la RFA, l'objectif d'une Allemagne réunie dans un lointain avenir. Dans les rangs de l'opposition tout comme au sein du gouvernement, les projets d'Adenauer sont contestés.*

Le ministre de l'Intérieur, Gustav Heinemann (CDU), également porte-parole des protestations émanant de l'Eglise évangélique, donne sa démission en 1950, après la proposition faite par Adenauer aux Alliés occidentaux, dans un mémorandum, d'une contribution allemande à la défense, et ce sans avoir mené de discussion suffisante avec le gouvernement.

Mais la Guerre Froide fait croître la peur de combats sur le sol allemand et modifie le regard de nombreux Allemands sur le réarmement. En 1952 est signé avec les puissances alliées occidentales un traité sur le statut de l'Allemagne qui garantit au pays « les pleins pouvoirs d'un État souverain sur ses affaires intérieures et extérieures » dès mai 1955. En même temps, la RFA entre dans l'OTAN. La voie est désormais libre pour ce qui manque le plus à l'Allemagne : sa propre armée.

Gründung der Bundeswehr

Am 12. November 1955 beginnt die Bundesrepublik, mit 101 freiwilligen Soldaten eine Armee aufzustellen, die erst im April 1956 den Namen „Bundeswehr" in Anlehnung an die „Reichswehr" der Weimarer Republik bekommt. Das Grundgesetz definiert sie als Verteidigungsarmee, die in Friedenszeiten dem Verteidigungsminister, im Kriegsfall dem Bundeskanzler untersteht, mit einer Kontrollfunktion des Bundestags über die Budgetbewilligung. Viele deutsche Männer sehen die Bundeswehr in der wirtschaftlich schwierigen Nachkriegszeit als attraktiven Arbeitgeber.

Création de la Bundeswehr

Le 12 novembre 1955, la RFA entreprend de mettre sur pied une armée de 101 soldats volontaires, armée qui ne prend le nom de Bundeswehr *qu'en 1956, en référence à la* Reichswehr *de la République de Weimar. La Loi Fondamentale la définit comme une armée défensive soumise au ministre de la Défense en temps de paix, au Chancelier en temps de guerre, le Bundestag exerçant une fonction de contrôle sur le vote de son budget.*

Nombre d'Allemands voient en la Bundeswehr, en cette période d'après-guerre économiquement difficile, un employeur attractif.

Einführung der Wehrpflicht

1956 wird die allgemeine Wehrpflicht beschlossen, um die angestrebte Truppenstärke von einer halben Million aktiver Soldaten zu erreichen. Außerdem soll die Armee stärker mit der deutschen Gesellschaft verbunden werden dank dem Idealbild des Bundeswehrsoldaten als „Staatsbürger in Uniform". So soll die Bildung eines militärischen „Staats im Staat", wie er sich mit der Reichswehr in der Weimarer Republik herausbildete, vermieden werden. Die Dauer des Wehrdienstes beträgt 12 Monate, eingezogen werden alle deutschen Männer über 18 Jahren. Die Möglichkeit der Verweigerung nehmen damals nur sehr wenige in Anspruch.

Die Bundeswehr gewinnt durch ihren ersten Auslandseinsatz nach dem Erdbeben im marokkanischen Agadir (1960) und bei der Sturmflut in Hamburg (1962) zunächst an Ansehen. Ab 1965 nimmt aber die Zahl der Verweigerer wegen des Vietnamkriegs zu. Pazifistische Strömungen breiten sich aus. Bis 2010 leisten aus Gewissensgründen mehr als 8 Millionen Deutsche den Wehrdienst ab.

1975 ermöglicht eine Grundgesetzänderung der sozialliberalen Regierung den Frauen den Dienst an der Waffe und somit den Eintritt in die Streitkräfte (als Sanitätsoffiziere oder im Militärmusikdienst). Die normale Soldatenlaufbahn bleibt ihnen allerdings weiterhin verwehrt, bis zum Ausspruch des Europäischen Gerichtshofs 2000 gegen das deutsche Soldatengesetz und für die Gleichheitsgrundsätze von Mann und Frau. 2001 lässt die Bundeswehr Frauen in sämtlichen Bereichen zu. Erstmals in ihrer Geschichte bekommt sogar die Bundeswehr mit Ursula von der Leyen, der neuen Verteidigungsministerin, eine Frau als Chefin (2013).

Introduction du service militaire

Le service militaire général est introduit en 1956 avec l'objectif d'atteindre une troupe forte de 500 000 soldats actifs. En outre, l'armée doit être plus étroitement liée à la société allemande grâce à l'idéal du soldat de la Bundeswehr perçu comme un « citoyen en uniforme ». Ainsi doit être évité que se crée un « État (militaire) dans l'État », comme cela s'était produit avec la Reichswehr sous la République de Weimar. La durée du service militaire est de 12 mois, tous les jeunes hommes âgés de plus de 18 ans sont appelés sous les drapeaux. À l'époque, rares sont ceux qui usent de la possibilité d'être objecteurs de conscience.

La Bundeswehr gagne tout d'abord en prestige lors de sa première intervention à l'étranger après le tremblement de terre d'Agadir (Maroc) en 1960 et lors des énormes inondations de Hambourg (1962). Mais dès 1965, la guerre du Vietnam fait croître le nombre d'objecteurs de conscience. Les mouvements pacifistes prennent de l'ampleur. Jusqu'à 2010, plus de 8 millions d'Allemands refusent le service militaire pour des raisons de conscience.

Un amendement constitutionnel de la coalition social-libérale autorise en 1975 les femmes à porter des armes et donc à entrer dans l'armée (cantonnées dans le domaine médical ou dans celui de la musique militaire). Toutefois, la carrière normale de soldat continue de leur être interdite, jusqu'à ce que la Cour Européenne de Justice se prononce en 2000 contre la loi allemande et pour le respect des principes d'égalité entre hommes et femmes. En 2001, la Bundeswehr admet les femmes dans tous les domaines. Pour la première fois de son histoire, la Bundeswehr est même placée sous la direction d'une femme, Ursula von der Leyen, nouvelle ministre de la Défense (2013).

Der NATO-Doppelbeschluss

Ab Mitte der 1970er Jahre richtet die Sowjetunion modernisierte SS-20-Raketen auf Westeuropa. Die NATO reagiert darauf 1979 mit dem „Doppelbeschluss". Sie fordert die Sowjetunion zu Abrüstungsverhandlungen auf, oder droht mit der Stationierung von Pershing-II-Mittelstreckenraketen mit Ziel Sowjetunion in Mitteleuropa. Da die Verhandlungen scheitern, beschließt der Bundestag 1983 die angekündigte Aufstellung der NATO-Raketen. Eine riesige Protestbewegung entsteht, es kommt zu Demonstrationen (die „Ostermärsche"), auf denen die Politik von Bundeskanzler Helmut Schmidt kritisiert wird. Die Zahl der Kriegsdienstverweigerer nimmt weiter zu. Erst als Gorbatschow sowjetischer Regierungschef wird und eine neue politische Ära einläutet, entspannt sich die Lage. Ende 1987 einigen sich die USA und die Sowjetunion schließlich auf einen Abbau aller Mittelstreckenwaffen in Europa.

La double décision de l'OTAN

Au milieu des années 1970, l'Union Soviétique dirige des fusées SS-20 modernisées vers l'Europe de l'Ouest. L'OTAN réagit en 1979 par sa « double décision ». Elle exige de l'Union Soviétique des négociations de désarmement, faute de quoi elle menace de stationner en Europe centrale des fusées de moyenne-portée Pershing-II en direction de l'Union Soviétique. Avec l'échec des négociations, le Bundestag décide en 1983 l'installation des fusées de l'OTAN. Il se forme un gigantesque mouvement de protestation, de nombreuses manifestations ont lieu (« les marches de Pâques ») au cours desquelles est contestée la politique du Chancelier Helmut Schmidt. Le nombre d'objecteurs de conscience continue d'augmenter. Ce n'est qu'avec l'arrivée de Gorbatchev à la tête du gouvernement soviétique et l'amorce d'une nouvelle ère politique que la situation s'apaise. Les USA et l'Union Soviétique finissent par s'entendre fin 1987 sur un démontage de toutes les fusées de moyenne-portée en Europe.

Integration der NVA

Die Wiedervereinigung bedeutet das Ende der 1956 gegründeten ostdeutschen Nationalen Volksarmee. Es kommt zu einer Auflösung der NVA nebst Übernahme eines kleinen Teils ihres Personals in die Bundeswehr. Die großen Bestände an Waffen und Material, die der Bundeswehr in die Hände fallen, werden teils verkauft, teils an Hilfsorganisationen oder an die USA als „Golfkriegshilfe" geliefert. Zum größten Teil aber wird das Material verschrottet. Die NVA-Soldaten sind mit den Bundeswehr-Leitbildern von „Innerer Führung" und „Staatsbürger in Uniform" nicht vertraut und müssen neue Dienstwege sowie den Umgang mit unbekannten Waffen lernen. Doch gelingt die Integration, die Bundeswehr wird auch in den neuen Ländern schnell

Intégration de la NVA

La Réunification marque la fin de l'Armée Nationale Populaire est-allemande créée en 1956. La NVA est dissoute, une petite partie de son personnel est intégré à la Bundeswehr. Les importants stocks d'armes et de matériel qui deviennent la propriété de la Bundeswehr sont en partie vendus, en partie livrés à des organisations non gouvernementales ou aux USA pour les aider lors de la Guerre du Golfe. Mais la plus grande part du matériel est détruite. Les idéaux de la Bundeswehr que sont le « commandement intérieur » (formation civique et morale des militaires) et le « citoyen en uniforme » ne sont pas familiers aux soldats de la NVA, qui doivent découvrir de nouvelles voies hiérarchiques et apprendre à manier des armes inconnues.

akzeptiert. Mangels Jobalternativen kommen viele junge Männer und Frauen aus dem Osten zur Bundeswehr, die sie als Aufstiegskanal empfinden. Es wird sogar von einer „Ossifizierung" der Bundeswehr gesprochen.

Pourtant, l'intégration est une réussite et la Bundeswehr est vite acceptée dans les Länder de l'Est. Faute d'emplois, nombre de jeunes Est-Allemands entrent dans la Bundeswehr qu'ils considèrent comme une forme d'ascenseur social. On parle même d'une « ossification » de la Bundeswehr (Ossi = Allemand de l'Est).

Mit der Auflösung der alten Machtblöcke kommt der Bundeswehr eine neue Rolle zu. Die Verteidigungsarmee soll sich zur Eingreiftruppe wandeln.

Avec la disparition des anciens blocs politiques, le rôle de la Bundeswehr change. L'armée défensive doit évoluer en armée d'intervention.

Auslandseinsätze seit 1991

Interventions à l'étranger depuis 1991

Im 2. Golfkrieg 1991 beteiligt sich Deutschland mit Bundeswehr-Kontingenten an indirekter Unterstützung. Der Einsatz markiert aufgrund der Bedrohungslage einen Einschnitt: Deutsche Truppen beteiligen sich erstmals seit dem 2. Weltkrieg wieder an einem Krieg. Nun steht der Normalisierung der deutschen Außenpolitik nichts mehr im Wege.
Schrittweise steigert die Bundeswehr ihr Engagement im Ausland. 1994 erklärt das Bundesverfassungsgericht Auslandseinsätze deutscher Truppen im Rahmen eines Militärbündnisses für zulässig, wenn Ziel ist, Frieden zu sichern und herbeizuführen („Out-of-Area-Einsätze"). Diese bewaffneten Missionen sind an Mandate des Bundestags gebunden. 1999 entschließt sich die Regierung, die Luftwaffe der Bundeswehr im Rahmen der NATO-Operation gegen die Bundesrepublik Jugoslawien einzusetzen, was in Deutschland heftige Diskussionen auslöst. Bundesaußenminister und Vizekanzler Joschka Fischer (Die Grünen) zieht Parallelen zwischen dem Schicksal der Kosovo-Albaner und dem der Juden in der NS-Zeit. Eine „humanitäre Intervention" sei nötig, um die Zivilbevölkerung mit allen Mitteln zu schützen. Er appelliert an

Pendant la seconde Guerre du Golfe en 1991, les contingents de la Bundeswehr sont chargés d'un soutien indirect. En raison de la situation menaçante, cette intervention marque un tournant : pour la première fois depuis la Seconde Guerre mondiale, des troupes allemandes interviennent dans un conflit armé. Désormais, plus rien ne fait obstacle à la normalisation de la politique étrangère allemande.
Peu à peu, la Bundeswehr intensifie son engagement à l'étranger. La Cour Fédérale Constitutionnelle autorise en 1994 les interventions des troupes allemandes en territoire étranger dans le cadre d'une alliance militaire dès lors que l'objectif est de garantir ou d'amener la paix (« interventions Out-of-Area »). C'est le Bundestag qui délivre les mandats nécessaires à ces missions armées. En 1999, le gouvernement décide de faire intervenir la Luftwaffe (la composante aérienne de la Bundeswehr) dans le cadre de l'opération de l'OTAN menée contre la Yougoslavie, ce qui déclenche de vives discussions en Allemagne. Le ministre des Affaires Etrangères et Vice-Chancelier Joschka Fischer établit un parallèle entre le destin des Albanais du Kosovo et celui des Juifs à l'époque nazie. Il estime une « intervention humanitaire » indispensable afin d'assurer la protection de la population civile par tous les moyens possibles. Il

seine Partei: „Wir haben immer gesagt: Nie wieder Krieg. Aber wir haben auch immer gesagt: Nie wieder Auschwitz".

s'adresse à son parti par ces mots : « Nous avons toujours dit : Plus jamais de guerre. Mais nous avons aussi toujours dit : Plus jamais Auschwitz ».

Nach den Terroranschlägen am 11. September 2001 ruft die NATO die Mitglieder zu einem gemeinsamen Einsatz auf. Der Bundestag beschließt im Dezember den Afghanistan-Einsatz mit dem Verweis auf mögliche Terroranschläge in Deutschland. Erst 2010 bezeichnet Karl-Theodor zu Guttenberg als Verteidigungsminister die Situation dort als „Krieg". Nach der logistischen Unterstützung der französischen Operation Serval in Mali sind 2013 rund 6000 Soldaten an Einsätzen im Ausland beteiligt, wie in Somalia oder Südsudan.

Après les attentats terroristes du 11 septembre 2001, l'OTAN appelle ses membres à une intervention commune. En décembre, le Bundestag vote l'intervention en Afghanistan en évoquant la possibilité d'attentats en Allemagne. Ce n'est qu'en 2010 qu'un ministre de la Défense (Karl-Theodor zu Guttenberg) qualifie la situation de « guerre ». Après un soutien logistique à l'opération française Serval au Mali, environ 6000 soldats sont engagés sur des théâtres extérieurs en 2013, comme en Somalie ou au Sud-Soudan.

Reform und Abspeckungskur der Bundeswehr

Réforme et cure d'amaigrissement de la Bundeswehr

2010 setzt das Verteidigungsministerium eine großangelegte Reform der Bundeswehr in Gang. So wird die Aussetzung der Wehrpflicht ab Juli 2011 beschlossen und die Bundeswehr zur Berufsarmee umgewandelt. Die Truppenstärke wird von 220.000 auf 185.000 Soldaten reduziert, aus Sparzwängen, aber auch weil ein konventioneller Angriff auf deutsches Staatsgebiet für unwahrscheinlich gehalten wird. Gleichzeitig wird der Auftrag der Bundeswehr neu definiert. Neben der Landesverteidigung soll sie internationaler ausgerichtet sein und in Krisenregionen Konflikte verhüten und lösen. Das Weißbuch der Bundesregierung zur Sicherheitspolitik der BRD, der seit 1969 regelmäßig erscheint, ist Programm für die kommenden Jahre.

Le ministère de la Défense engage une réforme de grande envergure en 2010. La suppression du service militaire prend effet à partir de juillet 2011 et la Bundeswehr est restructurée en armée de métier. Le nombre de soldats est réduit et passe de 220000 à 185000, par restriction budgétaire mais aussi parce qu'une attaque conventionnelle sur le sol allemand semble improbable. Parallèlement, la mission de la Bundeswehr est redéfinie. Outre le fait d'assurer la sécurité nationale, elle doit davantage suivre les axes de la politique internationale et empêcher ou résoudre les conflits dans les régions en crise. Le Livre Blanc du gouvernement allemand sur la politique en matière de sécurité nationale, régulièrement actualisé depuis 1969, constitue à chaque parution le programme politique pour les années suivantes.

Vocabulaire

Abrüstung (die)	*le désarmement*
Abspeckungskur (die, en) (ab/specken)	*la cure d'amaigrissement (maigrir)*
Anlehnung (die)(in ~ an+A)	*l'appui (en référence à)*
Ansehen (das)(an ~ gewinnen)	*la considération, le prestige (gagner en ~)*
Berufsarmee (die, n)	*l'armée de métier*
Eingreiftruppe (die, n)	*l'armée d'intervention*
Einsatz (der, ¨e)(sich ein/setzen)	*l'intervention (intervenir)*
Einschnitt (der, e)	*le tournant*
Einstellung (die)(zu+D)	*l'attitude, la position*
Gewissen (das, -)	*la conscience (morale)*
Kriegs-, Wehrdienst (der)	
Kriegsdienstverweigerer (der, -)	*l'objecteur de conscience*
Leitbild(das, er)	*le modèle*
Militär (das)	*l'armée*
Rakete (die, n)	*la fusée*
Sparzwang (der, ¨e)	*la contrainte budgétaire*
Streitkräfte (pluriel)	*les forces armées*
Umgang (der, ¨e)(mit+D)	*les rapports avec/le maniement de*
Verweis (der, e)(auf+A)	*le renvoi à*
Vorrat (das, ¨e)	*le stock, les réserves*
Wehrpflicht (die)	*le service militaire obligatoire*
Wiederaufrüstung, -bewaffnung (die)	*le réarmement*
Wortführer (der, -)	*le porte-parole*
ausreichend	*suffisant*
bewaffnet	*armé*
wechselvoll	*changeant, varié*
schrittweise	*peu à peu, petit à petit*
zudem	*de plus, en outre*
bewilligen	*donner son accord pour quelque chose*
drängen auf+A	*insister sur quelque chose*
ein/läuten	*annoncer*
ein/ziehen	*appeler sous les drapeaux*
entspannen (sich)	*se détendre, s'apaiser*
herbei/führen	*amener, provoquer*
jm im Wege stehen	*faire obstacle à, se mettre en travers du chemin de*
um/wandeln	*transformer*
vertraut sein mit+D	*être habitué à, familiarisé avec*
verhüten	*prévenir, empêcher*
verschrotten	*mettre à la casse, au rebut*
jm etwas verwehren	*interdire qqc à qqn*

Lexique en situation 15

Die Bevölkerung drängte auf eine zügige Lösung des Atomstreits.

La population a fait pression pour que le conflit sur l'énergie nucléaire soit résolu dans les plus brefs délais.

Die versprochenen Steuersenkungen rücken in weite Ferne.

La baisse des impôts est reportée à un lointain avenir.

Der Dom wurde auf den Ruinen einer vormaligen Basilika gebaut.

La cathédrale a été construite sur les ruines d'une ancienne basilique.

Sind Sie mit dem neuen Computerprogramm vertraut?

Etes-vous familiarisé avec le nouveau programme informatique ?

Das Gericht begründete sein Urteil mit Verweis auf die Grundrechte.

Le tribunal a justifié son jugement en se référant aux droits fondamentaux.

Ich werde keine weitere Frage zulassen.

Je ne tolèrerai/permettrai aucune autre question.

Weltweit haben sich die Grundlagen einer neuen Wirtschaft herausgebildet.

Les bases d'une nouvelle économie se sont mises en place au niveau mondial.

Der Minister gewinnt stetig an Ansehen.

Le ministre ne cesse de gagner en prestige.

Die Kanzlerin wurde als die neue „Eiserne Lady" gefeiert, in Anlehnung an Margaret Thatcher.

Angela Merkel a été acclamée comme la nouvelle « Dame de Fer », en référence à Margaret Thatcher.

Der Schließung ihrer Ehe steht nichts mehr im Wege.

Plus rien ne s'oppose à leur mariage.

Soll die Internetfreiheit in der Verfassung verankert werden?

La liberté sur internet doit-elle être ancrée dans la Constitution ?

Im Umgang mit den Kollegen gibt es verschiedene Strategien!

Il y a différentes façons de fréquenter ses collègues !

Wir freuen uns auf eine weiterhin gute Zusammenarbeit.

Nous sommes heureux de poursuivre notre collaboration fructueuse.

Die Geburt ihres Kindes war ein Einschnitt in ihrem Leben.

La naissance de son enfant a marqué un tournant dans sa vie.

Bestimmte Bundesländer streben ein Zentralabitur an.

Certains Länder ont pour objectif d'établir un baccalauréat centralisé.

DOSSIER 16

Gesellschaftliche Probleme

Die deutschen Wachstums- und Beschäftigungsprobleme haben eine Debatte über die Reform der Wirtschafts- und Sozialordnung ausgelöst. Ende April 2001 stellte die Bundesregierung den ersten Armuts- und Reichtumsbericht in der Geschichte der Bundesrepublik vor. Bislang hatten sich deutsche Regierungen geweigert, überhaupt von Armut im „reichen Deutschland" zu sprechen. Pauschal gesehen bleibt Deutschland ein „reiches Land". Aber der Reichtum ist sehr ungleich verteilt und es sind soziale Brennpunkte entstanden.

Armut

Die Zahl der Armen ist seit Mitte der 80er Jahre konstant. Als einkommensarm gelten Bürger, deren Einkommen weniger als die Hälfte des durchschnittlichen Pro-Kopf-Einkommens der Bevölkerung beträgt. 16 Millionen Menschen sind in Deutschland von Armut oder sozialer Ausgrenzung betroffen (Stand 2012). 15,8% leben in Haushalten, die über weniger als 60 Prozent des mittleren Netto-Einkommens verfügen. In Deutschland liegt diese Grenze konkret bei 952 Euro im Monat für einen Single und bei 2000 Euro für eine Familie mit zwei Kindern unter 14 Jahren. Für die Armutsberichte der Bundesregierung ist das der maßgebliche Faktor.

Arbeitslosigkeit ist bei weitem die wichtigste Ursache für Einkommensarmut. Aber am stärksten von der Armut betroffen sind auch kinderreiche Familien, allein Erziehende, Ausländer, insbesondere Asylbewerber. Wegen der hohen Fluktuation bei den Betroffenen ist es ja unmöglich, von einer verfestigten Armut in Deutschland zu sprechen. Es gibt aber keinen Grund für eine Entwarnung. So geht die Bundes-

Les problèmes sociaux

Les problèmes que connaît l'Allemagne en matière de croissance et d'emploi ont déclenché un débat sur la réforme de l'ordre économique et social. Fin avril 2001, le gouvernement fédéral a présenté pour la première fois dans l'histoire de la République Fédérale un rapport sur la pauvreté et la richesse. Jusqu'à ce jour, les gouvernements allemands s'étaient refusé à simplement prononcer le terme de pauvreté dans la « riche Allemagne ». Globalement, l'Allemagne reste un « pays riche ». Mais la richesse est répartie de façon très inégale, ce qui a engendré des sujets de conflits sociaux.

La pauvreté

Le nombre de pauvres est constant depuis le milieu des années 1980. Sont considérés comme pauvres les citoyens dont le revenu est inférieur à la moitié du revenu moyen par habitant. 16 millions de personnes sont menacées de pauvreté ou de discrimination sociale en Allemagne (2012). 15,8 % vivent dans des foyers disposant de moins de 60 % du revenu net moyen. Cette limite, en Allemagne, se situe à 952 euros par mois pour un célibataire et 200 euros pour une famille de 2 enfants âgés de moins de 14 ans. C'est là le facteur déterminant dans les rapports sur la pauvreté du gouvernement allemand.

Le chômage est de loin la cause principale de la pauvreté. Mais ceux que la pauvreté touche le plus, ce sont aussi les familles nombreuses, les parents isolés, les étrangers, en particulier les demandeurs d'asile. La population concernée étant extrêmement fluctuante, il est impossible de parler de catégories solidement installées dans la pauvreté. Cependant, rien ne permet de lever l'état d'alerte. Ainsi le gouvernement fédéral

regierung mit einer immer aktiveren Politik gegen materielle Armut und soziale Ausgrenzung vor.
Bemerkenswert ist die so genannte „Infantilisierung der Armut", d. h. dass immer mehr Kinder und Jugendliche in Armut aufwachsen (2013 leben über 2,5 Millionen Kinder in Einkommensarmut). Kinder und Jugendliche unter 18 Jahren, darunter viele Kinder ausländischer Familien, stellen unter den Sozialhilfebeziehern mit 1,1 Millionen die mit Abstand größte Gruppe. Ungleich sind auch die Bildungschancen. Obwohl sich die schulische Integration ausländischer Kinder in den letzten Jahren erheblich verbessert hat, erreichen immer noch weit weniger ausländische Schüler qualifizierte Schulabschlüsse als deutsche. Damit haben ausländische Jugendliche zwangsläufig geringere Chancen auf dem Arbeitsmarkt.

s'engage-t-il dans une politique toujours plus active pour lutter contre la pauvreté matérielle et l'exclusion sociale.
Un élément notable est ce que l'on appelle « l'infantilisation de la pauvreté », à savoir le fait que de plus en plus d'enfants et de jeunes grandissent dans la pauvreté (en 2013, plus de 2,5 millions d'enfants vivent en Allemagne dans la pauvreté). Les enfants et les jeunes de moins de 18 ans, parmi lesquels figurent bon nombre d'enfants de familles étrangères, représentent de loin le groupe le plus important parmi les bénéficiaires de l'aide sociale (1,1 million de personnes). Les chances de s'élever par l'éducation sont aussi inégales. Bien que l'intégration scolaire des enfants étrangers se soit considérablement améliorée ces dernières années, les élèves étrangers sont encore beaucoup moins nombreux que les élèves allemands à obtenir des diplômes de fin d'études leur donnant une qualification. Aussi les jeunes étrangers ont-ils nécessairement moins de chances sur le marché du travail.

Sozialhilfe

Aus dem Grundgesetz ergibt sich das Recht auf Sozialhilfe. Diese wird Bedürftigen bewilligt, die sich nicht aus eigenen Mitteln von ihrer Not befreien können. Die Kosten für die Sozialhilfe übernehmen Bund, Länder (wobei Bremen, Berlin und Hamburg die größten Lasten tragen) und Kommunen. Die Städte und Gemeinden gaben in den letzten Jahren rund 50% ihrer Steuereinnahmen für soziale Leistungen aus. Aber die Steuereinnahmen der Kommunen werden in den nächsten Jahren durch die Steuerreform erheblich zurückgehen. Jetzt muss also der Grundstein für einen Richtungswechsel in der Sozialpolitik gelegt werden. Selbstverantwortung und Eigeninitiative der Bürger sind dafür erforderlich.

L'aide sociale

La Loi fondamentale garantit le droit à l'aide sociale. Celle-ci est accordée aux nécessiteux incapables de sortir de la misère par leurs propres moyens. Le financement de l'aide sociale est assumé par le Bund, les Länder (Brême, Berlin et Hambourg étant le plus lourdement touchés) et les communes. Les villes et les communes ont dépensé ces dernières années environ 50 % de leurs recettes fiscales pour financer l'aide sociale. Mais au cours des années à venir, ces recettes vont considérablement diminuer en raison de la réforme fiscale. C'est donc maintenant qu'il faut établir les fondements d'une nouvelle orientation de la politique sociale. La responsabilité et l'initiative personnelles des citoyens sont indispensables pour y parvenir.

Sozialhilfe soll nicht nur Armut verhindern, sondern dem Empfänger eine Lebensführung ermöglichen, die der Würde des Menschen entspricht. Sie soll ihn aber auch in die Lage versetzen, sein Leben möglichst bald wieder aus eigener Kraft zu gestalten. Deshalb haben die Regelungen zur Stärkung dieser Selbsthilfe besondere Bedeutung. Seit 1963 wurde die Sozialhilfequote mehr als verdreifacht.

L'aide sociale ne doit pas seulement empêcher la misère, mais elle doit permettre à celui qui la reçoit de vivre dans la dignité. Mais elle doit aussi le mettre en situation de reprendre sa vie en main aussi vite que possible. Voilà pourquoi les réglementations visant à encourager l'autonomie ont une telle importance. Depuis 1963, le taux de l'aide sociale a plus que triplé.

Kanzler Schröder sagte Mitte 2001, es gebe „kein Recht auf Faulheit". Daher werden Sanktionen für Arbeitsverweigerung gefordert. Die Sozialhilfe wurde schon um 25% reduziert für die, die einen Job ablehnen.

Le chancelier Schröder a dit au milieu de l'année 2001 qu'il n'y avait « pas de droit à la paresse ». C'est pourquoi des sanctions sont réclamées pour punir ceux qui refusent de travailler. L'aide sociale a déjà été réduite de 25 % pour ceux qui n'acceptent pas un emploi.

Das neue Arbeitslosengeld II wurde ab dem 1. Januar 2005 eingeführt. Damit wird das Nebeneinander von Sozialhilfe und Arbeitslosenhilfe beendet. Es gibt seitdem Leistungen aus einer Hand. Diese umfassen neben der Grundleistung zur Sicherung des Lebensunterhalts auch Leistungen, die der Integration in das Arbeitsleben dienen.

La nouvelle réglementation « Arbeitslosengeld II » a été introduite le 1er janvier 2005. C'est la fin de la coexistence de l'aide sociale et des allocations chômage. Il n'y a plus qu'un seul payeur. Les prestations, outre celle qui garantit la subsistance quotidienne, comprennent aussi toute forme d'allocation permettant à l'individu de s'intégrer au monde du travail.

Problemviertel, Ausgrenzung, Gewalt

Quartiers à risques, exclusion, violence

In den letzten Jahren haben sich durch die Zunahme einkommensschwacher Haushalte und die zunehmende Perspektivlosigkeit unter Jugendlichen die Rahmenbedingungen in den Städten verändert.

Au cours des dernières années, les conditions de vie de base dans les villes ont changé à cause de l'augmentation du nombre de foyers à faibles revenus et de l'absence croissante de perspective parmi les jeunes.

Vor allem in Großstädten sind Problemviertel entstanden, deren Hauptmerkmal die Armut ist. Mittel- und Kleinstädte sind aber auch betroffen. Physische Vereinzelung, Verwahrlosung und Entleerung öffentlicher Räume verschärfen zweifellos die soziale Ausgrenzungsgefahr. Ein wachsender Teil der Einwohnerschaft ist den wirtschaftlichen und sozialen Folgen der Dauerarbeitslosigkeit ausgesetzt.

C'est surtout dans les grandes villes que sont apparus des quartiers à risques dont la caractéristique est la pauvreté. Mais les petites villes et les villes moyennes sont également concernées. L'isolement physique, la déchéance et la désertion des lieux publics aggravent sans aucun doute le danger d'exclusion sociale. Un nombre croissant d'habitants est livré aux conséquences socio-économiques du chômage de longue durée. Les lieux de détente, les espaces verts, les

Erholungsmöglichkeiten, Grünanlagen, Spiel- und Sportplätze fehlen. Die soziale Mischung im Quartier geht dadurch verloren, dass Besserverdienende und andere sozial stabile Gruppen mit sicherem Einkommen wegziehen. Zurück bleiben jene, die sich den Umzug in eine bessere Gegend aus finanziellen Gründen oder aufgrund ihres Alters nicht leisten können. Damit geht die Gettoisierung schwacher Bevölkerungsgruppen einher.

Die Gruppe, die am Wohnungsmarkt die größten Risiken trägt, ist die der Unterprivilegierten. Hierzu zählen Personen, die unmittelbar von Obdachlosigkeit bedroht, bzw. betroffen sind, oder Personen, die aus sonstigen Gründen in unzumutbaren Wohnverhältnissen leben. Wohnungslosigkeit ist häufig die Folge von Problemen wie Arbeitslosigkeit, Überschuldung, Krankheit, Sucht, schweren persönlichen oder familiären Konflikten.

In den Großsiedlungen der neuen Länder kann in wirtschaftlich benachteiligten Städten oder Stadtteilen ein Wohnungsleerstand festgestellt werden. Anders als in den alten Ländern, wo es sich um ein konjunkturelles Problem auf dem Wohnungsmarkt handelt, ist die Entwicklung in den neuen Ländern von strukturellen Problemen überlagert. Die Leerstände konzentrieren sich vor allem in Altbauten und Plattenbauten. Investitionen in Instandsetzung und Modernisierung könnten wesentlich zur Stabilisierung von Sozialstrukturen beitragen.

Überall in den benachteiligten Großstadtquartieren nehmen Aggression, Gewalt und Vandalismus zu. Es wird von „sozialen Brennpunkten" in den Stadtgebieten gesprochen. Großstädtische Problemviertel sind zu Knotenpunkten sozialer Marginalisierung geworden.

terrains de jeu et de sport font défaut. Le mixage social au sein du quartier disparaît car la population à revenus plus élevés et d'autres groupes stables sur le plan social, disposant de revenus garantis, déménagent. Restent ceux qui ne peuvent pas se permettre de s'installer dans une région plus favorable pour des raisons financières ou à cause de leur âge. Ce phénomène entraîne une ghettoïsation des groupes de population défavorisés.

Le groupe à risques le plus important sur le marché du logement est celui des personnes sous privilégiées. Ce sont des gens directement menacés, voire concernés par le manque de domicile fixe, ou des gens qui, pour d'autres raisons, vivent dans des conditions de logement intolérables. L'absence de logement est fréquemment la conséquence de problèmes tels que le chômage, le surendettement, la maladie, la dépendance à une substance quelconque, de graves conflits personnels ou familiaux.

Dans les grandes cités des nouveaux Länder, dans les villes défavorisées sur le plan économique, on peut constater que nombre de logements sont inoccupés. Contrairement aux anciens Länder où il s'agit d'un problème conjoncturel sur le marché immobilier, la situation dans les nouveaux Länder est liée à des problèmes structurels. Les logements vides se trouvent avant tout dans les constructions anciennes et dans ce que l'on appellerait HLM en France. Investir dans la remise en état ou la modernisation de ces logements pourrait jouer un rôle essentiel dans la stabilisation des structures sociales.

Partout dans les quartiers défavorisés des grandes villes augmentent les agressions, la violence et le vandalisme. On parle de « points chauds » dans les quartiers. Les quartiers à risques des grandes villes sont devenus les lieux privilégiés de la marginalisation.

Gemeinschaftssinn und Leitkultur

Die Deutschen haben einen erlebbaren Gemeinschaftssinn. Sie streben in vielen Bereichen nach der Zugehörigkeit zu einer Gemeinschaft. Die auf Sprache und Kultur gegründete Zugehörigkeit zum deutschen Volk führte 2000 zu einer Diskussion über die „deutsche Leitkultur". Dieses Wort spielte in der Debatte um eine neue Zuwanderungspolitik in Deutschland eine wichtige Rolle. Dabei wies die CDU auf die Integrationsfähigkeit der einheimischen Bevölkerung hin, die nicht überfordert werden dürfe. Strikt gemeint bedeutet Leitkultur, dass sich Ausländer in die deutsche Gesellschaft besser integrieren, hineinwachsen müssen. Sie müssen die deutsche Sprache lernen, sich Grundkenntnisse über das politische und gesellschaftliche System aneignen und vor allem die Grundsätze des Grundgesetzes anerkennen und befolgen. Der Begriff einer deutschen Leitkultur ist als ein demokratischer, laizistischer sowie an der zivilisatorischen Identität Europas orientierter Wertekonsens zwischen Deutschen und Einwanderern zu verstehen.

In Deutschland ist die multikulturelle Gesellschaft längst Realität. Aber der Begriff multikulturell ist angstbesetzt. So klang der Begriff Leitkultur schnell als Drohung für die Zuwanderer. Er führte bei den Rechtsextremen zum Vorhaben der Wiedererrichtung eines souveränen deutschen Nationalstaates. Auf der rechtsextremen Szene wird jetzt wieder Deutschland als ein Schutzraum gegen äußere Einflüsse betrachtet. Die Toleranz gegenüber Fremden, die Anerkennung der gleichen Würde jedes Menschen unabhängig von Staatsangehörigkeit und Reisepass klingen für diese Gruppen im Wort „Leitkultur" nicht mit. Das Aufbrechen

Sens communautaire et culture dominante

Les Allemands ont un sentiment communautaire dont on peut faire l'expérience au quotidien. Dans bien des domaines, ils recherchent l'appartenance à une communauté. En 2000, l'appartenance au peuple allemand fondée sur la langue et la culture a déclenché une discussion sur la « culture dominante allemande ». Ce mot a joué un rôle essentiel dans le débat concernant une nouvelle politique de l'immigration. Par cette expression, la CDU renvoyait à la capacité d'intégration de la population autochtone dont il ne fallait pas trop exiger. Au sens strict, « culture dominante » signifie que les étrangers doivent mieux s'intégrer dans la société allemande, mieux s'y fondre. Il leur faut apprendre la langue allemande, acquérir des connaissances de base concernant le système politique et social et surtout reconnaître et respecter les principes de la Loi fondamentale. La notion de « culture dominante » est à comprendre comme un ensemble de valeurs communes aux Allemands et aux immigrés, valeurs démocratiques, laïques, orientées en fonction de l'identité culturelle européenne.

En Allemagne, la société multiculturelle est depuis longtemps une réalité. Mais le concept de « multiculturel » est chargé d'angoisses. C'est pourquoi la notion de « culture dominante » a vite été ressentie comme une menace pour les immigrés. Dans l'extrême droite, il a conduit au projet de reconstruction d'un État national allemand souverain. Aujourd'hui, sur la scène d'extrême droite, on considère à nouveau l'Allemagne comme un abri où se protéger des influences extérieures. Pour ces groupes, la tolérance à l'égard des étrangers, la reconnaissance de la même dignité pour tous les êtres humains indépendamment de leur nationalité et de leur passeport sont absentes de l'expression « culture dominante ». L'éclatement de

gewaltsamer Auseinandersetzungen zwischen Deutschen und Fremden, die in Deutschland leben, zeugt immer wieder davon. Die rechte Gewalt gegen Ausländer oder auch Obdachlose in Deutschland hat deshalb stark zugenommen. Ostdeutschland bildet eindeutig einen Schwerpunkt der neonazistischen Gewalt. Auf die Einwohnerzahl bezogen sind dort die meisten Gewalttaten begangen worden – Tendenz steigend -, obwohl der ostdeutsche Bevölkerungsanteil nur 21 Prozent der Gesamtbevölkerung beträgt. Bemerkenswert ist auch die Tatsache, dass Ausländerfeindlichkeit in jenen Regionen am höchsten ist, wo die direkte Erfahrung mit dem Fremden fehlt.

violents affrontements entre Allemands et étrangers vivant en Allemagne en témoigne sans cesse. La violence d'extrême droite contre les étrangers ou les SDF en Allemagne a ainsi nettement augmenté. L'Allemagne de l'Est constitue de façon très nette le principal foyer de violence néonazie. Par rapport au nombre d'habitants c'est là qu'ont été commis la majorité des actes de violence (tendance qui s'accentue) bien que la population est-allemande ne représente que 21 % de l'ensemble de la population allemande. On peut remarquer aussi que la xénophobie est la plus forte là où manque l'expérience directe de ce qui est étranger.

Seit den Terroranschlägen vom 11. September 2001 in den USA war Deutschland stark verunsichert. Die bereits seit einigen Jahren in Verfassungsschutzkreisen diskutierte Notwendigkeit einer verstärkten Beobachtung des „Islamismus" zeigte sich an diesem Datum auf drastische Weise. Bund und Länder versuchten, darauf angemessen zu reagieren, und zwar durch Gesetzgebungsinitiativen mit organisatorischen und personellen Maßnahmen. Die von der Bundesregierung im Rahmen der Terrorismusbekämpfung geplanten asyl- und ausländerrechtlichen Verschärfungen stießen auf Kritik. Auf die Gefahr, in der Bundesrepublik aus kommunitarischen Motiven die Prinzipen der Bürgerlichkeit und der liberalen Demokratie aus den Augen zu verlieren, wurde immer öfter hingewiesen. Menschenrechtsorganisationen haben vor einem Abbau der Menschen- und Bürgerrechte sowie einer Schwächung des Völkerrechts gewarnt. Denn gerade in Deutschland entfaltet der Kommunitarismus eine besondere Spannung und Ambivalenz. Eine negative Verwendung des Gemeinschaftsbegriffs, auf politischer oder auf

Depuis les attentas du 11 septembre 2001 aux USA, l'Allemagne s'est sentie très déstabilisée. La discussion menée depuis quelques années sur la nécessité de surveiller de plus près l'« islamisme » a pris tout son sens ce jour-là. Le Bund et les Länder ont tenté de réagir de façon adéquate, en proposant des projets de loi concernant les organisations et les personnes. Le durcissement de la législation envers les demandeurs d'asile et les étrangers, initié par le gouvernement dans le cadre de la lutte contre le terrorisme, a été critiqué. On n'a cessé de rappeler le danger de perdre de vue pour des motifs communautaires les principes de la citoyenneté et de la démocratie libérale. Certaines organisations des droits de l'homme ont mis en garde contre la restriction des droits de l'homme et du citoyen ainsi que contre l'affaiblissement du droit international. C'est qu'en Allemagne, le communautarisme engendre une certaine tension et une certaine ambivalence. Une utilisation négative de la notion de communauté, sur le plan politique ou individuel, rappelle toujours de tragiques aspects de l'histoire allemande.

individueller Ebene, ruft immer tragische Aspekte der deutschen Vergangenheit hervor.

Drogensucht

Der steigende Konsum von Drogen führt vom illegalen Drogenhandel zu einer Verschärfung der oben erwähnten Probleme. Die Abhängigkeit trägt durch Arbeitsplatzprobleme zur weiteren Verarmung bei. Das Umfeld von Drogenhandel, Beschaffungskriminalität, Gewalt und Prostitution wirkt sich nämlich negativ auf die sozialen und familiären Strukturen aus. Die Betroffenen werden sozial und gesundheitlich beeinträchtigt. Was Sorge bereitet, sind die Jugendlichen, die ohne Risikobewusstsein alle möglichen Substanzen konsumieren, von Ecstasy über LSD bis Cannabis und dann noch Alkohol und Nikotin.

Vorbeugung, Drogenaufklärung, Früherkennung und Frühbehandlung sind also zentrale Schlüssel zur Bewältigung der Drogenproblematik. Durch die Behandlung von Drogenabhängigen wird nicht nur individuelles Leid von Betroffenen und Angehörigen gelindert, sondern es reduzieren sich auch gesellschaftliche Kosten für Strafverfolgung und ordnungspolitische Maßnahmen. Die Bundesregierung versucht, den Einstieg in den Konsum hinauszuzögern und den Ausstieg aus der Abhängigkeit zu erreichen. Dafür stehen verschiedenartige Hilfen zur Verfügung, von der Abstinenztherapie über die Entgiftungskuren bis zur Ersatztherapie.
Die Zahl der Drogentodesfälle steigt weiter. Überdosen machen rund 80% der Todesfälle aus. Dabei handelt es sich vorwiegend um langjährige Konsumenten. Der Mischkonsum von Rauschgift, Alkohol oder Beruhigungsmitteln ist auch eine wichtige Todesursache.

La toxicomanie

La consommation croissante de drogues mène du trafic de drogue clandestin à une aggravation des problèmes évoqués ci-dessus. La dépendance, en engendrant des problèmes d'emploi, contribue à une augmentation de la pauvreté. En effet, l'environnement propice au trafic de drogue, à la délinquance des toxicomanes, à la violence et à la prostitution a des répercussions négatives sur les structures sociales et familiales. Les personnes concernées subissent un préjudice social et sanitaire. Ce qui est préoccupant, ce sont les jeunes consommant toutes sortes de substances possibles sans la moindre conscience des risques encourus, de l'ecstasy au cannabis ou même à l'alcool et à la nicotine en passant par le LSD.
La prévention, le dépistage et le traitement précoce s'imposent donc si l'on veut maîtriser le problème de la drogue. En soignant les toxicomanes, on ne se contente pas d'adoucir la souffrance des gens concernés et de leurs proches, mais on réduit également les coûts que la société doit supporter pour financer poursuites pénales et mesures visant au respect de l'ordre politique. Le gouvernement tente de retarder l'entrée dans la toxicomanie et essaye de faire sortir de la dépendance. Pour cela, il propose plusieurs formes d'aide, de la thérapie de l'abstinence jusqu'à la thérapie de substitution, en passant par les cures de désintoxication.

Le nombre de décès dus à la drogue continue d'augmenter. On compte environ 80 % de décès par overdose. Il s'agit dans ce cas en majeure partie de consommateurs de longue date. Le mélange de produits absorbés, stupéfiants, alcool et tranquillisants, est aussi une cause importante de décès.

Der Umgang mit psychotropen Substanzen, einschließlich Alkohol und Tabak, ist von Widersprüchlichkeiten geprägt. Fraglich ist, ob eine reine Verbotspolitik das Problem lösen, oder eher kontraproduktiv sein könnte. Eine Kriminalisierung von Jugendlichen sieht Deutschland als nicht geeignet, um einen kritischen Umgang mit psychoaktiven Substanzen zu erreichen. Deshalb versucht es, über die Legalisierung weicher Drogen nachzudenken. In Städten wie Hamburg (seit 1994), Hannover, Frankfurt-am-Main und Saarbrücken werden Drogenkonsumräume, in denen illegale Betäubungsmittel konsumiert werden können, mit Hygiene und medizinischer Kontrolle angeboten (16 Fixerstuben in Deutschland 2013). Diese Maßnahme scheint für die Behörden sinnvoll, da dort die Mortalitätsrate unter Drogenkonsumenten entweder weiter zurückgeht oder sich stabilisiert. Weitere Drogenkonsumräume werden deshalb in der Bundesrepublik geplant.

La façon de traiter les substances psychotropes, y compris l'alcool et le tabac, est empreinte de contradictions. Il s'agit de savoir si une simple politique d'interdiction peut résoudre le problème ou si elle va plutôt s'avérer contreproductive. L'Allemagne estime que la criminalisation des jeunes n'est pas la réponse appropriée au problème des substances psychoactives. C'est pourquoi elle tente de réfléchir à la dépénalisation des drogues douces. Dans des villes comme Hambourg (depuis 1994), Hanovre, Francfort-sur-le-Main ou Sarrebruck sont proposés des locaux d'injection offrant hygiène et contrôle médical et où il est possible de consommer des stupéfiants (16 locaux en Allemagne en 2013). Cette mesure semble prendre tout son sens pour les autorités, le taux de mortalité parmi les toxicomanes continuant de diminuer ou se stabilisant dans ces villes. C'est pourquoi d'autres locaux de ce type sont prévus en République Fédérale.

AIDS

In Deutschland ist die Zahl der Neuinfektionen unverändert hoch. Seit Beginn des ersten dokumentierten Falls in Deutschland im Jahre 1982 gab es etwa 27.000 Aids-Tote, im Jahr 2011 463. Infiziert oder erkrankt sind rund 78.000 Menschen. Zunächst schien die Seuche nur Homosexuelle, Bluter-Kranke, und Drogenabhängige zu befallen. Sozial Benachteiligte, die viele Warnungen und Hilfen nicht kennen, sind zunehmend betroffen. Außerdem stellen Einwanderer aus Ländern mit hohem HIV-Verbreitungsgrad eine wichtige Krankengruppe.

Nachdem der Aids-Virus identifiziert wurde, konzentrierten sich die Forscher auf die Entwicklung eines Impfstoffes. Bis jetzt blieben die Erfolge aus. Aids-infizierte werden heute mit einer Kombinationstherapie behandelt. Aller-

Le SIDA

En Allemagne, le nombre de nouvelles infections reste élevé. Depuis le premier cas recensé en Allemagne (1982), on a dénombré environ 27 000 morts du SIDA, 463 en 2011. À peu près 78 000 personnes sont contaminées ou malades du SIDA. Tout d'abord, le virus ne semblait s'attaquer qu'aux homosexuels, aux hémophiles et aux toxicomanes. Les personnes défavorisées sur le plan social qui ne sont au courant ni des mises en garde, ni des aides, sont de plus en plus touchées. En outre, les immigrés venant de pays où le virus se propage beaucoup constituent une catégorie importante de malades.

Après l'identification du virus du SIDA, les chercheurs se sont concentrés sur l'élaboration d'un vaccin, mais sans succès jusqu'ici. On traite aujourd'hui les malades du SIDA par une thérapie combinée. Toutefois, cette thérapie présente aussi des inconvénients : il

dings hat diese Therapie auch Nachteile: Pro Tag müssen bis zu 20 Tabletten eingenommen werden, es treten starke Nebenwirkungen auf und die Kosten liegen bei rund 3.000 € pro Jahr.

faut ingérer jusqu'à 20 comprimés par jour, les effets secondaires sont graves et le coût se monte à environ 3 000 € par an.

Beim Schutzverhalten lässt sich ein kontinuierlicher Trend zu mehr Vorsicht registrieren. Seit 1996 stagniert jedoch die Kondomverwendung. Die Ergebnisse einer Ende 2000 durchgeführten Erhebung lassen eine deutlich gesunkene Wahrnehmung von Aids in der Bevölkerung erkennen. Bezeichneten zu Beginn der neunziger Jahre noch 60 Prozent der Bevölkerung Aids als eine der gefährlichsten Krankheiten, so waren es im Jahr 2008 nur noch 41 Prozent. Auch lassen sich im Hinblick auf das Wissen über Aids Lücken beobachten: So ist ein Drittel der deutschen Bevölkerung der irrigen Meinung, dass man eine HIV-Infektion an äußeren Zeichen erkennen könne. Aus diesem Grund steigt die Zahl der neu mit HIV Infizierten in Deutschland leicht. Es liegt nach Organisationen daran, dass die Bevölkerung zu leichtsinnig mit dieser tödlichen Krankheit umgeht.

On peut enregistrer une tendance continue à la précaution en matière de comportement. Depuis 1996, cependant, l'utilisation de préservatifs n'augmente plus. Les résultats d'une enquête menée fin 2000 permettent de déceler que les dangers liés au SIDA sont nettement moins bien perçus par la population. Si au début des années 1990 il y avait encore 60 % des gens à caractériser le SIDA comme l'une des maladies les plus dangereuses, ils ne sont plus que 41 % en 2008. On peut également observer des lacunes dans ce que les gens savent du SIDA : ainsi, un tiers de la population allemande considère à tort que l'on peut détecter une contamination par le virus à des signes extérieurs. C'est pourquoi le nombre de personnes récemment contaminées par le virus augmente légèrement. Selon les organisations, cela tient à l'insouciance avec laquelle la population cotoie ces maladies mortelles.

Ein zentrales Element der Kampagnenstruktur ist die Zusammenarbeit zwischen Partnern auf Bundes-, Landes- und kommunaler Ebene und nichtstaatlichen Selbsthilfeorganisationen. Die Deutsche AIDS-Hilfe (DAH) ist der Dachverband von bundesweit etwa 120 regionalen AIDS-Hilfen. Sie ist eine Selbsthilfeorganisation für Menschen, die in besonderer Weise von HIV/Aids bedroht oder betroffen sind und fungiert als Interessenverband der Menschen mit HIV und Aids. 1987 begann die Aids-Präventionskampagne „Gib Aids keine Chance". Im Juli 2001 startete die Deutsche Aids Gesellschaft (DAIG) die Aktion „Vergessen ist ansteckend". Das Motto illustriert, dass die Bewusstwerdung der Ansteckungsgefahr vorrangiges Ziel der Vorbeugungskampagnen bleibt.

La structure mise en place avec les campagnes de prévention s'appuie sur la collaboration entre différents partenaires : des organisations au niveau du Bund, des Länder ou des communes d'une part, et des associations d'entraide non gouvernementales d'autre part. L'Aide contre le SIDA (DAH) est l'organisme qui regroupe en Allemagne environ 120 centres d'aide régionale. C'est une organisation qui aide les malades du SIDA ou les personnes menacées, et elle fonctionne comme un centre d'entraide pour séropositifs et malades du SIDA. En 1987, la campagne de prévention contre le sida « Ne laisse aucune chance au SIDA » a démarré. En juillet 2001, l'Association allemande de lutte contre le SIDA (DAIG) a lancé l'opération « Oublier est contagieux ». Ce slogan illustre ceci : faire prendre conscience du danger de contamination reste l'objectif prioritaire des campagnes de prévention.

Vocabulaire

Ansteckung, (die, en)	*la contamination, la contagion*
Ausgrenzung, (die, en)	*l'exclusion*
Behandlung, (die, en)	*le traitement*
Dauerarbeitslosigkeit, (die)	*le chômage de longue durée*
Drogensucht, (die)	*la toxicomanie*
Einkommen, (das, -) (ein Einkommen beziehen, og, ogen)	*le revenu, toucher un revenu*
Faulheit, (die)	*la paresse*
Gewalt, (die), Gewalttat, (die, en)	*la violence, l'acte de violence*
Hälfte, (die, n)	*la moitié*
Homosexuelle, (adj. subst.)	*l'homosexuel*
Kondom, (das, e)	*le préservatif*
Rauschgift, (das, e)	*le stupéfiant, la drogue*
Reichtum, (der, ¨er)	*la richesse*
Siedlung, (die, en)	*la cité*
Sozialhilfe, (die, n)	*l'aide sociale*
Verwahrlosung, (die)	*l'abandon, la clochardisation, la déchéance*
Viertel, (das, -)	*le quartier*
Vorbeugung, (die)	*la prévention*
Vorsicht, (die)	*la prudence, la précaution*
Würde, (die, n)	*la dignité*
die Zugehörigkeit, (die, en, zu + D)	*l'appartenance (à un groupe)*
aufgrund, (+ G ou von + D)	*en raison de, étant donné*
einheimisch	*autochtone, natif du pays*
entweder ... oder	*ou bien, ou bien - soit, soit*
kinderreich, eine kinderreiche Familie	*ayant beaucoup d'enfants (famille nombreuse)*
notwendig	*nécessaire*
obdachlos	*sans abri, SDF*
pauschal	*globalement*
sich etwas (A) an/eignen	*s'approprier, acquérir qqc*
beeinträchtigen	*porter atteinte à, léser*
betreffen, (a, o, i)	*concerner, toucher*
entwarnen	*déclarer la fin d'une alerte*
erreichen	*atteindre*
impfen	*vacciner*
nach/denken, (achte, acht, über + A)	*réfléchir à*
überfordern, (+ A)	*trop exiger de*
sich verbreiten	*se répandre*
verschärfen	*aggraver, accentuer*
vor/gehen, (ing, angen, ist, gegen + A)	*prendre des mesures contre*
zeugen, (von + D)	*témoigner de*

Lexique en situation 16

Er weiß es aufgrund langjähriger Erfahrung.
Il le sait en raison de sa longue expérience.
Wie wird in diesem Falle vorgegangen?
Comment faut-il procéder dans ce cas-là ?
Ich habe lange darüber nachgedacht.
J'y ai longuement réfléchi.
Der Student hat sich die verschiedensten Kenntnisse angeeignet.
L'étudiant a acquis des connaissances très diversifiées.
Müdigkeit beeinträchtigt Denken.
La fatigue ralentit (est néfaste à) la pensée.
Sie fühlt sich überfordert.
Elle se sent débordée.
Pauschalreisen wurden so einfach wie möglich gemacht.
Les voyages forfaitaires ont été facilités au maximum.
Ich habe einheimische Vögel in ihrem Lebensraum gesehen.
J'ai vu des oiseaux dans leur milieu naturel.
Er benutzt alternative Behandlungsmethoden.
Il utilise des méthodes de traitement alternatives.
Diese Kirche zeugt von ungewöhnlicher Geschichte.
Cette église témoigne d'un passé inhabituel.
Einstein sprach von einer Zugehörigkeit zum Weltall.
Einstein a parlé d'une appartenance à l'univers.
Die Aufgabe des Rauchens ist eine entscheidende Vorbeugungsmaßnahme.
Arrêter de fumer est une mesure de prévention décisive.
Das Risiko sozialer Ausgrenzung ist groß.
Le risque d'exclusion sociale est important.
Die Polizei entwarnte die Bevölkerung.
La police a levé l'état d'alerte auprès de la population.
In Hamburg kocht eine Schule für Obdachlose.
À Hambourg, une école fait la cuisine pour les SDF.
Die Dauerarbeitslosigkeit ist bei älteren Menschen besonders hoch.
Le chômage de longue durée est particulièrement élevé pour les gens d'un certain âge.
Entweder wir demonstrieren, oder wir streiken.
Ou bien nous manifestons, ou bien nous faisons grève.
Die Wahlen verschärften die politische Krise.
Les élections ont envenimé la crise politique.
Opfer von Gewalttaten werden nicht immer entschädigt.
Les victimes d'actes de violence ne sont pas toujours dédommagées.

DOSSIER 17

Die Neuen Bundesländer 25 Jahre nach der Wiedervereinigung

„Es soll zusammenwachsen, was zusammengehört", hatte Willy Brandt als Aufforderung zur Wiedervereinigung gemahnt. Mit diesen Worten wies er auf Gemeinsamkeiten und Unterschiede zugleich hin. Gemeinsam hatten die Menschen auf beiden Seiten der Mauer das Deutschsein, Sprache und Kultur, sowie die Geschichte bis 1945. Anders waren die Sozial- und Wirtschaftsstrukturen. Im Sinne der Wiedervereinigung bedeutete „zusammenwachsen" zunächst einmal die Angleichung des Wirtschaftsniveaus und der Lebensverhältnisse im Osten an das in den alten Bundesländern vorhandene Niveau. Es ging darum, die Wirtschaftsstruktur in Ostdeutschland von einer zentral verwalteten Planwirtschaft zu einer sozialen Marktwirtschaft umzubauen. Aber es hieß auch, die Menschen aus Ost und West einander näher zu bringen, und ein Zusammengehörigkeitsgefühl zur „neuen" Bundesrepublik aufkommen zu lassen. Wie steht es um diese wesentlichen Aspekte 25 Jahre nach der Wiedervereinigung? Dem Versuch einer Antwort auf diese Frage wird im Folgenden ein kurzer Rückblick auf die ersten Jahre nach dem Mauerfall vorangestellt.

Les Länder de l'Est 25 ans après la réunification

« Il faut que ce qui fait partie d'un même ensemble se ressoude » : c'est en ces termes que Willy Brandt avait exhorté les Allemands à se réunifier. En disant cela, il renvoyait à des points communs, mais aussi à des différences. Ce que les Allemands avaient en commun des deux côtés du Mur, c'était leur germanité, leur langue, leur culture, ainsi qu'une même histoire jusqu'en 1945. Mais ils différaient de par leur structures sociales et économiques. « Se ressouder », au sens de se réunifier, cela voulait d'abord dire amener les conditions de vie et les performances économiques de l'Est à un niveau proche de celui des Länder de l'Ouest. Il s'agissait de transformer la structure planifiée centralement de l'économie est-allemande pour en faire une économie sociale de marché. Mais cela voulait dire aussi rapprocher les Allemands de l'Est et de l'Ouest, éveiller en eux un sentiment d'appartenance à une nouvelle République fédérale. Qu'en est-il de ces aspects fondamentaux vingt-cinq ans après la réunification ? Avant de tenter de répondre à cette question, voici un bref historique des années qui ont immédiatement suivi la chute du Mur.

Abwicklung der planwirtschaftlichen Strukturen und Abbau von Arbeitsplätzen

1989 zählte die DDR 9.7 Millionen Arbeitsplätze. 2000 waren sie in den neuen Bundesländern nur noch 6.4 Millionen an der Zahl. Das bedeutet einen Verlust von über 3 Millionen Arbeitsplätzen. Wie und warum ist es dazu gekommen?

Démantèlement des structures de l'économie planifiée et réduction des emplois

En 1989, la RDA comptait 9,7 millions d'emplois. En 2000, les nouveaux Länder n'en comptaient plus que 6,4 millions. Cela signifie une perte de plus de 3 millions d'emplois. Comment et pourquoi en est-on arrivé là ?

Nach Einführung eines Wechselkurses von 1 zu 1 für die Warenpreise waren die ostdeutschen Produkte nicht mehr attraktiv. Die Ostdeutschen selbst, die sich nach Westprodukten sehnten, wendeten sich von den DDR-Erzeugnissen ab. Viele Betriebe in der Schwerindustrie waren überdimensioniert und marode (vgl. Dossier 8). Der DDR-Ministerrat rief eine Organisation ins Leben – die Treuhandanstalt – zur Privatisierung und Neuorganisierung der 8.000 „VEBs". Diese volkseigenen Betriebe wurden eigentlich größtenteils „abgewickelt", d. h. geschlossen. Ein Teil der Arbeitnehmer ging in Frühverrentung.

Après la fixation du taux de change à 1 contre 1 pour le prix des marchandises, les produits est-allemands ont perdu leur attractivité. Même les Allemands de l'Est, qui avaient envie de produits occidentaux, se sont détournés des produits fabriqués en RDA. Dans l'industrie lourde, de nombreuses entreprises étaient surdimensionnées et en piteux état (cf. Dossier 8). Le conseil des ministres de RDA a créé un organisme, la Treuhand, pour privatiser et réorganiser les 8 000 entreprises d'État. En réalité, la plupart de ces entreprises ont été démantelées, c'est-à-dire fermées. Une partie des salariés ont été mis à la retraite anticipée.

Das zweite Hauptmerkmal für die Jahre nach dem Mauerfall ist der durch die Auswanderung der Arbeitskräfte in den Westen verursachte demographische Wandel. Seit 1990 verließen Millionen Ostdeutsche den Osten Deutschlands, um Arbeit in der alten Bundesrepublik zu suchen. Die Bevölkerung der neuen Bundesländer schrumpfte um 1.5 Millionen zusammen. Selbst das erfolgreiche Bundesland Sachsen hat innerhalb von 19 Jahren 17,5% seiner Bevölkerung eingebüßt. Es stehen im Osten Deutschlands über 900.000 Wohnungen leer – in manchen Kommunen ist die 20%-Grenze überschritten, vor allem in den Plattenbausiedlungen am Rande der Städte, die man „zurückbaut", um sie etwas attraktiver zu machen. Dieses bis heute anhaltende Phänomen betrifft hauptsächlich die Jugendlichen und besonders die Frauen mit akademischem Abschluss.

Le second phénomène caractéristique des années qui ont suivi la chute du Mur est le changement démographique entraîné par l'émigration économique vers l'Ouest. Depuis 1990, des millions d'Allemands de l'Est ont quitté l'Est de l'Allemagne pour chercher du travail dans l'ancienne République fédérale. La population de l'Est s'est contractée de 1,5 million d'habitants. Même la Saxe, qui fait figure de success story, a perdu 17,5 % de sa population en 19 ans. Il y a à l'Est de l'Allemagne plus de 900 000 logements vides ; dans certaines communes, la barre des 20 % est franchie, surtout dans les cités en alvéoles de béton construites à la périphérie des villes, que l'on « déconstruit/restructure » pour les rendre plus attractives. C'est là un phénomène qui dure aujourd'hui encore et frappe essentiellement les jeunes, et en particulier les femmes diplômées de l'enseignement supérieur.

Die Aufholjagd ist noch nicht zu Ende

La course-poursuite n'est pas terminée

Ein wirtschaftliches Ost-West-Gefälle besteht. Zwar hat sich nach Jahren des kräftigen Wachstums die Schere allmählich geschlossen. Doch trotz des Aufholprozesses lag die Wirtschafts-

Un fossé économique demeure entre l'Est et l'Ouest. Certes, après des années de croissance vigoureuse, l'écart s'est progressivement resserré. Mais malgré le rattrapage, la richesse produite dans les nouveaux Länder

leistung der NBL 2011 bei nur 71% des westdeutschen Niveaus. Dahingegen erreicht der Lebensstandard der Ostdeutschen 80 bis 85% des westdeutschen Niveaus. Der Unterschied zwischen Lebensstandard und Wirtschaftsleistung (BIP) lässt sich durch die heute noch massiven Transferleistungen erklären. Ein Drittel der ostdeutschen Wertschöpfung ist auf Transferleistungen aus dem Westen zurückzuführen. Seit 1991 erhielten die NBL 1,3 Billionen Euro an Transferzahlungen. Da mag der Eindruck entstehen, dass der Osten noch am Tropf hängt. Bei genauerem Hinsehen muss aber differenziert werden zwischen verschiedenen Quellen für diese Zahlungen. Ein Teil der Transferleistungen erfolgen im Rahmen des im GG verankerten Finanzausgleichs zwischen den Ländern. Damit sich die Lebensverhältnisse bundesweit angleichen, unterstützen „reichere" Länder wie Bayern oder Baden-Württemberg „ärmere" Bundesländer wie das Saarland, den Stadtstaat Bremen oder eben die NBL. Darüber hinaus bestehen diese Transferzahlungen zu 45% aus Sozialleistungen und Renten. In den NBL werden verhältnismäßig mehr Renten ausgezahlt, weil dort auch mehr Frauen erwerbstätig waren. Schon durch die Alterung der Ostbevölkerung erhöhen sich die auszuzahlenden Renten. Und als Folge der Finanz- und Wirtschaftskrise sind immer mehr Menschen im Osten auf staatliche Leistungen wie Hartz-IV angewiesen. Denn obwohl die Arbeitslosenquote mächtig gesunken ist, bleibt sie jedoch in den neuen Bundesländern wesentlich höher als im Westen Deutschlands. Im Sommer 2013 lag sie durchschnittlich bei knapp 10% (Westdeutschland: 6%) und wies starke regionale Unterschiede auf: in manchen ländlichen Gemeinden Mecklenburg-Vorpommerns betrug sie über 13% der Erwerbstätigen.

n'atteignait en 2011 que 71 % du niveau de l'Ouest. Le niveau de vie des Allemands de l'Est atteint en revanche entre 80 et 85 % de celui de l'Ouest. La différence entre le niveau de vie et le PIB s'explique par les transferts qui sont aujourd'hui encore très importants. Un tiers de la richesse produite à l'Est est à rapporter aux transferts en provenance de l'Ouest. Depuis 1991, les nouveaux Länder ont reçu 1,3 trillions d'euros sous forme de transferts. On pourrait en retirer l'impression que l'Est est encore sous perfusion. Or en y regardant de plus près, il faut distinguer entre différentes sources pour ces prestations. Une partie des transferts s'effectue dans le cadre de la péréquation financière entre Länder, inscrite dans la Loi fondamentale. Pour pouvoir tendre vers une harmonisation des niveaux de vie sur l'ensemble du territoire allemand, les Länder riches, comme la Bavière ou le Bade-Wurtemberg, soutiennent financièrement les Länder pauvres, comme la Sarre, Brême ou justement les Nouveaux Länder. De plus, 45 % des sommes versées dans le cadre de ces transferts le sont au titre des retraites ou des prestations sociales. À l'Est, la facture des retraites est comparativement élevée puisque davantage de femmes y ont travaillé. Le vieillissement de la population élève mécaniquement le montant des sommes allouées aux retraites. Et en conséquence de la crise économique et financière, de plus en plus de gens sont tributaires de prestations du type revenu de solidarité. Car bien que le taux de chômage ait énormément baissé, il est significativement plus élevé dans les nouveaux Länder qu'à l'Ouest. À l'été 2013, il s'élevait en moyenne à presque 10 %, en révélant de fortes différences régionales : dans certaines communes rurales du Mecklembourg-Poméranie occidentale, il touchait même plus de 13 % des actifs.

Für den Aufbau und die Investitionen im Bereich der Infrastrukturen und für die Unterstützung des Arbeitsmarkts kommt der „Solidarpakt" auf. 1993 wurde der Solidarpakt I für die Zeitspanne 1994-2005 beschlossen. Der Solidarpakt II erstreckt sich über die Jahre 2005-2019. 2013 stand noch nicht fest, ob der „Aufbau Ost", jenes Programm der Sonderbehandlung der NBL, nach Auslaufen des Solidarpakts 2019 bestehen soll oder nicht. Die Länder verfügen autonom über die gewährten Zuschüsse, müssen aber jährlich einen Fortschrittsbericht über den Entwicklungsstand ihrer Projekte vorweisen. Zur Finanzierung des Solidarpakts wird der Solidarzuschlag (auch „Solidaritätszuschlag" genannt, im Volksmund der „Soli") erhoben, den jeder Steuerpflichtige ab einer gewissen Einkommensgrenze zu zahlen hat. Der Solidaritätszuschlag beträgt 5,5% der Steuerschuld und wird also auch im Osten erhoben.

La reconstruction et les investissements dans les infrastructures ainsi que le soutien du marché du travail sont pris en charge par le « pacte de solidarité ». En 1993, le « pacte de solidarité I » a été voté pour les années 1994-2005. Le « pacte de solidarité II » a pris le relais pour la période 2005-2019. En 2013, il n'était toujours pas établi si le programme de traitement particulier des nouveaux Länder, qui doit permettre d'achever le programme de reconstruction de l'Est, allait rester en place après l'échéance de 2019. Les Länder disposent librement des subventions octroyées, mais ils doivent présenter tous les ans un rapport sur l'état d'avancement de leurs projets. Le financement du « pacte de solidarité » est assuré par le prélèvement d'un impôt spécial, « l'impôt solidarité » (qu'on appelle couramment le « soli ») redevable par tout contribuable au-dessus d'un certain seuil de revenus. L'impôt solidarité s'élève à 5,5 % de l'impôt sur le revenu et est donc prélevé à l'Est aussi.

Neue Industriestandorte

Nach den Jahren der Abwicklung und Umstrukturierung sind manche Erfolge zu verbuchen. Die ostdeutsche Industrielandschaft ist neu. Firmenansiedlungen sind aber nicht regelmäßig über das ganze Gebiet der NBL verteilt. Sie konzentrieren sich an einigen Standorten und in wenigen Kernbereichen. Im Bereich der umweltfreundlichen Spitzentechnologie sind die meisten deutschen Fotovoltaikhersteller in Ostdeutschland angesiedelt. Doch sie leiden unter der neuen Konkurrenz aus China. Das beste Beispiel für eine ostdeutsche Erfolgsgeschichte ist die so genannte „Cluster-Bildung" in „Silicon-Saxony": Die Gegend um Dresden hat sich zum größten Elektronikstandort Europas entwickelt. „Chip-Fabriken"

De nouveaux sites de production industrielle

Après des années de démantèlement et de restructuration, on engrange certains résultats. Le parc industriel est-allemand est neuf. Les implantations d'entreprises ne sont toutefois pas reparties régulièrement sur l'ensemble du territoire des nouveaux Länder. Elles se concentrent dans quelques sites et dans quelques domaines clés. Dans le domaine des technologies écologiques de pointe, la plupart des producteurs de cellules photovoltaïques servant aux panneaux solaires sont situés à l'Est. Mais ils souffrent de la récente concurrence chinoise. Le meilleur exemple de succes story *est-allemande est la constitution de ce qu'on appelle un* cluster *dans la « Silicon Saxony ». La région de Dresde est devenue le plus grand pôle électronique européen. Usines de fabrication de puces électroniques et entreprises de micro-électronique y emploient*

und Mikroelektronik-Unternehmen beschäftigen dort rund 40 000 Mitarbeiter. Das Land Sachsen zieht dabei Nutzen aus seiner geographischen Nähe zu den Absatzmärkten in Polen und Tschechien.

quelque 40 000 employés. La Saxe tire profit de sa proximité géographique avec les débouchés en Pologne et en République tchèque.

Die ostdeutsche Automobilindustrie beschäftigt rund 175 000 Mitarbeiter und trägt zu den guten Exportzahlen der Bundesrepublik bei. Die großen Automobilhersteller haben sich in den NBL niedergelassen: Volkswagen in Zwickau, Dresden („Gläserne Manufaktur") und Chemnitz, BMW in Leipzig, aber auch Daimler-Chrysler (Ludwigsfelde), Porsche (Leipzig) und – zu guter Letzt – das Opelwerk in Eisenach. Auch im traditionell starken Chemie-Sektor geht der Trend wieder aufwärts, vor allem im so genannten „mitteldeutschen Chemiedreieck" um Halle in Sachsen-Anhalt. Schließlich müssen noch die Präzisionsoptik in Jena und das Entwicklungscluster Berlin-Brandenburg, ein führender Standort im Bereich der Biotechnik und –medizin sowie der Gentechnik, erwähnt werden. Berlin profiliert sich als europäische Kulturmetropole: von diesem wichtigen Wirtschaftsfaktor hängen in der Bundeshauptstadt um die 200 000 Jobs ab.

L'industrie automobile est-allemande emploie 175 000 personnes et contribue aux bons chiffres des exportations. Les grands fabricants automobiles se sont implantés dans les nouveaux Länder : Volkswagen à Zwickau, Dresde (« Manufacture de verre ») et Chemnitz, BMW à Leipzig, mais aussi Daimler-Crysler à Ludwigsfelde, Porsche (Leipzig) et – pour terminer – l'usine Opel d'Eisenach. Dans le secteur traditionnellement fort de la chimie, la tendance est également à la hausse, surtout dans le « triangle de la chimie d'Allemagne moyenne », autour de Halle en Saxe-Anhalt. Il faut mentionner pour finir l'optique de précision à Iéna et la zone de développement de Berlin-Brandebourg, un des principaux sites de production dans le domaine des biotechnologies et des techniques génétiques. Berlin est en passe de devenir une métropole culturelle européenne : Dans la capitale fédérale, quelque 200 000 emplois dépendent de ce secteur important de l'économie.

Ostdeutsche Identität und Ostalgie

Das Auftreten von Beschäftigungsproblemen, die es zu DDR-Zeiten so gut wie nicht gab, ist ein wesentlicher Faktor für den im Osten weit verbreiteten Unmut und für eine gewisse Desillusionierung. Der Aufstieg der Rechtsextremen ist ganz eindeutig darauf zurückzuführen. Festzustellen ist nämlich, dass die neonazistischen Parteien ihre Höchstwerte in ländlichen Gemeinden erzielen, die unter hoher Arbeitslosigkeit, Bevölkerungsschwund und Frauenmangel leiden. Dazu kommt heute, zu einer Zeit nämlich, in der man es erwägt, einen

Identité est-allemande et « ostalgie »

L'apparition de la précarité de l'emploi, quasi inexistante à l'époque de la RDA, est une des causes principales du mécontentement répandu à l'Est, ainsi que d'un certain désenchantement. Il est clair que c'est à cela que l'extrême droite doit son regain de succès. On constate en effet que les partis néo-nazis enregistrent leurs meilleurs scores dans des communes rurales frappées par le chômage, le déclin démographique et un manque de femmes. Il faut rajouter à cela le fait qu'aujourd'hui, à une époque où l'on envisage de tirer un trait définitif sur

„Schlussstrich" unter die 40 Jahre DDR-Geschichte zu ziehen, dass die Menschen in den NBL den Eindruck haben, dass ihr Standpunkt als Zeitzeugen bei der jüngeren deutschen Geschichtsschreibung so gut wie ignoriert wird.

Aber wenn man die Menschen in den neuen Bundesländern fragt, ob sie das Gefühl haben, dass es ihnen heute besser geht als vor 25 Jahren, antwortet die überwiegende Mehrheit mit „Ja". Vor einigen Jahren sagte noch die Hälfte der Bürger in den neuen Bundesländern, dass sie das Gefühl hatten, es gehe ihnen schlechter als zu DDR-Zeiten. Der Begriff „Jammerossi" – mit seinem Pendant „Besserwessi" – ist so gut wie nicht mehr in Gebrauch. Die „Mauer in den Köpfen", von der noch in den Medien die Rede ist, scheint der Wirklichkeit nicht mehr zu entsprechen.

Vor diesem Hintergrund muss man auch den Begriff „Ostalgie" hinterfragen. Die „Ostalgie" ist nicht synonym mit einem Wunsch nach Rückkehr zu den früheren Verhältnissen. Sie ist vielmehr ein diffuses Gefühl, dass es eine ostdeutsche Identität gibt, die durch die Eingliederung der NBL in das System der Bundesrepublik verloren gegangen ist bzw. verloren geht. Sie beschränkt sich nicht auf eine vereinfachende Verklärung der DDR-Verhältnisse. Vielmehr ist sie der Versuch, im sehnsüchtigen Rückblick Bruchstücke aus den Biographien zu retten. Für die Bürger in den neuen Bundesländern war die Tatsache, dass die Kritik an der DDR derart undifferenziert geübt wurde und dass sie sich von heute auf morgen genötigt sahen, die eigene Vergangenheit mit Abscheu zu betrachten, schwer zu bewältigen. In allen Dingen fühlten sie sich durch die „Wessis" belehrt, die auf sie herabblicken würden und sich deshalb den Beinamen „Besserwessis" einbrachten. Viele Ostdeutsche sind allerdings der Meinung, dass über das

40 années d'histoire de la RDA, les gens ont dans les nouveaux Länder l'impression que leur point de vue en tant que témoins de l'époque est quasiment ignoré par l'historiographie de cette époque récente de l'histoire allemande.

Mais quand on demande aux gens de l'Est s'ils ont le sentiment de vivre mieux maintenant qu'il y a vingt-cinq ans, la grande majorité d'entre eux répondent « oui ». Il y a encore quelques années, la moitié des Allemands de l'Est déclaraient avoir toujours le sentiment que leur situation s'était aggravée par rapport à l'époque de la RDA. L'expression de « geignard de l'Est », et son pendant, le « donneur de leçon de l'Ouest », n'a quasiment plus cours. Contrairement à ce que disent les media, l'idée qu'il y a toujours un « mur » dans les esprits ne semble plus correspondre à la réalité.

C'est avec ces réalités en tête que l'on doit s'interroger sur le sens du concept d'« ostalgie ». L'ostalgie ne se confond pas avec le désir de revenir à un état antérieur des choses. C'est plutôt un sentiment diffus de l'existence d'une identité est-allemande qui s'est perdue ou qui est en train de disparaître du fait de l'assimilation des nouveaux Länder par le système de la République fédérale. L'ostalgie ne se limite pas à une idéalisation simplificatrice de la vie à l'époque de la RDA. C'est plutôt la tentative de sauver des bribes d'histoires personnelles en jetant un regard nostalgique sur le passé. Pour les Allemands de l'Est, le fait que la RDA ait été soumise à une critique sans nuance aucune, qu'ils aient été sommés du jour au lendemain de considérer avec dégoût leur propre passé, est difficile à admettre. En toutes choses, ils ont eu le sentiment que les Allemands de l'Ouest voulaient leur donner une leçon, qu'ils les regardaient de haut, s'attirant de ce fait le surnom de « Besserwessi ». Pour beaucoup d'Allemands de l'Est, ne peuvent en fait parler de la vie en RDA que ceux qui y ont eux-mêmes vécu. Mais un retour au

Leben in der DDR nur mitreden kann, wer selbst dort gelebt hat. Aber dass eine Rückkehr zum Vergangenen nur als künstliche Inszenierung denkbar ist, belegt schon der „Renner" „Good Bye Lenin".

passé ne se conçoit que sous la forme d'une mise en scène artificielle : tel est le message de « Good Bye Lenin », grand succès du cinéma allemand.

In der ostdeutschen öffentlichen Meinung herrscht jedoch noch die Vorstellung vor, die DDR sei einfach an das System der Bundesrepublik angeschlossen und zu wenig sei aus der DDR in das neue Deutschland übernommen worden. Zur Stunde der Wiedervereinigung hätten die Bürger der DDR die wirklichen Verhältnisse in der Bundesrepublik nicht richtig gekannt. Vielmehr seien sie der Selbstdarstellung der Bundesrepublik in Politik und Massenmedien preisgegeben worden. Aus den meisten biographischen Zeugnissen geht hervor, dass die DDR-Bürger so gut wie verblendet gewesen seien durch den plötzlichen Zugang zu heiß ersehnten Konsumgütern. Aber mit dem Nachlassen des ersten Konsumrauschs kamen viele Bürger im Osten zu dem ernüchterten Schluss, dass sie sich in dem Staat, dem sie nunmehr angehören, schlecht vertreten fühlen. Viele sind davon überzeugt, dass die ostdeutsche Meinung zu kurz komme, und suchen sich ein Ventil z. B. daduch, dass sie der Linkspartei ihre Stimme geben. Ähnlich wie sich die Bayern nach wie vor mehrheitlich mit der CSU identifizieren, hat sich die ehemalige PDS dauerhaft als die ostdeutsche Partei schlechthin etabliert. Manchmal führt es zu einer Art politischer Schizophrenie, wie im Wahlkreis Berlin Marzahn. Dort stimmten jahrelang die Wähler auf Parteiliste für eine CDU-Kandidatin. Damit drücken sie ihr Vertrauen in das politische System der Bundesrepublik und in die marktwirtschaftliche Orientierung der Politik. Aber mit der Erststimme (vgl. Dossier 7) entsenden die Bürger eine Linkspartei-Politikerin in den Bundestag. Nicht nur die „kleinen Leute", bei denen

L'opinion publique, à l'Est, pense majoritairement que la RDA a tout simplement été annexée au système de la République fédérale et que la RDA a légué trop peu de choses à la nouvelle Allemagne. Au moment de la réunification, les Allemands de l'Est se seraient leurrés sur la réalité de la vie en République fédérale. Ils auraient été victimes de l'image que celle-ci donnait d'elle-même en politique et dans les media. La plupart des témoignages directs transmettent l'idée d'un aveuglement des Allemands de l'Est face à la possibilité soudaine d'acquérir des biens convoités de longue date. Mais une fois retombée la première ivresse de consommation, de nombreux Allemands de l'Est sont arrivés à la triste conclusion qu'ils se sentent mal représentés dans l'État qui est désormais le leur. Ils sont nombreux à être convaincus que l'opinion des gens de l'Est n'est pas vraiment prise en compte, et cherchent un exutoire dans le vote pour le parti de gauche Die Linke, par exemple. De la même façon que les Bavarois continuent pour la plupart à s'identifier à la CSU, l'ancien PDS s'est durablement établi comme le parti des Allemands de l'Est par excellence. Ce qui conduit parfois à une sorte de schizophrénie politique, comme dans la circonscription électorale de Berlin-Marzahn. Des années durant, les électeurs y ont voté sur liste de parti pour une candidate CDU. Ils expriment par ce choix leur confiance dans le système de la République fédérale et dans une politique axée sur l'économie de marché. Mais avec leur première voix (cf. Dossier 7), ils donnent un siège au parlement à une candidate de Die Linke. Et elle n'a pas seulement fait le plein des voix chez les « petites gens », dont elle s'était montrée proche. Il s'est avéré que même de jeunes chefs d'entreprise votent

sie Bürgernähe bewiesen hatte, haben für sie gestimmt. Es hat sich herausgestellt, dass auch junge Unternehmer heute Linkspartei wählen, weil sie die Partei als einen Teil ihrer ostdeutschen Identität betrachten.

Wächst also das zusammen, was zusammengehört? Nicht ganz. Als Beleg dafür seien zwei Volksentscheide genannt, die 2008 und 2009 in Berlin, der Stadt, wo schon immer Ost und West aneinander grenzen, durchgeführt wurden. Sowohl was die Schließung des historischen, im Westen der Stadt gelegenen Flughafens Tempelhof anging, als auch bei der Frage der Einführung des Religionsunterrichts an den staatlichen Schulen fiel die Entscheidung je nach der Stadthälfte deutlich anders aus. Die in einem laizistischen Staat aufgewachsenen Ostberliner haben nach wie vor wenig Interesse an religiösen Dingen, während im westlichen Stimmbezirk Charlottenburg bis zu 80% der Wahlberechtigten sich für den Religionsunterricht aussprachen.

aujourd'hui pour ce parti de gauche, parce qu'ils le considèrent comme une composante de leur identité est-allemande.

Alors, est-ce que les parties d'un même ensemble se ressoudent ? Pas tout à fait. Comme preuve, on peut citer les deux referendums tenus en 2008 et 2009 à Berlin, ville où depuis toujours Est et Ouest se côtoient. Tant dans le cas de la fermeture de l'aéroport historique de Tempelhof, situé à l'Ouest de la ville, que sur la question de l'introduction d'un cours de religion dans les établissements d'enseignement publics, la décision a eu un tout autre aspect selon la partie de la ville. Les Berlinois de l'Est, ayant grandi dans un État laïc, ont toujours aussi peu d'intérêt pour les choses de la religion, tandis que dans la circonscription de Charlottenburg, à l'Ouest, jusqu'à 80 % des inscrits se sont prononcés en faveur du cours de religion.

Vocabulaire

Absatzmarkt (der, ¨e)	*le débouché, le marché*
Angleichung (die)	*l'harmonisation, l'adaptation*
Aufschwung (der, ¨e)	*l'essor, l'élan*
Begriff (der, e)	*la notion, le concept, l'idée*
Bericht (der, e) (über+A)	*le rapport (sur)*
Ernüchterung (die)	*le désenchantement*
Frühverrentung (die)	*retraite anticipée*
Gebrauch (der, Gebräuche)	*l'usage*
Gefälle (das, -)	*le clivage*
Gemeinsamkeit (die, en)	*le point commun, la similitude*
Nutzen (der)	*le bénéfice*
Sehnsucht (die, ¨e) (nach+D)	*le désir, la nostalgie*
Unmut (der)	*le mécontentement*
Unterstützung (die)	*le soutien*
Vergangenheit (die)	*le passé*
Verhältnis (das, e)	*le rapport ; au pluriel : la situation*
Verklärung (die)	*la transfiguration, l'enjolivement*
Wechselkurs (der, e)	*le taux de change*
Zeitspanne (die, n)	*le laps de temps, la période*
Zuflucht (die, en)	*le refuge*
Zuschuss (der, ¨e)	*la subvention*

aufwärts ≠ abwärts	*à la hausse ≠ à la baisse*
beim genauen Hinsehen	*à y regarder de près*
doppelt so+adj. … wie	*deux fois plus … que*
ländlich	*rural*
nüchtern	*sobre, l'esprit clair, à jeun*
sehnsüchtig (nach+D)	*nostalgique de, plein du désir de*

ab/wenden (sich) (von+D)	*se détourner de*
auf/holen (die Aufholjagd)	*rattraper (la course poursuite)*
ein/büßen	*perdre en/de*
erheben (o, o)	*prélever*
erstrecken (sich) (über+A)	*s'étendre (sur)*
herab/blicken (auf+A)	*regarder de haut, avec mépris*
heraus/stellen (sich)	*s'avérer*
hin/weisen (auf+A) (ie, ie)	*faire allusion à, renvoyer à*
Kritik üben (an+D)	*émettre une critique à l'encontre de*
mahnen (1: an+A; 2: zu+D)	*1 : rappeler (à des obligations) ; 2 : exhorter à*
niederlassen (sich) (ieß, a, ä)	*s'implanter, s'installer*
übernehmen (a, o, i)	*reprendre, prendre en charge*
verbreiten	*répandre*
zu kurz kommen (a, o) (ist)	*être lésé*

Lexique en situation 17

Der Osten Deutschlands zieht Nutzen aus der gemeinsamen Vergangenheit mit den osteuropäischen Ländern.

L'Est de l'Allemagne tire profit de son passé commun avec les pays de l'Est européen.

Unmut macht sich breit bei den Studenten.

La grogne gagne parmi les étudiants.

Oft findet man in der [D] Privatsphäre Zuflucht vor [D] der bedrückenden Wirkklichkeit.

On trouve souvent dans la vie privée un refuge contre la réalité oppressante.

Man muss diesem Abwärtstrend entgegenwirken.

Il faut faire quelque chose pour arrêter cette spirale descendante.

Bayern ist fast doppelt so groß wie Nordrhein-Westfalen.

La Bavière est presque deux fois plus étendue que la Rhénanie-du-Nord-Westphalie.

Immer mehr Jugendliche wenden sich vom Buchlesen ab.

De plus en plus de jeunes se désintéressent de la lecture.

Diese Band hat an Beliebtheit eingebüßt.

Ce groupe a perdu en popularité.

Die Untersuchung wird sich über mehrere Monate erstrecken.

L'enquête va s'étendre sur plusieurs mois.

Es hat sich herausgestellt, dass Nordkorea über Atomwaffen verfügt.

Il s'est avéré que la Corée du Nord dispose d'armes nucléaires.

Der Autor weist auf die Gauck-Behörde hin.

L'auteur fait allusion à l'administration Gauck (du nom du premier responsable de cette administration chargée du traitement des dossiers de la Stasi).

Der Autor übt Kritik am populistischen Tonfall dieser Rede.

L'auteur critique les accents populistes de ce discours.

Die Mutter mahnt ihr Kind zur Vorsicht.

La mère exhorte son enfant à la prudence.

Wir wurden an unsere Pflicht gemahnt.

On nous a rappelés à notre devoir.

Nach der Pensionierung haben sie sich an der Riviera niedergelassen.

À la retraite, ils se sont établis sur la Côte d'Azur.

Dafür übernehme ich keine Verantwortung!

Je n'en prends pas/n'en assume pas la responsabilité !

Der Autor vertritt eine weit verbreitete Meinung.

L'auteur défend une opinion largement répandue.

Manche Bundesländer, beim Bundesfinanzausgleich zu kurz zu kommen.

Dans la péréquation financière entre les Länder du Bund, certains d'entre eux redoutent d'être lésés.

Er erhebt Anspruch auf Entschädigung.

Il revendique une indemnisation.

DOSSIER 18

Deutschland und die Europäische Union

Die Europäische Union erstreckt sich von dem Atlantik bis an das Schwarze Meer. Die Bundesrepublik steht im geographischen Mittelpunkt eines Staatenvereins, der über 500 Mio. Einwohner zählt.

Von Peking aus betrachtet ist es so, als sei die EU-Hauptstadt nicht Brüssel, sondern Berlin. Somit zollt China der Bundesrepublik die Anerkennung, die ihr auf Grund ihrer wirtschaftlichen Vormachtsstellung in der EU gebührt. Nicht nur für Chinesen, sondern für viele Bürger aus kriselnden südeuropäischen EU-Mitgliedstaaten ist die heutige EU ein „deutsches Europa", wo jeder Beschluss – vor allem im Bereich der öffentlichen Finanzen – als deutsches Diktakt kritisiert wird. Übrigens genießt die EU in der deutschen Öffentlichkeit eine geringere Akzeptanz als vor der Finanzkrise, wie es die Gründung der offen euroskeptischen Partei „Alternative für Deutschland" 2013 nahelegt.

Ein solcher Mangel an Akzeptanz mag zum Teil damit zu tun haben, dass der am 1. Dezember 2009 in Kraft getretene Vertrag von Lissabon als „Verlegenheitslösung" für das gescheiterte EU-Verfassungsprojekt gilt.

Im Folgenden soll allerdings zunächst an die wesentlichen Schritte auf dem Weg zu einer europäischen Einigung – von der Montanunion bis zum heutigen Reformvertrag – erinnert werden.

L'Allemagne et l'Union européenne

L'Union Européenne s'étend de l'Atlantique à la mer Noire. La République Fédérale est au cœur géographique d'une union d'États qui compte plus de 500 millions d'habitants.

Vu de Pékin, on a l'impression que la capitale de l'UE n'est pas Bruxelles, mais Berlin. Ce fait montre la reconnaissance que la Chine marque envers la prééminence économique de la République Fédérale dans l'UE. Pour les Chinois, mais aussi pour bon nombre de citoyens des pays membres en crise de l'Europe du sud, l'UE est aujourd'hui une « Europe allemande » où chaque résolution (surtout dans le domaine des finances publiques) est critiquée comme un diktat allemand. Du reste, l'UE jouit auprès de l'opinion publique allemande d'une moindre adhésion qu'avant la crise financière, comme en atteste la fondation en 2013 d'un parti ouvertement eurosceptique (AfD).

Un tel déficit d'adhésion tient peut-être partiellement au fait que le traité de Lisbonne entré en vigueur le 1er décembre 2009 passe pour un « pis-aller » après l'échec du projet de Constitution européenne.

Dans la suite de ce chapitre, l'on commencera toutefois par rappeler les étapes essentielles de la construction européenne, de la Communauté européenne du charbon et de l'acier au traité de réforme actuel.

Deutschland als Motor der europäischen Einigung

Deutschland war Gründungsmitglied der Europäischen Union. In der europäischen Nachkriegsgeschichte bedeutete die Entwicklung der europäischen Einigung die Aussöhnung Deutschlands mit den europäischen Nachbarn. Was ab 1950 zuerst mit den westeuropäischen Staaten abgeschlossen wurde, hat sich nun auch mit Osteuropa durch die Osterweiterung der EU vollzogen.

L'Allemagne, moteur de l'union de l'Europe

L'Allemagne fut l'un des membres fondateurs de l'Union européenne. Dans l'histoire de l'Europe d'après-guerre, le processus d'unification fut synonyme de réconciliation de l'Allemagne avec ses voisins européens. Ce qui s'est d'abord conclu en 1950 avec les États d'Europe de l'Ouest s'est également accompli avec l'Europe de l'Est grâce à l'élargissement de l'Union à l'Est.

18. April 1951

Die Gründung der Europäischen Gemeinschaft für Kohle und Stahl (EGKS) ist der erste Schritt zur europäischen Einigung. Die Bundesrepublik Deutschland vereinbart zusammen mit Frankreich, Italien und den Benelux-Staaten eine gemeinsame Verwaltung der Kohle- und Stahlindustrie (Montanindustrie).

18 avril 1951

La fondation de la Communauté européenne du charbon et de l'acier (CECA) est la première étape de l'union de l'Europe. De concert avec la France, l'Italie et les États du Benelux, l'Allemagne décide de gérer de façon communautaire le secteur du charbon et la sidérurgie (pool du charbon et de l'acier).

25. März 1957

Mit der Unterzeichnung der Römischen Verträge durch die sechs EGKS- Mitglieder vertieft sich der Einigungsprozess. Dementsprechend entstehen 1958 die Europäische Wirtschaftsgemeinschaft (die EWG der Sechs) und die Europäische Atomgemeinschaft (Euratom).

25 mars 1957

La signature du Traité de Rome par les six membres de la CECA est un approfondissement du processus d'unification. Le Traité de Rome préside à la création en 1958 de la Communauté économique européenne (CEE ou Europe des six) et à celle de la Communauté européenne de l'énergie atomique (EURATOM).

28. Februar 1986

Unterzeichnung der Einheitlichen Europäischen Akte. Die EG-Staaten einigen sich darin auf die Schaffung eines gemeinsamen Binnenmarktes, der von 1993 an den freien Verkehr von Personen, Waren, Dienstleistungen und Kapital zwischen den EG-Staaten vorsieht.

28 février 1986

Signature de l'acte unique européen. Par ce document, les États de la CE s'engagent à instaurer à l'intérieur de leurs frontières un marché intérieur unique où, à partir de 1993, les personnes, les biens, les services et les capitaux doivent circuler librement.

9./10. Dezember 1991

Beim Maastrichter Gipfeltreffen beschließen die EG-Staats- und Regierungschefs den Ausbau der Gemeinschaft zur Europäischen Union (EU) ab 1993, mit einer Wirtschafts- und Währungsunion, einer engeren Zusammenarbeit in der Außen-, Sicherheits-, Innen- und Rechtspolitik. Die Währungsunion tritt am 1.1.1999 in 11 Mitgliedsstaaten in Kraft.

9-10 décembre 1991

Lors du sommet de Maastricht, les chefs d'État et de gouvernement de la CE décident d'approfondir la construction de l'Europe en transformant à partir de 1993 la Communauté européenne en Union européenne. Il s'agit d'une union économique et monétaire, d'une collaboration renforcée dans les domaines de la politique étrangère, de la sécurité, du droit et de la politique intérieure. L'union monétaire entre en vigueur le 1.01.1999 pour les 11 États qui y adhèrent.

Kopenhagen 1993

Es werden Kriterien zur Aufnahmen neuer Mitglieder erarbeitet. Zu den so genannten „Kopenhagener Kriterien" gehören:

- ein demokratischer Rechtsstaat, der unter anderem die Gleichberechtigung von Mann und Frau, die Achtung der Menschenrechte und der Rechte nationaler Minderheiten sowie den Schutz vor der Diskriminierung wegen sexueller Ausrichtung gewährleistet;
- eine funktionsfähige Marktwirtschaft;
- das „Acquis-Kriterium", nach dem der Beitrittskandidat das gemeinschaftliche Regelwerk in die eigene Gesetzgebung übernehmen soll.

Copenhague 1993

On met au point des critères pour accueillir de nouveaux membres. Ce qu'on appelle les « critères de Copenhague » comprennent :

- *un État de droit démocratique, qui garantit entre autres l'égalité des droits entre hommes et femmes, le respect des droits de l'Homme et des minorités nationales, de même que la protection contre les discriminations liées à l'orientation sexuelle ;*
- *une économie de marché qui fonctionne ;*
- *le critère des « acquis communautaires » qui exige la transposition des règlements communautaires dans la législation du candidat à l'adhésion.*

1995

Abschaffung der Grenzkontrollen zwischen Deutschland, den Benelux-Staaten, Frankreich, Italien, Spanien, Portugal, Griechenland und Österreich auf Grund des „Schengener Abkommens".

1995

Abolition des contrôles aux frontières entre l'Allemagne, le Benelux, la France, l'Italie, l'Espagne, le Portugal, la Grèce et l'Autriche, dans le cadre des « accords de Schengen ».

Das erste Lissabonner Gipfeltreffen im Juni 2000

Es wird die Agenda von Lissabon beschlossen, die neue Richtlinien für die EU-Wirtschaft mit Blick auf 2010 ausgibt. Man geht dabei von der Feststellung aus, dass die Internet-Revolution in den USA zur Schaffung von Millionen von

Premier sommet de Lisbonne, juin 2000

On y décide l'agenda de Lisbonne, qui donne des directives pour l'économie de l'Union à l'horizon 2010. On y part de la constatation que la révolution de l'internet aux USA y a contribué à la création de millions d'emplois. L'agenda de Lisbonne

Arbeitsplätzen beigetragen hatte. So setzt sich die Agenda von Lissabon zum Ziel, eine auf Wissen und Spitzentechnologie gegründete Wirtschaft zu fördern. 3% des EU-Bruttoinlandsprodukts sollen für die Forschung ausgegeben werden. Ziel ist auch eine Beschäftigungsquote von 70% und ein jährliches Wachstum in der EU-Zone von 3%.

se fixe donc comme but de favoriser une économie basée sur le savoir et les technologies de pointe. 3 % du PIB de l'Union doivent être consacrés à la recherche. Le but est aussi un taux d'activité de 70 % et une croissance annuelle de 3 % pour la zone euro.

Schon ein Jahr nach Verabschiedung der Agenda von Lissabon stellten sich eigentlich diese Zielvorstellungen als wenig realistisch heraus. Aber sie wurden vom Europäischen Rat beschlossen und haben daher weiterhin Geltung.

Un an après l'adoption de l'agenda de Lisbonne, il s'est avéré que ces objectifs étaient peu réalistes. Mais ils ont été adoptés par le Conseil européen, et restent donc toujours valabes.

7.-11. Dezember 2000

Beim längsten Gipfeltreffen in der Geschichte der Europäischen Union werden die Zusammensetzung der Kommission, die Stimmengewichtung im Rat und die Ausweitung der Mehrheitsentscheidungen geklärt. Mit dem Vertrag von Nizza rüstet sich die EU für die Aufnahme neuer Mitglieder.

7-11 décembre 2000

Lors du plus long sommet de l'histoire de l'UE, on statue sur les questions de la composition de la Commission, de la pondération des voix au sein du conseil des ministres et de l'amplification des décisions prises à la majorité relative. Le traité de Nice a pour mission de préparer l'Union à accueillir de nouveaux membres.

1. Mai 2004

Die EU zählt 10 neue Mitglieder. Dabei handelt es sich um:

- die baltischen Staaten Litauen, Estland und Lettland;
- Slowenien
- die ehemaligen „Volksrepubliken" Polen, die Slowakei, die Tschechische Republik und Ungarn
- zwei Mittelmeerinseln: Malta und den griechischen Teil Zyperns.

1er mai 2004

L'Union compte 10 nouveaux membres, qui sont :

- *les États baltes (Lituanie, Estonie, Lettonie)*
- *la Slovénie*
- *les anciennes « républiques populaires » que sont la Pologne, la Slovaquie, la République tchèque et la Hongrie.*
- *deux îles méditerranéennes : Malte et la partie grecque de Chypre.*

2005-2007: Debatte um die EU-Verfassung

Fazit ist, dass die EU sich keine Verfassung gegeben hat. Zur Erarbeitung einer Verfassung für die Europäische Union war ein Konvent unter der Leitung des ehemaligen französischen Staatspräsidenten Valéry Giscard d'Estaing zusammengetreten. Das

2005-2007 : débat sur la constitution européenne

En fin de compte, l'EU ne s'est pas donné de constitution. Pour élaborer le texte de la constitution européenne, une convention s'était réunie sous la direction de l'ancien président de la République française Valéry Giscard d'Estaing. Le projet de Constitution

Verfassungsprojekt ist gescheitert, da nicht alle Mitgliedstaaten ihm zustimmten. In Deutschland kam es nicht zu einer Volksabstimmung darüber, sondern es stimmten im Mai 2005 ausschließlich der Bundestag und der Bundesrat (mit 80% Mehrheit) dafür. Bundespräsident Köhler enthielt fast bis zur letzten Minute dem Vertrag seine Unterschrift vor. Grund dafür war eine Klage der Bundestagsfraktion der Partei Die Linke beim Bundesverfassungsgericht. Die Linke lehnte eine weitere Kompetenzübertragung der Mitgliedstaaten an die Brüsseler Kommision. Sie sah darin einen Entzug der Souveränität der Nationalstaaten und die Gefahr einer Entwicklung zu einem bürokratischen Superstaat.

Das Bundesverfassungsgericht überprüfte den Vertrag von Lissabon auf seine Vereinbarkeit mit dem Grundgesetz hin und befand, dass der Vertrag die im GG verankerten Rechte und Kompetenzen nicht beschneidet. Die Karlsruher Richter verlangten allerdings eine stärkere Kontrolle des Parlaments und der Bundesregierung in EU-Fragen.

Kennzeichnend für die Debatte um die EU-Verfassung war unter anderem die Forderung der deutschen Unionsparteien – zusammen mit anderen christlich-demokratischen Schwesterparteien – nach einem ausdrücklichen Gottesbezug in der Präambel der EU-Verfassung. Für diese Parteien gilt das „christliche Erbe" als konstitutiv für die Identität Europas. Gegen diese einschränkende Auffassung der europäischen Identität hatten aber unter anderem die jüdischen Mitbürger Einspruch erhoben. Dem Wunsch der Christdemokraten aus Deutschland, Polen, Italien oder noch Spanien und den Niederlanden wurde nicht Folge geleistet. Stattdessen sollte auf das „kulturelle, religiöse und humanistische Erbe Europas" verwiesen werden.

a échoué, car tous les états membres ne l'ont pas approuvé. En Allemagne, il n'a pas donné lieu à un référendum, mais à un simple vote par le Bundestag et le Bundesrat, qui ont ratifié le projet de constitution en mai 2005 (à une majorité de 80 %). Le Président Köhler a attendu presque la dernière minute pour y apposer sa signature. La raison de ce refus était une plainte déposée auprès du Tribunal constitutionnel par le groupe parlementaire de Die Linke au Bundestag. Die Linke refusait d'entériner un accroissement du transfert de compétences à la commission de Bruxelles. Le parti y voit une perte de souveraineté des États nationaux et le danger de voir se développer un Super-État bureaucratique.

Le Tribunal constitutionnel a vérifié la compatibilité du traité de Lisbonne avec la Loi Fondamentale et statué que le traité n'amoindrit pas les droits et les compétences que garantit la constitution. Les juges de Karlsruhe ont toutefois exigé un contrôle renforcé du Parlement et du gouvernement allemand sur les questions européennes.

Ce qui, entre autres choses, a caractérisé le débat qui a entouré la constitution européenne fut la revendication émise par les partis conservateurs allemands, avec d'autres partis frères chrétiens-démocrates, de voir figurer une référence explicite à Dieu dans le préambule de la constitution. Pour ces partis, l'« héritage chrétien » est un élément constituant de l'identité européenne. Mais les juifs européens, entre autres, se sont insurgés contre cette conception restrictive de l'identité européenne. Il n'a pas été accédé au désir des chrétiens-démocrates allemands, polonais, italiens ou encore espagnols et néerlandais. À la place, il est fait allusion à un « héritage culturel, religieux et humaniste » de l'Europe.

Die Ablehnung des Verfassungsprojekts durch manche Bürger der EU (vgl. Volksabstimmungen in Frankreich und in den Niederlanden) ist vor allem auf die fehlende soziale Dimension der Verfassung zurückzuführen. Im Kontext der globalen Wirtschaft haben viele bedauert, dass die EU in erster Linie die Verwirklichung eines einheitlichen Binnenmarkts anstrebe, wo die Freizügigkeit von Kapital und Waren, Dienstleistungen und Menschen gewährleistet sein soll. Man hat den lückenhaften Schutz der Arbeitnehmer gegen den als „angelsächsisch" bezeichneten Liberalismus bemängelt. Unter den deutschen Sozialdemokraten und den Anhängern der Partei Die Linke kam es mehrmals zu einer schärferen „Kapitalismus-Kritik" mit anti-europäischen Untertönen.

Le rejet du projet de constitution de la part de certains citoyens de l'UE (cf. référendums en France et aux Pays-Bas) doit être attribué essentiellement au manque de dimension sociale de la constitution. Dans le contexte de la mondialisation, on a souvent déploré le fait que l'Union ne cherche en premier lieu qu'à établir un marché intérieur unique où la libre circulation du capital, des marchandises, des services et des individus doit être assurée. On a déploré les défaillances de la protection des salariés contre un libéralisme qualifié d' « anglo-saxon ». En Allemagne, sociaux-démocrates et sympathisants de Die Linke ont à plusieurs reprises critiqué vigoureusement le capitalisme avec des accents anti-européens.

Der Reformvertrag von Lissabon

Rein sachlich betrachtet, sorgt der Vertrag von Lissabon für ein vereinfachtes Funktionieren der EU, indem er die Entscheidungsregeln in der EU neu bestimmt. Die Kompetenzen des EU-Parlaments wurden erweitert. Das Vetorecht der Einzelstaaten gilt nur noch in Ausnahmefällen. Die Entscheidungen werden stattdessen nach dem Prinzip der doppelten Mehrheit getroffen. Diese Mehrheit ist dann erreicht, wenn mindestens 55 Prozent der Mitgliedsstaaten einem Vorhaben zustimmen, die insgesamt 65 Prozent der EU-Bevölkerung vertreten. Dadurch wird den bevölkerungsreichen EU-Ländern ein größeres Gewicht im mächchtigen Europäischen Rat verliehen.

Vom „Geist" der Verfassung bleibt im Vertrag von Lissabon das Prinzip der Ernennung eines Präsidenten für den Europäischen Rat erhalten. Die EU bekommt auch eine(n) Außenminister(in), die die einheitliche Stimme der EU nach

Le traité de réforme dit de Lisbonne

D'un point de vue purement concret, le traité de Lisbonne fait en sorte que le fonctionnement de l'UE soit plus simple en redéfinissant les règles de décision au sein de l'UE. Les compétences du Parlement Européen ont été élargies. Le droit de veto des États-membres ne s'applique plus que dans des cas exceptionnels. Il est remplacé par le principe des décisions à la double majorité. Cette majorité est atteinte lorsqu'au moins 55 % des États-membres votent en faveur d'une proposition et qu'ils réunissent 65 % de la population totale de l'UE. Cela renforce le poids des États peuplés au sein du puissant Conseil Européen.

Le traité de Lisbonne a conservé de « l'esprit » de la constitution le principe de la nomination d'un président du Conseil européen. L'Union a également vue attribuer un(e) ministre des Affaires étrangères, censé(e) être la voix unique de l'Europe à l'extérieur de ses frontières. Ces deux postes ont donc été pourvus pour la première fois en 2009, par deux personnalités

außen sein soll. Beide Posten wurden dementsprechend 2009 zum ersten Mal besetzt, allerdings durch zwei wenig bekannte Persönlichkeiten (Herman van Rompuy und Catherine Ashton).

il est vrai peu connues (Herman van Rompuy et Catherine Ashton).

Deutschland in den EU-Organen

L'Allemagne dans les institutions de l'UE

Volksvertretung

Das Europäische Parlament ist die Vertretung der europäischen Bürger. Seit 1979 ist die Wahl der Europäischen Abgeordneten direkt. Die Amtszeit eines EU-Abgeordneten beläuft sich auf 5 Jahre. Ab der Europawahl 2014 soll Deutschland statt 99 nur noch 96 Abgeordnete ins Europäische Parlament entsenden.

Die Fraktionen im EU-Parlament werden nicht je nach Herkunftsland gebildet, sondern auf Grund der politischen Zugehörigkeit.

Représentation

Le Parlement Européen est la représentation des citoyens de l'Union. L'élection des députés européens se fait au suffrage direct depuis 1979. Le mandat des députés européens est de cinq ans. À partir des élections européennes de 2014, l'Allemagne n'enverra plus que 96 députés au Parlement Européen (au lieu de 99).

Les groupes parlementaires au Parlement Européen ne sont pas constitués par origine géographique ou nationale, mais en fonction de la famille politique.

Die EU-Organe

Die EU-Kommission ist das ausführende Organ der EU. Seit 2005 stellt Deutschland in der erweiterten Kommission nur noch einen Kommissar. Im Rat der Europäischen Union und im Ministerrat der EU verfügt Deutschland über 29 Stimmen (von 352), ähnlich wie Frankreich, das Vereinigte Königreich und Italien. Der Bevölkerungsunterschied mit den anderen „Großen" bleibt somit unbeachtet.

Les institutions européennes

La Commission de Bruxelles est l'organe exécutif de l'Union. Depuis 2005, l'Allemagne ne dispose plus que d'un commissaire dans une Commission élargie. Elle dispose de 29 voix (sur 352) au Conseil Européen et au Conseil des ministres de l'Union, tout comme la France, le Royaume-Uni et l'Italie. Il n'y a pas de réévaluation du poids démographique de l'Allemagne en comparaison des autres « grands ».

Die EZB

Die EZB ist die unabhängige Zentralbank für die an der Währungsunion teilnehmenden Länder. Ihre Aufgabe ist die Gewährleistung der Preisstabilität. Das Zentralorgan der Währungsunion, die Europäische Zentralbank (EZB), hat ihren Sitz in Frankfurt am Main. Durch die symbolische Wahl Frankfurts wurden die Leistungen der Bundesbank gewürdigt, die für die Stabilität der Preise und die

La Banque centrale européenne (BCE)

La BCE est la banque centrale indépendante du pouvoir politique des pays participant à l'union monétaire. Elle a pour mission d'assurer la stabilité des prix. Institution maîtresse de l'union monétaire, la BCE a son siège à Francfort-sur-le-Main. Le choix de Francfort est un hommage au travail de la Bundesbank qui, gardienne de l'orthodoxie financière, avait maintenu les prix stables et le pouvoir d'achat du DM jusqu'à l'union monétaire de 1999.

Kaufkraft der DM durch eine orthodoxe Finanzpolitik bis zur Währungsunion 1999 gesorgt hatte.

Der deutsche Beitrag

Berlin kommt zur Zeit für etwa 20% des EU-Haushalts auf, wobei ein Teil dieses Beitrags nach Deutschland zurückfließt, denn die neuen Bundesländer und einige Regionen im Ruhrgebiet, die einen sozioökonomischen Wandel durchlaufen, sind zu Förderungen aus den Europäischen Strukturfonds berechtigt. Dennoch bleibt Deutschland in absoluten Zahlen der größte Nettozahler zum EU-Haushalt. Es steht keine Senkung dieses Beitrages in Sicht. Aufgrund seiner Größe und seiner Wirtschaftskraft wird Deutschland weiterhin einen erheblichen Anteil an der Finanzierung der EU übernehmen müssen.

La contribution de l'Allemagne

Berlin fournit actuellement environ 20 % du budget de l'Union, mais en même temps, une partie de cette contribution reprend le chemin de l'Allemagne, car les Länder de l'Est et certaines zones de la Ruhr en pleine mutation socio-économique ont droit à des subventions dans le cadre des fonds structurels européens. Mais en chiffres absolus, l'Allemagne reste malgré tout le plus gros contributeur net au budget de l'Union. Il n'est pas envisagé de réduction de cette contribution. Du fait de sa taille et de sa puissance économique, l'Allemagne devra continuer à prendre en charge une part importante du financement de l'Union.

Die Deutschen und die EU

Die Zukunft Europas und das föderative Modell

Der frühere deutsche Außenminister Joschka Fischer hat in einer berühmten Rede in der Humboldt Universität zu Berlin (12.5.2000) seine „persönliche Zukunftsvision" für Europa zum Ausdruck gebracht. Damit machte er sich aber auch zum Sprachrohr eines großen Teils der öffentlichen Meinung in Deutschland. Für viele Bundesbürger kommt nämlich die Brüsseler Kommission einer „Eurokratie" gleich. Diesen Eindruck hat der Rücktritt der Santer-Kommission im März 1999 – aus Gründen der Vetternwirtschaft und des Missmanagements – noch verstärkt. Es ist also erforderlich, dass Europa für die Bürger greifbare Formen nimmt. Daher die Idee einer Europäischen Föderation, die Joschka Fischer zur Förderung der europäischen Integration formuliert hat und die in der Bundesrepublik großen Anklang fand, weil sie mit dem den Deutschen wohlbekannten Modell des

Les Allemands et l'UE

L'avenir de l'Europe et le modèle fédéral

Dans un discours célèbre prononcé à l'université Humboldt de Berlin (12.5.2000), le précédent ministre des Affaires étrangères allemand, Joschka Fischer, a développé sa « vision personnelle de l'avenir » de l'Europe. Dans ce discours, il se faisait aussi le porte-parole d'une grande partie de l'opinion publique allemande. Aux yeux de nombreux Allemands, la Commission de Bruxelles s'assimile en effet à une « eurocratie ». Cette impression a été confortée par la démission, en mars 1999, de la commission Santer pour cause de favoritisme et de mauvaise gestion. Contre ces dérives, il faut rapprocher l'Europe de ses citoyens. D'où l'idée de fédération européenne que J. Fischer a exprimée dans le but de favoriser l'intégration européenne et qui a trouvé un écho très favorable en Allemagne parce qu'elle est proche de l'État fédéral tel que les Allemands le connaissent. Dans ce modèle, l'Union devrait être dotée d'un Parlement.

Bundesstaates verwandt ist. Diesem Modell nach sollte die Europäische Union verfassungsmäßig mit einem Parlament und einer Regierung versehen werden, „die tatsächlich die gesetzgebende und die exekutive Gewalt innerhalb der Föderation ausüben". Gemäß dem Prinzip der Subsidiarität plädiert man in Deutschland auch für eine dem Ausgleich zwischen Bund und Ländern ähnelnde Souveränitätsteilung von Europa und Nationalstaat. Im Allgemeinen wird nach einer Abgrenzung der Zuständigkeiten in Europa verlangt. Die Außen- und Sicherheitspolitik, die Währungs- und Zuwanderungsfragen sowie das Festlegen von ökologischen, sozialen und steuerrechtlichen Standards sollen zu den Befugnissen der Kommission gehören. Der Rest soll weiterhin in der Verantwortung der Mitgliedstaaten liegen.

et d'un gouvernement « exerçant de fait le pouvoir législatif et exécutif au sein de la Fédération. » En Allemagne, on plaide aussi en faveur d'un partage des pouvoirs entre l'Europe et les États souverains qui s'appuie sur le principe de subsidiarité, se rapprochant ainsi du mode de fonctionnement des Länder et de la Fédération. D'une manière générale, les Allemands revendiquent une délimitation des compétences dans l'Union. À la Commission de statuer sur les questions de politique étrangère, de sécurité, de monnaie, d'immigration, de même que sur la mise au point de normes écologiques, sociales et fiscales. Tout le reste devrait continuer d'être du ressort des États membres.

Historisches Misstrauen gegen den Euro und die Währungsunion

Der Euro wurde gegen den Willen der Mehrheit der deutschen Bürger eingeführt. Am 1.1.2002 haben die Deutschen endgültig Abschied von der DM genommen. Seitdem sind allein Euro-Scheine und-Münzen im Umlauf. Die Mehrheit der Deutschen wünscht sich aber eine stabile Währung mit starker Kaufkraft. Deutschland hat sich stark gemacht für so genannte „Konvergenzkriterien". Nach diesen Kriterien sind die Mitglieder der Währungsunion dazu verpflichtet, die Inflationsrate, das Haushaltsdefizit und den öffentlichen Schuldenstand unter den im Maastrichter Vertrag festgesetzten Werten zu halten.

Méfiance historique vis-à-vis de l'euro et de l'union monétaire

L'euro a été adopté contre la volonté de la majorité des Allemands. Le premier janvier 2002, ils ont définitivement dit adieu au mark. Depuis ce jour, seuls les billets et les pièces libellés en euros sont en circulation. Mais la majorité des Allemands souhaite une monnaie stable au fort pouvoir d'achat. L'Allemagne s'est faite la championne de ce qu'on nomme des « critères de convergence ». Ces critères obligent les membres de l'union monétaire à maintenir le taux d'inflation et le montant de la dette publique en deçà des valeurs fixées par le traité de Maastricht.

Es hat sich allerdings herausgestellt, dass in Zeiten einer flauen Konjunktur die Bundesrepublik selbst zu den schlechten Schülern zählt. Die Bundesregierung hat es nicht immer vermocht, das Haushaltsdefizit unter der 3% -Grenze zu halten. Zusammen mit Frankreich hat Deutschland schon 2005 von Brüssel eine Lockerung der Maastrichter Kriterien erzielt. Unter Berücksichtigung

Or il s'est avéré qu'en période de morosité conjoncturelle, la République fédérale fait elle-même partie des mauvais élèves. Le gouvernement fédéral n'est pas toujours parvenu à maintenir le déficit public sous la barre des 3 %. Avec la France, l'Allemagne a obtenu de Bruxelles dès 2005 un assouplissement des critères de Maastricht. Eu égard à la situation globale de l'économie, la Commission peut

der allgemeinen Wirtschaftslage kann die Kommission darauf verzichten, die im Vertrag von Maastricht vorgesehene Geldstrafe (Sanktionen) zu verhängen.

renoncer à appliquer les pénalités monétaires que prévoit le traité de Maastricht.

Im Volksmund gilt der Euro oft als „Teuro". Obwohl dieses Gefühl sich statistisch nicht belegen lässt, haben viele Bundesbürger den Eindruck, dass die Einführung der gemeinsamen Währung eine Verteuerung der Lebenshaltungskosten zur Folge hatte. Doch die Euro-Skepsis nährt sich heutzutage vielmehr von einem Gefühl der aufgezwungenen Solidarität der sparsamen Deutschen mit den als verschwenderisch empfundenen Südländern.

La conscience populaire rend souvent l'euro responsable de la cherté des prix. Bien que ce sentiment n'ait pas de fondement statistique, de nombreux Allemands ont le sentiment que la monnaie unique a entraîné une augmentation du coût de la vie. Mais le scepticisme vis-à-vis de l'euro se nourrit aujourd'hui davantage du sentiment d'une solidarité imposée des Allemands économes avec les citoyens des pays du sud perçus comme dispendieux.

Primus inter pares?

Es ist in Deutschland nicht mehr tabu, auch innerhalb der EU von der Verteidigung der eigenen Interessen zu sprechen. Dies hat sich ab dem Regierungswechsel 1998 noch verstärkt, als G. Schröder Helmut Kohl als Kanzler ablöste. Den meisten Entscheidungsträgern in Berlin wurde die „Gnade einer späten Geburt" (vgl. H. Kohls Rede beim Israel-Besuch 1984) zuteil: Sie haben die NS-Zeit und den Krieg nicht persönlich erlebt. So wird die deutsche Außenpolitik heute selbstbewusster betrieben. Der Einsatz der Bundesregierung für die völlige Anerkennung des Deutschen als Arbeitssprache in der EU belegt es. Dieses neue Selbstbewusstsein lässt sich auch am Streben der Bundesrepublik nach einem ständigen Sitz im UNO-Sicherheitsrat ermessen. Solche Wendungen im Selbstverständnis der Deutschen lassen manchmal bei den Bürgern der Nachbarstaaten, deren Beziehungen zu Deutschland durch die Kriegsvergangenheit belastet sind, Befürchtungen um die Wiederkehr des deutschen Großmachtdenkens, gar um einen deutschen „Alleingang" aufkommen.

Le premier entre ses égaux

Il n'est désormais plus interdit en Allemagne de parler de la défense de ses propres intérêts y compris à l'intérieur de l'UE. C'est une caractéristique qui s'est accrue depuis le changement de gouvernement intervenu en 1998, lorsque G. Schröder a remplacé Helmut Kohl à la chancellerie. La plupart des responsables politiques de Berlin ont bénéficié de la « grâce d'une naissance tardive » (cf. le discours d'H. Kohl lors de sa visite en Israël en 1984) : ils n'ont pas vécu directement l'époque nazie et la guerre. Et la politique étrangère de l'Allemagne est aujourd'hui conduite avec une affirmation plus grande, comme le prouve l'engagement de l'Allemagne pour que l'allemand soit reconnu à part entière comme langue de travail dans l'Union. Cette nouvelle assurance se retrouve dans les efforts déployés par l'Allemagne pour obtenir un siège permanent au Conseil de sécurité de l'ONU. Face à une telle évolution de la conception que les Allemands se font d'eux-mêmes, l'opinion publique de certains pays voisins de l'Allemagne voit renaître la crainte d'une Allemagne hégémonique, faisant cavalier seul.

Die EU-Erweiterung

Die Forderung der ehemaligen Volksrepubliken im Osten Europas, in die Europäische Union aufgenommen zu werden, ging mit dem Fall des Eisernen Vorhangs und dem Zusammenbruch des Ostblocks einher. In Deutschland gilt die Osterweiterung der EU als das Erbe der Ostpolitik der 70er Jahre. So zeigte sich Deutschland am Anfang der 90er Jahre als der wichtigste Befürworter der Osterweiterung. Schon trägt die Bundesrepublik die Hälfte des Handels der EU mit Osteuropa. Wirtschaftsexperten gehen davon aus, dass Deutschland den größten wirtschaftlichen Nutzen von einer positiven wirtschaftlichen Entwicklung der Nachbarregion hat.

Außenpolitisch gilt die Osterweiterung der EU als Vollendung der Aussöhnung Deutschlands mit den östlichen Nachbarstaaten. Voraussetzung für die Aussöhnung war das Schließen von Verträgen mit Polen und der Tschechischen Republik. Damit konnte die brennende Frage der Staatsgrenzen und der ehemaligen deutschsprachigen Gebiete östlich der Oder-Neiße-Linie und in den Sudeten staatsrechtlich gelöst werden. Die Vertriebenenverbände haben sich dennoch mit diesem Sachverhalt nicht abgefunden. Die Landsmannschaften der Sudentendeutschen empören sich gegen den Beschluss des Prager Parlaments, an den Beneš-Dekreten festzuhalten. Was Schlesien betrifft, versucht eine neulich gegründete „Preußische Treuhand" das europäische Recht einzusetzen zur Rückgewinnung des beschlagnahmten Gutes.

L'élargissement de l'UE

La chute du rideau de fer et l'effondrement du bloc soviétique se sont accompagnés chez les anciennes démocraties populaires de l'Est européen de la revendication d'être intégrées à l'Union. En Allemagne, l'élargissement à l'Est de l'Union est un legs de la politique à l'Est des années 1970. C'est ainsi qu'au début des années 1990, l'Allemagne s'était montrée le principal défenseur de cet élargissement. À l'heure actuelle, l'Allemagne réalise à elle seule la moitié du commerce de l'UE avec l'Europe de l'Est. Les économistes estiment que l'Allemagne est la principale bénéficiaire d'une évolution positive des économies de ses voisins de l'Est.

Du point de vue de la politique étrangère, l'élargissement à l'Est est perçu comme la réconciliation de l'Allemagne avec ses voisins de l'Est. Mais pour pouvoir se réconcilier, il a fallu signer des traités avec la Pologne et la République tchèque afin de mettre un terme à la question cruciale des frontières et des territoires autrefois allemands situés au-delà de la ligne Oder-Neiße et dans les Sudètes. Or les associations d'expulsés ne se satisfont pas de cette situation. Les représentants des Allemands des Sudètes s'indignent de la décision du parlement de Prague de maintenir en vigueur les décrets Beneš. En ce qui concerne la Silésie, une agence fiduciaire nouvellement créée, la « Preußische Treuhand », s'emploie à mettre le droit européen au service de la récupération des biens saisis.

Perspektiven für Europa; die Beitrittskandidatur der Türkei

2007 sind weitere zwei osteuropäische Staaten – Rumänien und Bulgarien – der EU beigetreten. Die Erweiterung der Union nach Osten kann vorerst als abgeschlossen betrachtet werden. 2013 wurde Kroatien zum 28. Mitglied der EU. Perspektiven für eine Erweiterung liegen nun im Balkan.

Im Oktober 2005 haben die Verhandlungen über den Beitritt der Türkei begonnen. Es ist aber noch kein positives Ende in Sicht. In Deutschland scheiden sich die Geister über die Aufnahme eines sehr bevölkerungsreichen Staates, der sich zwar als laizistisch vesteht, deren Bevölkerung aber mehrheitlich muslimischen Glaubens ist. Die führenden Politiker aus den Reihen der Unionsparteien haben sich offen und wiederholt gegen einen Beitritt der Türkei ausgesprochen. Die volle Mitgliedschaft für einen muslimischen Staat sei eine Infragestellung der EU-Identität, die nicht zumutbar sei. Unter den Grünen und der Wählerschaft der SPD herrscht hingegen die Vorstellung vor, dass der Beitritt der Türkei sich auf die Integration der Deutschtürken nur positiv auswirken könne.

Des perspectives pour l'Europe ; la candidature de la Turquie

En 2007, deux nouveaux États de l'Europe de l'Est ont rejoint l'Union : la Roumanie et la Bulgarie. On peut considérer que provisoirement, l'élargissement à l'Est est arrivé à son terme. En 2013, la Croatie est devenue le 28e membre de l'Union. Les perspectives d'élargissement sont désormais à chercher dans les Balkans.

Les négociations en vue de l'adhésion de la Turquie ont débuté en octobre 2005. Pour l'instant, rien n'en laisse supposer l'aboutissement. En Allemagne, c'est une question qui divise. Faut-il faire rentrer un État très peuplé, qui se conçoit certes comme laïc, mais dont la population est majoritairement musulmane ? Les ténors de la droite se sont ouvertement et souvent prononcés contre l'adhésion de la Turquie. Ils considèrent qu'un statut de membre à part entière pour un pays musulman est une remise en cause inacceptable de l'identité de l'Union. Chez les Verts et l'électorat des sociaux-démocrates, l'idée qui domine est au contraire que l'adhésion de la Turquie ne peut qu'avoir des effets bénéfiques pour l'intégration des Turcs d'Allemagne.

Vocabulaire

Alleingang (der, ¨e) (einen ~ machen)	*l'initiative individuelle (faire cavalier seul)*
Anklang finden (a, u) (bei+D)	*trouver un écho favorable (auprès)*
Aufnahme (die, n)	*1. l'admission 2. l'enregistrement*
Aussöhnung (die)	*la réconciliation*
Befugnis (die, e)	*le ressort, la compétence*
Binnenmarkt (der, ¨e)	*le marché intérieur*
Erbe (1. das); (2. der, n, n)	*1. l'héritage 2. l'héritier*
Gipfeltreffen (das)	*(la rencontre au) sommet*
Gleichberechtigung (die)	*l'égalité en droit*
Lockerung (die)	*l'assouplissement*
Minderheit (die, en)	*la minorité*
Organ (das, e)	*l'organe*
das gesetzgebende Organ	*l'organe législatif*
das ausführende Organ	*l'exécutif*
Osterweiterung (die)	*l'élargissement à l'Est*
Prozess (der, e)	*1. le procès 2. le processus*
Rat (der, ¨e)	*le conseil*
Richtlinie (die, n)	*la directive*
Schritt (der, e)	*le pas*
Schutz (der) (vor+D) (gegen+A)	*la protection contre*
Spitzentechnologie (die, n)	*la technologie de pointe*
Sprachrohr (das, e)	*le porte-parole*
Unterzeichnung (die)	*la signature*
Verteidigung (die)	*la défense*
Vertrag (der, ¨e)	*le traité, le contrat*
Vetternwirtschaft (die)	*le népotisme*
Vollendung (die)	*l'achèvement*
Ware (die, n)	*la marchandise*
Welle (die, n)	*la vague*
Wille (der, en, ens)	*la volonté*
angelsächsisch	*anglo-saxon*
bei weitem	*de loin*
brennend (eine brennende Frage)	*une question brûlante*
endgültig	*définitif*
verwandt (mit+D)	*ayant un lien de parenté avec*
weiterhin	*adverbe exprimant l'idée de continuité*
aus/führen	*exécuter (un ordre, un projet)*
erzielen	*obtenir*
sorgen (für+A)	*pourvoir à*
vertiefen (sich)	*(s') approfondir, aller plus loin*
voraus/sagen	*prédire*

Lexique en situation 18

Es hat sich ein Wandel vollzogen.

Il s'est opéré un changement.

In der Presse bezeichnet man ihn als „linksliberal".

Dans la presse, on dit qu'il est de « centre gauche ».

Er vertieft er sich immer mehr in das [A] Studium der chinesischen Sprache.

Il se plonge de plus en plus dans l'étude du chinois.

Franzosen und Deutsche erhoben Einspruch gegen den „Briten-Rabatt" im EU-Haushalt.

Les Français et les Allemands ont formulé des objections contre le « rabais britannique » dans le budget de L'Union.

Der unzufriedene Kunde ist berechtigt, die Ware zurückzuschicken.

Le client mécontent est en droit de renvoyer la marchandise.

Über einen Beitrittstermin für Serbien wurde noch nichts vereinbart.

On n'est encore convenu de rien quant à la date d'adhésion de la Serbie.

Überall in der EU muss die Gleichberechtigung von Mann und Frau gewährleistet werden.

Dans toute l'Union, il faut que l'égalité des droits entre hommes et femmes soit assurée.

Der Kündigungsschutz hat nicht überall Geltung.

La protection contre le licenciement n'a pas de valeur partout.

Darf ein demokratischer Staat die Grundfreiheiten einschränken?

Un État démocratique est-il en droit de limiter les libertés fondamentales ?

Nach der Kabinettsumbildung wurde sie zur Bildungsministerin ernannt.

Après le remaniement ministériel, elle a été nommée ministre de l'Éducation.

Nach dem französischen „Nein" wird eine Lösung der Verfassungsfrage angestrebt.

Après le « non » français, on s'efforce de trouver une solution à la question de la constitution.

Wer schnell reich werden will, muss viele Risiken in Kauf nehmen.

Quand on veut s'enrichir vite, il faut accepter de prendre (= faire avec) de nombreux risques.

Diese Filmschauspielerin sorgt regelmäßig für Schlagzeilen.

Cette actrice de cinéma fait (se retrouve dans) régulièrement les gros titres.

Das verstärkt noch den Eindruck eines Missverständnisses.

Cela renforce encore l'impression de malentendu.

Man geht davon aus, dass die Türkei volles EU-Mitglied werden könnte.

On part du principe que la Turquie pourrait devenir membre à part entière de l'UE.

DOSSIER 19

Gibt es ein deutsch-französisches Sonderverhältnis?

Zu regelmäßigen Abständen ist man beiderseits des Rheins darauf bedacht, eine gemeinsame deutsch-französische Symbolik zu erarbeiten, die als Ausdruck von konvergierenden Einstellungen zu Geschichte und Zukunft verstanden sein will. Den neuesten Anlass dazu gaben die Feierlichkeiten zum 50. Jahrestag des Elysée-Vertrags. Nicht nur die französische Regierung, sondern die ganze Assemblée Nationale waren am 22. Januar 2013 im Berliner Bundestag zu Gast. Ganz gleich, welche politische Färbung die jeweiligen Regierungen haben mögen, es vermehren sich die symbolträchtigen Gesten, die auf Freundschaft und Eintracht schließen lassen sollen. Hier ein paar Beispiele: Am 11. November 2009 legte die frisch wiedergewählte Bundeskanzlerin Angela Merkel einen Kranz auf das Grab des unbekannten Soldaten unter dem Pariser Triumphbogen nieder. Ihr Amtsvorgänger Gerhard Schröder hatte sich 2004 an der Gedenkfeier zur Landung der Alliierten in der Normandie beteiligt und dabei das Ende des Krieges nicht – wie im deutschen Nachkriegsdiskurs üblich – als Kapitulation, sondern als Befreiung Deutschlands anerkannt.

Zur gleichen Zeit verbreitet sich in den Medien die These eines „Stotterns" des deutsch-französischen Motors. Hier zunächst ein kurzer Rückblick auf die Jahre der Aussöhnung, die die Grundlage für die jetzige deutsch-französische Beziehung bilden.

La relation franco-allemande, une relation particulière ?

À intervalles réguliers, on s'attache des deux côtés du Rhin à élaborer une symbolique franco-allemande commune avec pour intention d'exprimer des positions convergentes sur l'histoire et sur l'avenir. La dernière occasion en a été fournie par les célébrations du 50e anniversaire du traité de l'Elysée. Non seulement le gouvernement français, mais aussi toute l'Assemblée Nationale ont été les hôtes du Bundestag à Berlin le 22 janvier 2013. Quelle que soit la couleur politique des gouvernements respectifs, les gestes à portée symbolique se multiplient pour laisser entendre que règnent amitié et bonne entente. En voici quelques exemples : Le 11 novembre 2009, Angela Merkel, chancelière nouvellement réélue, a déposé une couronne sur le tombeau du soldat inconnu, sous l'Arc de Triomphe à Paris. Son prédécesseur Gerhard Schröder s'était associé en 2004 aux cérémonies commémorant le soixantième anniversaire du débarquement allié en Normandie et avait à cette occasion considéré que la fin de la guerre était pour l'Allemagne une libération, et non une capitulation, comme il était d'usage dans le discours d'après-guerre en Allemagne.

En même temps, dans les media, la thèse d'un « enrayement » du moteur franco-allemand se répand. Voici d'abord un bref rappel historique des années de réconciliation qui constituent le fondement des relations franco-allemandes actuelles.

Aussöhnung

1963 wurde mit dem Elysée-Vertrag einem Jahrhundert deutsch-französischer „Erbfeindschaft" ein Ende gesetzt. Vor diesem „Schlussstrich" hatte bereits 1950 der damalige französische Außenminister Robert Schuman den Weg bereitet durch den Vorschlag, die deutsche und französische Kohle- und Stahlindustrien zu vergemeinschaften. Die Aussöhnung zwischen beiden Völkern sollte zur Basis eines geeinten Europas werden. Bis heute bleibt Frankreich Deutschlands engster Partner, und dies nicht nur im wirtschaftlichen Bereich.

Gern führt man das deutsch-französische Sonderverhältnis auf das tiefe Einverständnis zurück, welches hohe politische Entscheidungsträger beider Länder füreinander aufbrachten. Als Initiatoren des deutsch-französischen Dialogs gelten die beiden Unterzeichner des Elysée-Vertrags, Staatspräsident De Gaulle und Kanzler Adenauer. Es sei auch an die Wahlverwandtschaft, die das Tandem Giscard-Schmidt vereinigte, erinnert. Von ihren Nachfolgern, Helmut Kohl und François Mitterrand, wird sich der Nachwelt das Bild der gereichten Hände auf dem Schlachtfeld von Verdun einprägen, als Pendant zum Kniefall des Willy Brandt vor dem Mahnmal für die Opfer des Nationalsozialismus im ehemaligen Warschauer Ghetto.

Réconciliation

La signature du traité de l'Élysée en 1963 met fin à un siècle « d'inimitié héréditaire » entre la France et l'Allemagne. Avant qu'on puisse ainsi tirer un trait sur le passé, Robert Schuman, ministre français des Affaires étrangères, avait préparé le terrain en 1950 en proposant que la France et l'Allemagne mettent en commun leurs ressources en charbon et en acier. La réconciliation des deux peuples devait à ses yeux être la base d'une Europe unie. Et de fait, la France reste jusqu'aujourd'hui le premier partenaire de l'Allemagne, et cela ne se limite pas au domaine économique.

On se plaît à faire remonter la relation particulière qu'entretiennent la France et l'Allemagne à la profonde communauté de vues qui unissait de hauts responsables politiques des deux pays. On considère que le premier pas dans ce dialogue a été fait par les deux signataires du traité de l'Élysée, Charles de Gaulle, président de la République française, et Konrad Adenauer, chancelier allemand. Il convient également de mentionner l'affinité élective qui a rapproché le couple V. Giscard d'Estaing- H. Schmidt. De leurs successeurs, H. Kohl et F. Mitterrand, la postérité gardera en mémoire l'image de ces deux hommes se donnant la main sur le champ de bataille de Verdun comme un écho de celle où Willy Brandt s'agenouille devant le mémorial des victimes du nazisme dans ce qui fut le ghetto de Varsovie.

Freundschaft im Sinne der kulturellen und militärischen Annäherung

Der Geist des Elysée-Vertrags wurde durch die deutsch-französischen Jugendwerke, zahlreiche Städte- und Schulpartnerschaften in die Tat umgesetzt. Darauf geht auch die lange Tradition der deutsch-französischen Gipfeltreffen zur Beratung bilateraler, aber auch gesamteuropäischer Fragen

Une amitié synonyme de rapprochement culturel et militaire

Dans les actes, l'esprit du traité de l'Élysée s'est traduit par l'office franco-allemand de la jeunesse et de nombreux jumelages de villes et d'établissements scolaires. C'est également à lui qu'on doit la longue tradition des sommets franco-allemands, destinés à des échanges de vues sur les questions bilatérales, mais aussi européennes. Les deux premières

zurück. Nachdem die Städte Montbéliard und Ludwigsburg 1950 die erste deutsch-französische Städtepartnerschaft geschlossen hatten, nahm die Zahl dieser Partnerschaften rasch zu. Von 40 Städtepartnerschaften im Jahre 1960 stieg sie auf 2000 im Jahre 1999.

villes à s'être jumelées furent Montbéliard et Ludwigsburg, en 1950. Un grand nombre d'autres villes leur ont rapidement emboîté le pas. De 40 jumelages en 1960, on est passé à 2000 en 1999.

Dazu kommen 3.000 Schulpartnerschaften. Solche Partnerschaften dienen dem gesellschaftlichen und kulturellen Austausch und gelten als vorbildliche Kooperation. Der Verschiedenheit der Bildungssysteme zum Trotz wird an ausgewählten Schulen auf beiden Seiten des Rheins das „Abibac" eingeführt, d. h. eine Synthese von der deutschen Hochschulreife (Abitur) und dem französischen „baccalauréat". Auch an den Hochschulen haben sich die deutsch-französischen Studiengänge vermehrt. Diesen neuen Möglichkeiten des Austauschs haben es nicht zuletzt die so genannten „Erasmus-Kinder" zu verdanken, das Licht der Welt erblickt zu haben…

Il faut rajouter à cela les 3 000 jumelages scolaires. Le but de ces jumelages, qui offrent un exemple de coopération modèle, est de favoriser les échanges entre les cultures et les sociétés. En dépit des différences de système éducatif, on met en place dans des établissements triés sur le volet de part et d'autre du Rhin un « Abibac », qui opère une synthèse entre le baccalauréat français et son équivalent allemand. Dans les universités aussi, les cursus franco-allemands se sont multipliés. C'est en particulier à ces nouvelles possibilités d'échanges que les « bébés Erasmus » ont dû de voir le jour…

Erhebliche Unterschiede in der Berufskultur bleiben aber bestehen. Um dem entgegenzuwirken, wurde zum Anlass des 40. Jahrestags des Elysée-Vertrags 2003 beschlossen, die Zusammenarbeit im Bereich der Verwaltung zu fördern. Absolventen der französischen Kaderschmiede „ENA" dienen auf Zeit in deutschen Behörden. Umgekehrt nehmen die Pariser Ministerien deutsche Mitarbeiter befristet auf.

Dans le domaine du travail, des différences importantes subsistent. Pour les résoudre, on a décidé en 2003 à l'occasion du 40e anniversaire du traité de l'Élysée d'encourager le rapprochement des administrations. Des diplômés de l'ENA occupent temporairement un poste dans les administrations allemandes, en échange de quoi les ministères parisiens accueillent temporairement des collaborateurs allemands.

Als weiteres Beispiel für die geglückte Zusammenarbeit sei der deutsch-französische Kulturkanal ARTE (mit Sitz in Straßburg) genannt, der kulturelle Sendungen in beiden Sprachen ausstrahlt.

La chaîne culturelle ARTE (dont le siège est à Strasbourg) est un autre exemple de cette coopération réussie. Chaîne à vocation culturelle, elle émet dans les deux langues.

Rund 40 Jahre nach Kriegsende kam es zu einer engeren militärischen Kooperation auch außerhalb der NATO. 1989 wurde die deutsch-französische Brigade aufgestellt. Sie hat ihren Sitz in Mülheim (Baden-Württemberg) und

Une quarantaine d'années après la fin de la guerre, la coopération militaire s'est intensifiée même en dehors du cadre de l'OTAN. On a fondé en 1989 la brigade franco-allemande. Forte de 4 600 hommes, elle a son siège à Mülheim (Bade-Wurtemberg).

eine Stärke von 4.600 Soldaten. Sie ist nicht der NATO, sondern dem Eurokorps (mit Sitz in Straßburg) unterstellt. Beide Nationen stellen die gleiche Anzahl von Bataillonen und die Führung erfolgt im Wechsel.

Elle n'est pas placée sous l'autorité de l'OTAN, mais de l'Eurocorps (dont le siège est à Strasbourg). Les deux pays fournissent un nombre égal de bataillons, et le commandement est exercé en alternance.

Die Beziehung ist in die Jahre gekommen

La relation a pris de l'âge

Nach Jahren der musterhaften Zusammenarbeit geriet nach der Wiedervereinigung das deutsch-französische Sonderverhältnis in eine Krise. Zeugenberichte legen die Vermutung nahe, dass Staatspräsident Mitterrand der deutschen Wiedervereinigung unmutig gegenüberstand. In führenden Kreisen hat man Bedenken gegen die Wiederkehr des deutschen Großmachtdenkens geäußert. Auf deutscher Seite ließ das Interesse für den langjährigen Partner links des Rheins etwas nach. Vielmehr hat sich die deutsche Öffentlichkeit mit inneren, aus der Wiedervereinigung hervorgehenden Angelegenheiten oder mit der Wirtschaftssituation in Polen beschäftigt. Oft tut sich der deutsche Partner damit schwer, den Ärger über Dominanzanspruch und Geltungsbedürfnis des „gallischen Hahns" zu verbergen. Umgekehrt klagt man an der Seine manchmal darüber, dass die Partner sich hinter einem Nimbus der Gründlichkeit verschanzen, der nicht immer der Wirklichkeit entspricht.

Après des années de collaboration exemplaire, le couple franco-allemand est en crise. Des témoins directs laissent entendre que le président Mitterrand ne regardait pas d'un œil favorable la réunification allemande. Dans les cercles du pouvoir, on a exprimé un certain scepticisme face à la résurgence d'une sorte d'impérialisme allemand. Du côté allemand, l'intérêt porté au partenaire d'outre-Rhin a lui quelque peu fléchi. L'opinion publique allemande s'est davantage montrée accaparée par les questions intérieures, conséquences de la réunification, ou bien par la situation économique en Pologne. Souvent, notre partenaire allemand a du mal à dissimuler son irritation face au « coq gaulois », à sa volonté hégémonique et à son besoin de se mettre en avant. À l'inverse, on se plaint parfois sur les bords de la Seine de ce que nos partenaires s'abritent derrière une auréole de sérieux et de compétence qui ne correspond pas toujours à la réalité.

Im Kontext einer globalisierten Welt und der damit einhergehenden Vorherrschaft des angelsächsischen Modells hatte in den letzten Jahren auch das kulturelle Zusammengehen zu leiden. Was der Nachkriegsgeneration als vorrangig erschien, nämlich die Annäherung durch Aneignung der Sprache und Kultur des Nachbarvolkes, muss nunmehr dem Übergewicht des Englischen weichen. Kaum 10% der Schüler an den französischen Gymnasien lernen Deutsch als erste

Dans le contexte de la mondialisation et de la domination corrélative du modèle anglo-saxon, le rapprochement des deux cultures a également été affecté. Ce qui pour la génération d'après-guerre était évident, à savoir que le rapprochement passait par l'appropriation de la langue et de la culture du pays voisin, ne tient plus aujourd'hui face au poids dominant de l'anglais. En France, à peine 10 % des lycéens étudient l'allemand comme première langue. Les chiffres sont tout aussi faibles en Allemagne

Fremdsprache. In Deutschland ist die Begeisterung für die französische Sprache ebenso gering. Dies möchten manche darauf zurückführen, dass die Menschen in den neuen Bundesländern vor 1989 kaum Gelegenheit hatten, eine Beziehung zu Frankreich zu entwickeln.

pour l'apprentissage du français. On est parfois enclin à attribuer ce phénomène à la réalité des Länder de l'Est, où personne avant 1989 n'avait vraiment l'occasion de nouer des liens réels avec la France.

Besonders scheiden sich die Geister über die notwendigen institutionellen Reformen in Europa. In Frankreich wurde der vom deutschen Außenminister J. Fischer im Mai 2000 unterbreitete Vorschlag eines föderativen Europas kaum beachtet (vgl. Dossier 17). Auf französischer Seite besteht man auf einem Europa der Nationalstaaten. Vor diesem Hintergrund werfen die Deutschen den Franzosen manchmal vor, zu eigennützig an Europa interessiert zu sein. Die EU diene Frankreich nur zur Durchsetzung der eigenen Interessen, und auch um sich darüber hinwegzutrösten, dass die ehemalige „Grande Nation" – wie man Frankreich in der deutschsprachigen Presse oft nennt – nur noch den Rang einer Mittelmacht hat.

La crise s'est révélée particulièrement aiguë quand il s'est agi de débattre des réformes institutionnelles nécessaires à l'Europe. En France, c'est à peine si l'on a pris note de l'idée d'une Europe fédérale, lancée en mai 2000 par J. Fischer, ministre allemand des Affaires étrangères (cf. Dossier 17). Du côté français, on persiste dans l'idée d'une Europe des nations. C'est la raison pour laquelle les Allemands reprochent parfois aux Français d'avoir une vision intéressée de l'Europe, qui leur servirait à défendre leurs propres intérêts, et à se consoler du fait que l'ex « Grande Nation » (comme on appelle souvent la France dans la presse d'outre-Rhin) n'est plus qu'une puissance moyenne.

Gibt es deutsch-französische Lösungen als Antwort auf die „Herausforderung" der Globalisierung?

Politischen Verstimmungen zum Trotz bleiben Deutschland und Frankreich füreinander nach wie vor Handelspartner Nummer Eins. Eine gemeinsame Industrie- bzw. Wirtschaftspolitik besteht jedoch nicht. Es gibt keine spezifisch deutsch-französische Antwort auf die Herausforderungen einer Globalisierung, die die herkömmlichen Wirtschaftsmodelle sowohl des „rheinischen Kapitalismus" und als auch der Staatsintervention (vgl. Dossier 8) in Frage stellt.

Y a-t-il des solutions franco-allemandes en réponse au « défi » de la mondialisation ?

En dépit de certains désaccords politiques, l'Allemagne et la France restent l'une pour l'autre le premier partenaire commercial. Mais il n'y a pas de politique industrielle ou économique commune. Il n'y a pas de réponse spécifiquement franco-allemande aux défis d'une mondialisation qui met à mal les modèles économiques traditionnels tant du « capitalisme rhénan » que de l'interventionnisme d'État (cf. Dossier 8).

Im noch stark zentralistisch verwalteten Frankreich hat das Finanz- und Wirtschaftsministerium oft das Sagen. So versucht es Paris, sich für die „französische Eigenart" – sprich für den nationalen Spitzenreiter - einzusetzen. Aber politisch motivierte Entscheidungen sind im Kontext einer weltweiten Konkurrenz nur selten durchsetzbar.

Zwar sind einige Fusionen und Übernahmen erfolgreich durchgeführt worden, vor allem auf dem Gebiet der Pharmaindustrie, der Telekommunikationen und der Stromerzeugung und -versorgung. Entscheidend sind jedoch die Regeln in den jeweiligen Wirtschaftssektoren. Und diese (gegenseitigen) Übernahmen sind ja oft kurzlebig. Hier zwei Beispiele: die gescheiterte Vernunftehe von Siemens mit Areva und die geplatzte Entstehung eines Weltspitzenreiters im Bereich der Rüstung und der Luftfahrt.

Dans une France encore fortement centralisée, le ministère de l'économie et des finances emporte souvent la décision. C'est ainsi que Paris essaie de défendre « l'exception française », ce par quoi il faut entendre le champion national. Mais dans un contexte de concurrence mondiale, il est rarement possible d'imposer des décisions motivées par des considérations politiques.

Certes, on a vu aboutir des fusions et des prises de contrôle, surtout dans l'industrie pharmaceutique, les télécommunications et la production et le transport d'électricité. Mais cela se fait au nom des règles en usage dans chacun des secteurs économiques. Et ces prises de contrôle (réciproques) sont souvent de courte durée, comme on sait. En voici deux exemples : celui du mariage de raison raté entre Siemens et Areva, et l'échec de la création du numéro 1 mondial de l'aéronautique et de la défense.

Im Januar 2001 hatten Siemens und Framatome fusioniert, um zusammen eine neue Generation von Reaktoren zur Ablösung der alternden Reaktoren zu entwickeln und die Unterhaltung der bestehenden Kraftwerke zu betreiben. Dies geschah unter dem Druck zweier Regierungen, an denen die Grünen beteiligt waren, und zu einer Zeit, in der der deutsche Ausstieg aus der Kernenergie die Zukunft dieser Energiequelle in Deutschland als fraglich erscheinen ließ. Doch 2004 verhinderte die Regierung in Paris den Einstieg vom deutschen ICE-Hersteller Siemens beim maroden TGV-Hersteller Alstom. Zur Sanierung des französischen Vorzeigeunternehmens zog die französische Seite eine französische Lösung vor, und zwar die Übernahme der Energieabteilung Alstoms durch den mehrheitlich staatlichen Konzern Areva. Eine Annäherung zwischen beiden Konzernen konnte allerdings wiederum im Bereich der Kernenergie stattfinden,

En janvier 2001, Siemens et Framatome avaient fusionné pour mettre au point ensemble une nouvelle génération de réacteurs destinés à remplacer les réacteurs vieillissants et à assurer conjointement la maintenance des centrales en activité. Ceci sous la pression de deux gouvernements auxquels les écologistes participaient, et à une époque où la décision allemande de ne plus produire d'énergie nucléaire faisait apparaître en Allemagne l'avenir de cette source d'énergie comme incertain. Or en 2004, le gouvernement français a empêché que Siemens, le fabricant du train à grande vitesse allemand, ne rentre dans le capital d'Alstom, le fabricant du TGV en difficultés financières. Pour assainir les finances de ce champion de son industrie, la France a privilégié une solution française : la reprise du département « énergie » d'Alstom par Areva, majoritairement sous contrôle de l'État. Les deux grands groupes se sont au demeurant rapprochés dans le domaine du nucléaire,

bis Siemens im Januar 2009 beschloss, aus dem Jointventure auszusteigen, weil der französische Großaktionär Areva dem deutschen Konzern zu wenig Freiraum gewährte. Siemens sucht jetzt eine Partnerschaft mit den Russen, die ohnehin der größte Energielieferant der Bundesrepublik sind.

jusqu'à ce qu'en janvier 2009, Siemens décide de sortir de la joint-venture parce que l'actionnaire principal français laissait trop peu de marge de manœuvre au groupe allemand. Siemens cherche maintenant un partenariat avec les Russes, qui sont de toute façon le premier fournisseur énergétique de la République Fédérale.

Trotz einigem Gezerre um die Besetzung der Spitzenpositionen liefern die Rüstungsindustrie sowie die der Luft- und Raumfahrt ein glücklicheres Beispiel der Zusammenarbeit. Da übten die Regierungen starken Druck, damit DASA und Aérospatiale-Matra zur „European Aeronautic Defence and Space Company" (EADS) fusionieren. Es musste nämlich einiges eingangs geklärt werden, wie der Fertigungsort des künftigen Großraumflugzeuges Airbus A380. Toulouse und Hamburg standen im Wettbewerb um den Titel der Luftfahrtmetropole Europas. Die Entscheidung fiel zugunsten der südfranzösischen Stadt, wo der A380 seinen Jungfernflug absolvierte. Doch als sich 2012 durch eine Fusion mit dem britischen BAE Systems die Möglichkeit bot, zum weltgrößten Konzern in der Luftfahrt und Rüstungsindustrie zu avancieren, ließ die Bundesregierung das Projekt platzen mit der Begründung, es sei eine Verminderung des deutschen Einflusses im künftigen Unternehmen zu befürchten.

Malgré quelques tiraillements au sujet des nominations aux postes de direction, l'industrie de l'armement et l'aérospatiale offrent un exemple plus heureux de collaboration. Les gouvernements ont fait pression pour que DASA et Aérospatiale/Matra fusionnent en formant « European Aeronautic Defence and Space Company » (EADS). L'affaire n'allait pas de soi, et il a fallu éclaircir d'emblée un certain nombre de points, comme le lieu de montage du gros-porteur Airbus A380. Toulouse et Hambourg étaient en concurrence pour le titre de capitale européenne de la construction aéronautique. C'est la ville française qui l'a emporté, et l'A380 y a effectué son vol inaugural. Mais lorsque, par le biais d'une fusion avec le britannique BAE Systems, la possibilité s'est présentée de devenir la plus grande entreprise mondiale dans le domaine de l'aéronautique et de l'armement, le gouvernement fédéral a fait avorter le projet en arguant du fait qu'il allait entraîner une perte d'influence allemande dans la nouvelle entreprise.

Ein weiteres Beispiel, allerdings mit umgekehrtem Vorzeichen: Während die Deutschen die mangelnde Liberalisierung im französischen Energiesektor beklagen, hat hingegen die 100-prozentige Öffnung des deutschen Binnenmarktes ermöglicht, dass der französische staatlich dominierte Konzern EDF bis 2010 einen Anteil von 45 Prozent im Kapital von „Energie Baden-Württemberg" besaß.

Encore un exemple, mais dans le sens opposé : Tandis que les Allemands déplorent l'insuffisante libéralisation du secteur énergétique français, l'ouverture totale du marché intérieur allemand a permis à l'entreprise essentiellement publique qu'est EDF de détenir jusqu'en 2010 une participation de 45 % dans le capital d'« Énergie Baden-Württemberg ».

Aus obiger Kurzdarstellung geht hervor, dass die deutsch-französische Kooperation oft entsprechend den Anforderungen der jeweiligen Branchen vor sich geht. Sie gehorcht der Expansionsstrategie der Unternehmen. Von einem Sonderverhältnis lässt sich schwerlich sprechen. Bei Spitzentechnologie-Projekten wie der Entwicklung einer neuen Generation von Hochgeschwindigkeitszügen werden weiterhin getrennte Wege gegangen.

Sicher bleibt, dass selbst ein „Kerneuropa" oder ein Europa mit „variabler Geometrie" ohne enge deutsch-französische Zusammenarbeit nicht denkbar ist. Doch was seinerzeit ausschließlich mit Frankreich erprobt wurde, wird nun auf die Beziehungen mit den anderen Nachbarstaaten übertragen, sodass der Eindruck einer Banalisierung des ehemaligen Sonderverhältnisses entsteht. So z. B. die 2001 im elsässischen Blaesheim initiierte Tradition des informellen Gipfeltreffens und der bilateralen Kabinettssitzungen zwischen Amtskollegen, die die Bundesrepublik zusätzlich zu Frankreich nun auch auf Polen und und die Niederlanden erweitert hat.

Was die Außenpolitik angeht, so sind die Initiativen nicht immer gemeinsam. Zwar gab es in der Irak-Krise 2002 eine gemeinsame Reaktion. Sowohl Berlin als auch Paris hatten sich geweigert, Truppen in den Irak zu entsenden und an der durch US-Präsident Bush ins Leben gerufene „Koalition der Freiwilligen" zur Bekämpfung der „Achse des Bösen" (so US-Präsident Bush) teilzunehmen. Doch im Lybien-Krieg 2011 hat Frankreich Deutschlands Zurückhaltung bemängelt. Auch im Mali-Einsatz 2013 fühlte sich Paris von Berlin nicht genügend unterstützt.

Was sich aber ins Bewusstsein der Öffentlichkeit noch mehr eingeprägt hat als der deutsche Pazifismus, sind die anhaltenden Meinungsverschiedenheiten bei der Handhabung der Finanzkrise ab 2008 (vgl. Dossier 8).

La brève synthèse esquissée précédemment montre que la coopération franco-allemande procède souvent en fonction des exigences de chaque secteur. Elle est soumise à la stratégie d'expansion des entreprises. Difficile alors de parler de relation privilégiée. Dans des projets de technologie de pointe, comme la mise au point d'une nouvelle génération de trains à très grande vitesse, on continue d'agir chacun pour soi.

Mais il reste établi que même un « noyau dur » européen ou une « Europe à géométrie variable » ne peuvent se concevoir sans une étroite collaboration entre la France et l'Allemagne. Mais ce qui fut un temps expérimenté exclusivement avec la France est maintenant transposé aux autres pays voisins, de sorte qu'on a l'impression d'une banalisation de cette relation autrefois particulière. Il en est ainsi de la tradition de rencontres au sommet informelles et de sessions bilatérales entre homologues des mêmes ministères initiée dans le village alsacien de Blaesheim en 2001, et que la République Fédérale a maintenant élargie à la Pologne et aux Pays-Bas.

Quant à la politique étrangère, les initiatives n'y sont pas toujours communes. Certes, il y a eu réaction commune dans la crise irakienne en 2002. Berlin comme Paris avaient refusé d'envoyer des troupes en Irak pour participer à la « coalition des volontaires » fédérée par le président américain Bush pour combattre « l'axe du Mal » (selon les termes du président Bush). Mais dans la guerre de Lybie en 2011, la France a déploré la retenue allemande. De même dans l'intervention au Mali en 2013, où Paris ne s'est pas senti assez soutenu par Berlin.

Ce qui, plus encore que le pacifisme allemand, s'est toutefois davantage encore gravé dans la conscience de l'opinion publique, ce sont les divergences persistantes dans la gestion de la crise financière à partir de 2008 (cf. Dossier 8).

Vocabulaire

Angelegenheit (die, en)	*l'affaire*
Ärger (der) (über+A)	*l'irritation (au sujet de)*
Außenminister (der, -)	*le ministre des Affaires étrangères*
Austausch (der)	*l'échange*
Beziehung (die) (zu+D)	*la relation*
Druck (der)	*la pression*
Eigenart (die, en)	*la particularité*
Einverständnis (das, se)	*l'entente*
Einzelfall (der, ¨e)	*le cas isolé, particulier*
Entscheidungsträger (der, -)	*le décideur, le responsable*
Erbfeind (der, e)	*l'ennemi héréditaire*
Kaderschmiede (die)	*la « pépinière » de l'élite*
Kreis (der, e)	*le cercle*
Luftfahrt (die)	*l'aéronautique*
Nachfolger (der, -)	*le successeur*
Nachwelt (die)	*la postérité*
Partnerschaft (die, en)	*le partenariat, le jumelage*
Raumfahrt (die)	*l'aérospatial*
Rüstungsindustrie (die)	*l'industrie de l'armement*
Schlachtfeld (das, er)	*le champ de bataille*
Sonderverhältnis (das, e)	*la relation privilégiée*
Staatspräsident (der, en, en)	*le président de la République*
Verstimmung (die)	*le désaccord, la brouille*
Wahlverwandschaft (die, en)	*l'affinité élective*
Zusammenarbeit (die)	*la collaboration*
eigennützig	*égoïste*
ehemalig	*ancien, à une époque antérieure*
entgegen + D	*à l'encontre de*
links des Rheins	*outre-Rhin (du point de vue allemand)*
musterhaft	*modèle*
umgekehrt	*à l'inverse, inverse*
vielmehr	*plutôt, davantage*
vorbildlich	*exemplaire*
äußern	*exprimer*
aus/wählen	*choisir, sélectionner*
beraten (ie, a, ä)	*délibérer, conseiller*
sich [D] etwas [A] ein/prägen	*retenir, enregistrer*
sich ein/setzen (für+A)	*prendre la défense de*
erwerben (a, o, i)	*acquérir*
jemandem unterstellt sein	*être sous les ordres de*
sich vermehren	*se multiplier, proliférer*

Lexique en situation 19

Die Deutschen beklagen das französische „Nein" zur EU-Verfassung.

Les Allemands regrettent que les Français aient dit « non » à la constitution européenne.

Der unglückliche Kandidat kann sich nicht über seine Wahlniederlage hinwegtrösten.

Le candidat malheureux n'arrive pas à se consoler de sa défaite électorale.

Die Verfilmung des Romans trägt dessen psychologischer Tiefe nicht genug Rechnung.

Le film tiré de ce roman ne rend pas suffisamment justice à sa profondeur psychologique.

Die Sozialdemokraten mussten eine Wahlschlappe hinnehmen.

Les sociaux-démocrates ont dû encaisser une défaite.

Es liegt die Vermutung nahe, dass der erste menschliche Klon bald gezeugt werden wird.

On peut légitimement penser qu'on fera bientôt naître le premier clone humain.

Im September 2009 sind die Finanzmärkte in eine schwere Krise geraten.

En septembre 2009, les marchés financiers sont rentrés en une grave crise.

Seine Ehe steckt in einer Krise.

Son mariage est en crise.

Allem Gerede zum Trotz wird er nicht von seinem Amt zurücktreten.

En dépit de toutes les rumeurs, il ne démissionnera pas de son poste.

Dem modernen Menschenhandel muss ein Ende gesetzt werden.

Il faut mettre un terme à l'esclavagisme moderne.

Die Erhöhung des Konsums ist auf den [A] Wohlstand zurückzuführen.

L'augmentation de la consommation est à rapporter [= est due] au bien-être matériel.

Deutsch gilt als eine schwierige Sprache.

L'allemand passe pour être une langue difficile.

Vor den Klausuren stehen die Studenten unter Druck.

Avant les examens, les étudiants sont sous pression.

Es ist nicht bekannt, warum das Unglück erfolgt ist.

On ne sait pas pourquoi cet accident s'est produit.

In Deutschland wurde eine neue Linkspartei ins Leben gerufen.

En Allemagne, un nouveau parti de gauche a vu le jour / a été créé.

Die Experten haben sich kritisch dazu geäußert.

Les experts ont exprimé un point de vue critique sur ce sujet.

DOSSIER 20

Deutschlandkunde in Grundrissen

Das Staatsgebiet der Bundesrepublik Deutschland

Die Grenzen Deutschlands sind im Laufe der Geschichte mehrmals verlegt worden. Nach der Wiedervereinigung im Jahre 1990 wurden sie endgültig festgelegt und die Linie entlang den Flüssen Oder und Neiße wurde als unantastbare Ostgrenze anerkannt. Heute zählt das Staatsgebiet der Bundesrepublik Deutschland 357.000 km^2. Die längste Ausdehnung beträgt 870 km von Norden nach Süden und 640 km von Osten nach Westen. Deutschland liegt im Westen Mitteleuropas und hat unter den europäischen Staaten die höchste Zahl an Nachbarstaaten.

Landschaften und Städte

Von Norden nach Süden unterscheiden sich drei große Landschaften.
Das norddeutsche Tiefland macht ein Drittel des gesamten Staatsgebietes aus. Es wird von zwei großen Flüssen durchzogen: der Elbe und der Weser. Im Tiefland liegen auch die Großstädte Berlin und Hannover, die Hafenstädte Hamburg (an der Elbe) und Bremen (an der Weser). Außerhalb der Ballungsgebiete finden sich hauptsächlich Agrarlandschaften. Ost und West bieten jeweils ein unterschiedliches Bild, denn im Osten herrschen die Großbetriebe (über 1.000 Hektar) vor. Brandenburg, die Gegend um Berlin, ist eine von Seen durchsetzte sandige Heidelandschaft, wo die Forstwirtschaft den Bestand an Kiefernwäldern nutzt. An der Nord- und Ostseeküste ist die Fischereiwirtschaft

Géographie de l'Allemagne dans ses grandes lignes

Le territoire national de la République fédérale d'Allemagne

Les frontières de l'Allemagne ont souvent bougé au cours de son histoire. Après la réunification de 1990, elles ont été définitivement fixées et la ligne longeant l'Oder et la Neisse a été reconnue comme frontière intangible à l'est. Aujourd'hui, le territoire de la République fédérale compte 357 000 km^2. Les distances maximales sont de 870 km du sud au nord et 640 km d'est en ouest. L'Allemagne est située à l'ouest de l'Europe centrale, et c'est de tous les États européens celui qui a le plus grand nombre d'États limitrophes.

Les grandes régions naturelles et les villes

Du nord au sud, on distingue trois grandes régions naturelles.
La plaine d'Allemagne du nord occupe environ un tiers du territoire national. Elle est traversée par deux grands fleuves : l'Elbe et la Weser. Les grandes villes de Berlin et de Hanovre, les ports de Hambourg (sur l'Elbe) et de Brême (sur la Weser) sont situés dans cette plaine. Hors des grandes agglomérations, les paysages y sont essentiellement agricoles. Ils présentent un aspect différent à l'Est et à l'Ouest. À l'Est, ce sont en effet les grandes exploitations agricoles qui dominent (de plus de 1 000 hectares). Le Brandebourg, autour de Berlin, est un paysage de landes sablonneuses parsemées de lacs, où la sylviculture exploite les ressources des forêts de pins. Sur les côtes de la mer du Nord et de la Baltique, la pêche joue encore un rôle

noch wichtig. Dahingegen leiden die Werften in Rostock und Stralsund unter der ostasiatischen Konkurrenz. Eine große Einkommensquelle ist der Fremdenverkehr: Die Nordseeinseln Helgoland und Sylt und die Ostseeinsel Rügen sind beliebte Ferienorte.

Im Herzen Deutschlands dehnt sich stufenweise das Mittelgebirge aus. Durch dieses Mittelgebirge fließen im Westen der Rhein und im Osten der Main, der ein Nebenfluss des Rheines ist. Im Süden bildet die Donau die Grenze zum Alpenvorland. Da die meisten Gebirge nicht sehr hoch sind, ähneln sie eher bewaldeten Hügeln, bis auf den Schwarzwald, der durch den Rhein und die elsässische Ebene von den Vogesen getrennt ist und dessen höchster Berg, der Feldberg, eine Höhe von 1490 m erreicht. In diesem mitteldeutschen Raum liegen die Großstadt Köln (am Rhein), die Finanzmetropole Frankfurt am Main und Stuttgart – wo der Automobilhersteller Daimler-Benz seine Zentrale hat. Das barocke Dresden (die sächsische Hauptstadt an der Elbe) und die alte Universitätsstadt Heidelberg befinden sich auch im mitteldeutschen Raum. Die Burgen auf den Felsen, die im Rheintal zwischen Köln und Mainz den Fluss überragen und an die Lorelei mahnen, sind Touristenattraktionen. In Thüringen wird der Besucher an Luther erinnert. In Weimar und Jena wandert er auf den Spuren von Goethe und Schiller, deren Zusammenarbeit die deutsche Klassik geprägt hat. Im Landschaftsbild Mitteldeutschlands herrschen agrarwirtschaftliche Familienbetriebe mittlerer (unter 50 Hektar) oder kleiner Größe, die oft von Subventionen im Rahmen der Europäischen Agrarpolitik abhängig sind. Wein- und Obstbau sowie Gemüseanbau werden zunehmend biologisch betrieben.

important. En revanche, les chantiers navals de Rostock et de Stralsund souffrent de la concurrence de l'Asie orientale. Le tourisme est une source importante de revenu : les îles d'Helgoland et de Sylt (sur la mer du Nord) et de Rügen (sur la mer Baltique) sont des lieux de villégiature appréciés.

Au cœur de l'Allemagne, les montagnes moyennes s'étendent par paliers. Elles sont traversées par le Rhin à l'ouest et à l'est par son affluent, le Main. Au sud, le Danube les sépare des Préalpes. D'altitude souvent modeste, ces montagnes s'apparentent davantage à des collines boisées, sauf la Forêt Noire, qui est séparée des Vosges par le Rhin et la plaine d'Alsace et dont le point culminant, le Feldberg, atteint 1 490 m. C'est dans cette Allemagne moyenne que se situent la grande ville de Cologne (sur le Rhin), Francfort-sur-le-Main, la capitale financière de l'Allemagne, Stuttgart (où le constructeur automobile Daimler-Benz a son siège), mais aussi Dresde la capitale baroque de la Saxe (sur l'Elbe, à l'est) ainsi que la vieille cité universitaire d'Heidelberg. Dans la vallée du Rhin entre Cologne et Mayence, les rochers surmontés de châteaux forts, surplombant le fleuve et évoquant le mythe de la Lorelei, sont une attraction touristique. La Thuringe est habitée par le souvenir de Luther. À Weimar et Iéna, le visiteur se promène sur les traces de Goethe et de Schiller, dont la collaboration a fortement marqué le classicisme allemand. Le paysage de l'Allemagne moyenne est dominé par les exploitations familiales de moyenne (moins de 50 hectares) ou de petite taille, qui dépendent souvent des subventions de la Politique agricole commune. La viticulture, la production de fruits et de légumes sont de plus en plus biologiques.

Der mitteldeutsche Raum war lange Zeit der Standort der Steinkohlen- und Braunkohlenförderung (Steinkohlereviere der Ruhr und des Saarlands, Braunkohlengewinnung in der ostdeutschen Lausitz und in Sachsen). Die Lagerstätten von Stein- und Braunkohle sind zwar noch reich, während das Land sonst relativ arm an Rohstoffen ist. Aber der deutsche Bergbau steckt in einer tiefen Krise. Im Ruhrgebiet werden die Zechen in Freizeitparks umgewandelt, während die Braunkohlenzechen im Tagebau oft in Seelandschaften umgestaltet werden.

L'Allemagne moyenne a longtemps été un site de production de houille et de lignite (bassins houillers de la Ruhr et de la Sarre, exploitation du lignite en Lusace et en Saxe, à l'Est). Les gisements de houille et de lignite sont encore abondants, alors que le pays est sinon pauvre en matières premières. Mais le secteur minier traverse une crise profonde. Dans la Ruhr, les mines sont transformées en parcs d'attraction, tandis que les mines de lignite en plein air sont souvent converties en lacs paysagés.

Südlich der Donau beginnen die Alpen. München – die Hauptstadt Bayerns – ist von hohen Bergen umgeben. Deutschlands höchster Berg, die Zugspitze (2.962 m), liegt direkt an der österreichischen Grenze. Die Gegend um den Bodensee, an den Deutschland, aber auch die Schweiz und Österreich grenzen, verfügt über ein besonders mildes Klima, wo die Palmen den Winter überleben!

Au sud du Danube commencent les Alpes. Munich, capitale de la Bavière, est entourée de hautes montagnes. Le sommet le plus haut de l'Allemagne, le Zugspitze (2 962 m), se trouve tout près de la frontière autrichienne. La région du lac de Constance, que l'Allemagne partage avec l'Autriche et la Suisse, jouit d'un climat exceptionnellement doux où les palmiers passent l'hiver sans problème !

Der Verkehr

Les communications

Das deutsche Staatsgebiet wird von einem dichten Netz von Auto- und Eisenbahnen durchzogen. Die Autobahnen sind allerdings meistens verstaut, denn die Deutschen sind leidenschaftliche Autofahrer. Hochgeschwindigkeitszüge brauchen hingegen knapp 5 einhalb Stunden, um die 800 km zwischen Hamburg und München zurückzulegen. Ein Erfolg des Aufbaus Ost ist auch die neue ICE-Trasse zwischen Berlin und Hamburg, die nur noch 90 Minuten Zugfahrt trennen. Die deutschen Flüsse, allen voran der Rhein, sind wesentliche Verkehrsadern im gesamteuropäischen Verkehr. In Frankfurt am Main liegt der größte Flughafen nicht nur Deutschlands, sondern auch Kontinentaleuropas. Frankfurt ist also eine wichtige Drehscheibe im internationalen Luftverkehr. Trotz des

Le territoire allemand est sillonné par un réseau dense d'autoroutes et de voies ferrées. Les autoroutes sont toutefois embouteillées la plupart du temps, car les Allemands adorent rouler en voiture. À l'inverse, les trains à grande vitesse mettent à peine cinq heures et demie pour relier Hambourg à Munich, distantes de 800 km. La nouvelle ligne à grande vitesse Berlin-Hambourg, qui met ces villes à 90 minutes seulement l'une de l'autre, est à porter au crédit de la reconstruction de l'Est. Les fleuves allemands, le Rhin surtout, sont des axes capitaux pour les communications entre toutes les régions d'Europe. Francfort-sur-le-Main possède le plus grand aéroport non seulement d'Allemagne, mais d'Europe continentale. De ce fait, Francfort est une plaque tournante importante pour le trafic aérien international. Malgré l'achèvement

neulich vollzogenen Ausbaus kann der Flughafen München mit der Attraktivität Frankfurts nicht mithalten. In der Bundeshauptstadt Berlin wird zur Zeit der ehemalige Ostberliner Flughafen Schönefeld in einen hochmodernen „Hauptstadtairport" ausgebaut, damit interkontinentale Langstreckenflüge abgewickelt werden können. Die Klage der Anrainerverbände, die diese Entwicklungspläne blockierten, wurde gerichtlich abgewiesen. Dagegen wurde der legendäre „Luftbrückenflughafen" Berlin-Tempelhof im Oktober 2008 stillgelegt.

récent de travaux d'ampliation, l'aéroport de Munich ne peut pas vraiment faire de l'ombre à Francfort. À Berlin, la capitale fédérale, l'ancien aéroport de Berlin-Est, Schönefeld, est en train d'être aménagé et agrandi pour devenir un « Hauptstadtairport » ultra-moderne où pourront être traités des vols intercontinentaux long-courriers. La plainte des associations de riverains qui bloquaient ces projets de développement a été déboutée en justice. En revanche, le legendaire aéroport du « pont aérien », Tempelhof, a été fermé au trafic en octobre 2008.

Vocabulaire

(Europäische) Agrarpolitik (die)	*la Politique agricole (commune) [PAC]*
Anrainer (der, -)	*le riverain*
Bergbau (der)	*le secteur des mines*
Burg (die, en)	*le château fort*
Ebene (die, n)	*la plaine, le niveau*
Eisenbahn (die, en)	*le chemin de fer*
Felsen (der, -)	*le roc, le rocher*
Ferienort (der, e)	*le lieu de villégiature*
Flughafen (der, ¨)	*l'aéroport*
Fluss (der, ¨e)	*le fleuve, la rivière*
Fremdenverkehr (der)	*le tourisme*
Gebiet (das, e)	*le territoire, le domaine*
Gebirge (das, -)	*la montagne (chaîne ou massif)*
Gegend (die, en)	*la région, la contrée*
Grenze (die, n)	*la frontière*
Hafen (der, ¨)	*le port*
Hauptstadt (die,¨e)	*la capitale*
Heide (die, n)	*la lande*
Höhe (die, n)	*la hauteur*
Hügel (der, -)	*la colline*
Insel (die, n)	*l'île*
Landschaft (die, en)	*le paysage*
See 1. der (n) 2. die (n)	*1. le lac 2. la mer*
Tal (das, ¨er)	*la vallée*
Verkehr (der, e)	*la circulation, le trafic*
Wald (der, ¨er)	*la forêt*
Werft (die, en)	*le chantier naval*
Zahl (die, en)	*le chiffre*
Zeche (die, n)	*la mine*
Norden (der)	*le nord*
Osten (der)	*l'est*
Süden (der)	*le sud*
Westen (der)	*l'ouest*
fließen (oss, ossen) (ist)	*couler*
umgeben (a, e, i)	*entourer*
unterscheiden (ie, ie)	*distinguer, faire la différence*

Lexique en situation 20

Die Würde des Menschen ist unantastbar (Artikel 1 GG).

La dignité de l'être humain est inaliénable (article 1 de la Loi fondamentale).

Die Anziehungskraft des Südens.

L'attrait du Sud.

Im Sommer fahren wir an die Ostsee.

Cet été, nous allons sur la côté de (= à) la Baltique.

Die Stadt Konstanz liegt am Bodensee.

La ville de Constance se situe sur les rives du lac de Constance.

Das grenzt an den [A] Wahnsinn!

C'est à la limite de la folie / Cela frise la folie !

Auf seinem Gebiet ist er ein Fachmann ohnegleichen!

Dans son domaine, c'est un expert qui n'a pas son pareil !

Der Schutz vor dem Passivrauchen soll ausgebaut werden.

Il est question d'élargir la protection contre le tabagisme passif.

Für die Prüfung wurde noch kein Termin festgelegt.

On n'a pas encore fixé de date pour l'examen.

Er zählt zu den besten Schülern seines Jahrgangs.

Il fait partie des meilleurs élèves de sa promotion.

Die Windmühle wandelt die Windenergie in Strom um.

Le moulin à vent transforme l'énergie éolienne en électricité.

Das Thema wurde auf der Ebene der Staatsoberhäupter diskutiert.

Le sujet a été discuté au niveau des chefs d'État.

Der neue Wirtschaftsminister hat sich mit Experten umgeben.

Le nouveau ministre de l'Économie s'est entouré d'experts.

Dieser Bewerber unterschied sich durch sein Fachwissen von allen anderen.

Ce candidat s'est différencié de tous les autres par ses connaissances techniques.

In den Hauptverkehrszeiten sind alle Straßen verstaut.

Aux heures de pointe, toutes les rues sont embouteillées.

Auf Grund der mangelhaften Zusammenarbeit von Bundestag und Bundesrat kam es in Deutschland zu einem Reformstau.

En raison de la mauvaise qualité de la collaboration entre Bundestag et Bundesrat, l'Allemagne a accumulé un grand retard (= un bouchon) dans la mise en œuvre de réformes.

Die weißen Kreidefelsen machen den Zauber der deutschen Ostseeküste aus.

Les falaises de craie blanche constituent le charme de la côte baltique allemande.

In den letzten Jahren hat die Brüsseler Kommission ihren Einfluss auf das Leben der Bürger ausgedehnt.

Ces dernières années, la Commission de Bruxelles a étendu son influence sur la vie des citoyens.

RSG : Rheinisches Schiefergebirge
① Hunsrück
② Eifel
③ Westerwald
④ Taunus
⑤ Odenwald
HB : Hessisches Bergland
H : Harz
TW : Thüringer Wald
EG : Erzgebirge
S : Schwarzwald
SA : Schwäbische Alb
A : Alpen und Voralpen

Table des matières

DOSSIER 1

DOSSIER 2

DOSSIER 3

DOSSIER 4

DOSSIER 5

DOSSIER 6

DOSSIER 7

DOSSIER 8

DOSSIER 9

DOSSIER 13

DOSSIER 14

DOSSIER 15

DOSSIER 19

DOSSIER 20

Imprimé en France par CPI
en août 2016

Dépôt légal : août 2016
N° d'impression : 136951